河合隼雄著作集

第II期

ユング心理学と超越性

3

JN159036

岩波書店

BUDDHISM AND
THE ART OF PSYCHOTHERAPY
by Hayao Kawai
Copyright ©1995 by Hayao Kawai

First Japanese edition published 1995,
this edition published 2002
by Iwanami Shoten, Publishers, Tokyo
by arrangement with
Texas A&M University Press, College Station.

序説　現代人と超越性

現代における超越

「超越」ということは、現代、一般的には極めて薄い関心しかもたれていない。マスメディアの多くの活字のなかで、この文字を見出すことは稀である。にもかかわらず、というよりそれゆえにと言うべきか、マスメディアには乗らないが、相当数の人々を強く惹きつけているのが、超越性の問題である。いわゆる「新興宗教」と呼ばれている団体における人々の熱気と、そこに動く金額は相当なものである。そこで人々を強く惹きつけているものは、何らかの「超越性」であり、しかも、それは相当な危険性をもっている。部外者から見ると、その危険性や偏奇した姿は明瞭なのであるが、当事者はそんなことにはおかまいなしである。

まずはじめに、現代においてどうして「超越」ということが、これほど不人気なのかについて考えてみよう。たとえば、病気になったとき、昔ならそれは「超越」と関連することが多かったのではなかろうか。自分のあずかり知らぬ「原因」によって異常が生じる。その「原因」に超越がかかわってくる。自分を超えた何ものかの力やはたらきによって、病気になったのだと考え、それを「祓う」ために、いろいろな儀式をする。また、そのための「専門家」も必要になる。

こんな方法でも病気は治ることがあったが、まったく無効なときもあった。たとえば、ペストの場合などがそうである。ところが、これに対して、ヨーロッパの近代においては、新しい医学が誕生してきた。超越のことなど一切おかまいなしに、人間の「身体」というものを客観的対象として調べ、そのなかの臓器のはたらきや関係を明らかにする。このような方法によって、多くの病気の「原因」が究明され、それを予防したり治療したりする方法も見出された。人間は人間自身の力によって病気を治せるのであり、そこに何らの「超越」の関与も認める必要がなくなったのである。

ここには医学の例のみをあげたが、ヨーロッパ近代に生まれてきた自然科学と、それに結びついたテクノロジーの発展によって、「超越」というものが一挙に姿を消してゆくことになった。これは人類の精神史のなかで、特記すべき大変革で、哲学者の村上陽一郎が「聖俗革命」と呼んだように、一大革命であったのだ。この革命に成功したヨーロッパの文化が、現在、地球上にその力を及ぼしているし、その先端の象徴的存在であるアメリカ合衆国が何かにつけて世界のリーダー的な役割を担うことになる。

人間はこのように、神などの超越的な力から逃れ、自分自身の考えや力によって、何でも自分の思うままにできるようになった、と考える人も多くなった。かつては崇拝の対象であった月へまで、人間は行くことができるようになったのだ。宇宙を飛びまわっても、そこで「神」に出会うこともなかった。

しかし、何でも思うままになるように見えながら、思うままにならないことがあるのに、人間はだんだんと気づきはじめた。その第一が、人間の「心」である。他人の「心」どころか、自分の「心」も思いのままにならないのである。科学技術の進歩と共に、人間の生活は日進月歩の勢いで、便利で快適なものになってきたが、これと並行するかのように、心の病も犯罪も増加しているのである。

そこで、心の病に対しても犯罪に対しても、それを予防したり、そこから立ち直る方法を「科学的」に行うことが考えられた。これが可能であると信じている人もいる。しかし、それはそんなに単純ではない、と私は考えている。確かに、「超越」などということを考えなくとも、心の病の治療や、犯罪者の矯正などが可能な場合があることも事実である。しかし、このような仕事にかかわっていると、それを考えざるを得ない場合もある、と思わざるを得ない。

「アルコール依存症の問題の中核は、宗教性である」という趣旨の発言を、C・G・ユングがしている。アルコールをどうして止めさせるかを考えているだけでは、問題の中核は未解決のままになってしまう。アルコール依存症だけではない。実のところ、現代人の心の病の多くの中核に、宗教性ということがある、と感じさせられるのだ。

人間というものが「有限」の存在である限り、この問題は無視できないであろう。「私」という存在がこの世に出現し、消え去る有限の時を超えて、この世は存在している。その全体のなかに有限の存在である自分をどう位置づけるのか、あるいは、自分と世界との間にどのような折合いをつけるのか。このことについては科学は答えないし、それを考えるためには「超越」に触れざるを得ない。にもかかわらず、それを回避しようとする現代人は、いろいろな心の問題に悩まされることになる。

宗教性

「超越」に深くかかわるものとして、人間には「宗教」がある。宗教というものがない民族などは存在しないだろう。この世の日常の現実を超えた存在についての何らかの体験をもとにして、体系ができあがってくるし、その信仰を同じくする集団ができあがる。

現代のどのような先進国においても、宗教が力をもっている。かつてソ連においては無宗教がたてまえであったが、その体制が崩壊するや否や、多くの宗教がその存在を主張し、また信者も多数集めている。とはいうものの、先進国において、「聖俗革命」以後に宗教の力が衰えつつあるのは、誰しも認めるところであろう。たとえば、自分はクリスチャンであると言う人でも、「あなたは最後の審判とか、一回限りの復活を信じますか」と問えば、答えを留保するかも知れない。もちろんどの宗教においても「ファンダメンタル」を名乗る人たちはいる。しかし、それは少数であろう。むしろ逆に、公的に表明しないにしても、自分は「宗教を信じていない」という人は、キリスト教文化圏でも相当に多いと思われる。自然科学の急激な発達によって、「教典」をそのまま信じることが難しくなっているのである。

日本においては、宗教を信じない、という人は多いことだろう。あるいは、自分を仏教徒として一応は認めるにしろ、その教義や戒律などほとんど知らぬ人も多いのではないか。日本人のなかには、「宗教」というと、何だかウサンクサイと思う人も、あんがい多いのではなかろうか。

このような時代において、ユングは人間の「宗教性」を重視した。多くの人の分析を通じて、人間にとって宗教性を無視することはできないと考えたのである。ここに彼の言う宗教性は、特定の宗教を意味していない。それでは彼は宗教をどのように考えるのか。彼は「ルドルフ・オットーがヌミノーゼと呼んだものを慎重かつ良心的に観察することである」と述べている。ルドルフ・オットーの考えは、彼の『聖なるもの』*Das Heilige*(山谷省吾訳、岩波文庫、一九六八年)に述べられているが、一九一七年に出版されたこの書物は、現在においても十分に有効性をもつと感じられる。ルドルフ・オットーは宗教における「聖なるもの」を追求し、そのなかにおける合理的な要素と、道徳的要素を引き去っても、まだ残る要素に注目し、それをヌミノーゼ(das Numinose)と呼んだ。

ヌミノーゼは、オットーが神霊を表わすラテン語のヌーメン(nūmen)すなわちドイツ語の numen からつくりあげた造語である。そして、このヌーメン的なものは「あらゆる根源的な基本事実と同じく、厳密な意味で定義を下すことができず、ただ論議し得るのみである。相手にそれを理解させる方法は、ただ一つあるだけである。すなわち論議によって、相手を自分の心情の一致点にまで導いてくる。すると、その範疇が相手方の心の中で動き出し、活躍しはじめ、相手方を自覚させるに違いない」と述べている。

このような姿勢をもって、オットーは「ヌミノーゼ」について論ずる。その詳細は原典をみていただくとして、ごく簡単にそれに触れておく。彼の考えはやはりキリスト者としての体験を基礎にしていると感じられるが、それでも相当一般に宗教性にかかわるものと言うことができる。そのような点に注目して紹介する。

彼はまず「戦慄すべき秘儀」(mysterium tremendum)の感情をヌミノーゼの重要な要素として述べる。彼の言葉を引用する。

「この感情は、音もない汐のようにやって来て心情を満たし、静かで深い瞑想的気分をただよわせることがある。……また時としては、この感情は激変して急激に心を破り出ることがある。また時としては、不可思議な興奮と陶酔と法悦と入神に導くことがある。それは荒々しい悪霊的《デモーニッシュ》な形態を持っている。」

これは極めて粗野なものから純化され高められたものまで、さまざまの形をとるものである。

ここに言う「戦慄すべき」というのは、「畏れ」とも表現できる。これは単なる恐れではなく、「おそれかしこむ」感情である。これは体にも影響し、体全体で感じとるものである。

次に戦慄すべきものの要素として「力あるもの」が考えられる。それはまさに圧倒的な力であって、人間の力では抗し難い。オットーは、これは「単なる合理的思弁と定義とでしかない「哲学的」神に対して、最も強く反撥する」ものだと述べている。

次に、「秘儀」について述べる。ヌミノーゼについて考えるとき、「秘儀」は必然的に「戦慄すべき秘儀」となるべきである。この秘儀には「驚き」「不思議」という感情が伴うが、それが真に「戦慄すべき」ものとなるためには、「魅するもの」(fascinans)と「荘厳なるもの」(augustam)が加わらねばならない。

このようにして、ルドルフ・オットーは「ヌミノーゼ」について論じているが、彼自身それは論じつくせるものでないことを認めている。したがって、そのような体験にどのように対処するかは人間にとっての大きい問題である。その体験を「慎重かつ良心的に観察する」のが宗教だと、ユングは言うのである。ここに言う「観察」はもちろん、外的事実にも内的事実に対してもなされることである。このような意味における「宗教」は、誰にとっても大切であり、それなしに生きることは意味がない、とユングは考える。

「もの」の超越性

「ヌミノーゼ体験」などと言っても、われわれ現代人はそんなことを体験することはない、と言う人があるかも知れない。オットーの言うような、「戦慄すべき秘儀」の体験など起こり得ない、と言いたいのである。しかし、先日生じた、アメリカの貿易センターの崩壊のシーンに「戦慄」した人は多いのではなかろうか。と言っても、あれは「秘儀」ではない。テロ事件であり、いかにしてテロをなくするかという努力を払うことによって、問題は「解決」する、と考える人もある。

私はあれを「秘儀」だなどという気はない。しかし、世界中の多くの人を戦慄させるような「事件」が生じる背景には、世界の多くの人が「戦慄すべき秘儀」の存在を無視したり拒否したりしているという事実があるように思うのである。そのことを忘れて、テロとの戦いばかり強調しても、問題は片づかない、と思われるのである。

そのためのひとつとして、われわれ現代人は、このような「事件」や「事故」によってのみ戦慄するのではなく、自分の人生のなかに「戦慄すべき秘儀」がどのようにして生じ、生じさせることができるのかを、よく知っていなくてはならない。

この点において、われわれは古代の人々に学ぶべきである、と私は考えている。あるいは、現代文明に照らして「後進」的な生活をしていると思っている人たちの生き方に、学ぶべき点がある、と考えられる。たとえば、日本では古来より「もの」と「こころ」とは区別されず、総称して「もの」と呼んでいた。そして、多くの「ものがたり」のなかで、まさにヌミノーゼ体験が語られていたのである。そのような点で、私は日本の古い「物語」に学ぶところは多いと思っている。

二〇〇〇年の八月に十日間ほど、私はアメリカのナバホの人たち、特にメディスンマンを訪ねる旅をした。これは、現代文明の先端を行くとも考えられるアメリカにおいて、それとはまったく異なる生き方を守り、自然と共に生きている彼らから学ぶべきところが多い、と思って計画した旅である。これについては既に、『ナバホへの旅 たましいの風景』(朝日新聞社、二〇〇二年)という書物を上梓しているので、詳細はそれを参照していただくとよいが、ここには、われわれが問題として取りあげていることとの関連において、そのときに感じたことを述べてみたい。

端的に言えば、ナバホの人たちは「ヌミノーゼ」に満ちた生活をしているのである。日常生活のあらゆるところに「超越」が入りこんでいるのだ。私はこのことを「聖俗具有」という表現で示したこともある。

彼らの生活は朝起きたときから夜眠るまで、すべて祈りに満ちている。朝は太陽の昇るとともに起き出し、朝日に祈り、大地に祈り、空に向かって祈る。そして、東西南北の四方に向かっても祈る。この世に生きていることは、すなわち「超越」に触れることになる。

「インディアンは、初めてこの大陸に足を踏み入れたときから、自分たちの生のよりどころを自然界の中心に据えた。身も心もすっぽり大地に包みこまれ、意識も本能もすっかり大地にゆだねている。どこに自分がいるかきちんとわきまえていること、それこそがとても大切なことだ。大地とつながっているからこそ、真に人間らしく生きつづけていけるのだ。」（ノーバート・S・ヒル・ジュニア編／ぬくみちほ訳『俺の心は大地とひとつだ インディアンが語るナチュラル・ウィズダムⅡ』めるくまーる、二〇〇〇年）

ナバホの人に訊くと、彼らの言葉には、もともと「宗教」という語がないと言う。それは彼らの生活そのものが宗教と一致しているので、取りたてて言う必要がない、というわけである。それに比して、白人の宗教は「パートタイム宗教」だという。教会に行くときだけ「宗教」をしているというのだが、現代では、そのパートタイムを怠る人も出てきたということになる。

ナバホの人たちの生活を見ていると、かつての日本の生活もこれに近いものがあったのでは、と感じさせる。現代においても、ある程度その名残りを留めているが、生活と宗教とが相当に入り混じった生活を、日本人はしてきたと言うことができる。「もの」にたましいがあると考える点で、一致していたとも言えるだろう。

キリスト教文化圏では、「もの」にたましいの存在など考えられない。しかし、人間も「被造物」という点で「もの」と同等であるという意識をもつ限り、問題はそれほど深刻にはならなかった。人間がだんだん強くなるにつれ、「もの」を操作の対象としてのみ考え、人間は何でもできるとして、神の存在を忘れてしまうと、自分のつくった「もの」があえなく崩壊する「事件」に戦慄するが、そこから何らの秘儀も生まれて来ない、という現状になると思われる。

女性と超越

現代における「超越」の問題を考える上で、女性ということがある。これは重要ではあるが、論じるのが極めて難しいことである。既に述べてきたように、現代社会においては、科学技術の発展と共に、一般的には人々は「超越」などには無関心になり、この世において、社会的地位、財産などを築き、その力によって自分の欲望をどれほど満たすか、ということに一生懸命になっている。

ところが、このような一般的な生き方は、男性を優位とする構造をもって発展してきた。ここに言う男性優位とは、男性が女性よりも社会的地位や権力などについて優位に立つ、ということと、ものごとの考え方が男性原理優位であるという両面をもっている。これが西洋近代に生まれてきた文明の構造である。

これに対して、現代において、女性の側からの抗議が行われたが、まず生じたのは、女性も男性と同じ能力をもつものであり、男性が独占している社会的地位や権力などを、女性も男性と同等にもつべきである、というものであった。

アメリカにおいて、このようなことが女性によって相当に達成されたかに思われるときに、女性の側から反省が生じてきた。それは、彼女たちが自分の欲求を達成したにもかかわらず、そこに存在する不満や不安を意識しはじめたからである。他から見ると「成功者」と見えるのだが、本人は言いようのない不安や淋しさのなかにいることになる。

これは端的に言えば、彼女たちは「父の娘」として成功しているのであって、自分自身の生き方を見出していないのではないか、ということになる。父性社会への適応に熱心になるあまり、女性としての自分を生きていないことに気づいたのである。父性社会での成功は、足が大地から離れてしまっているのであり、自分の足を大地につけて生きてゆくにはどう生きたらいいのかがわからなくなったのである。

このような女性の問題に直面して、ユング派の女性の分析家たちが、自己分析を含む分析体験から見出してきたのは、女性にとっての「超越」の道として、上昇よりは下降、積極性よりは受動性による道がある、ということであった。これは苦難に満ちたものではあるが、それによってこそ、「父の娘」としてではなく、一個の女性としての自己実現がなされると考えたのである。上昇と積極性を高く評価する欧米社会において、その逆の方向への「超越」の価値を認めようとしたものだと言うことができる。

この点について、わが国では少し事情が異なってくる。これまでにもしばしば論じてきたように、心理的には母性優位であるが、社会的には男性優位という形をとってきたので、話は複雑になってくる。日本の男性たちは相当な母性原理を身につけていないと、社会的地位を獲得できない。と言っても、もちろんある程度の父性原理も身につけていなくては生きていけない。微妙なバランスのなかで、あまりそのようなことを意識せずに、日本の男性は生きている。これは「超越」に関してもそうである。日常に対するものとして明確に「超越」の世界があるのではなく、それらが入り混っている。そして、意識的には「神」のことなどあまり考えてみない。

このような男性社会のなかで、女性の生き方は難しいのも当然である。ともかく男性優位の社会に反撥して、女性も負けずにと思っても、アメリカほど男性原理が優位ではないので、女性が強力な男性原理を身につけても、それは男性との戦いにはならず——戦えば勝てるだろうが——知らぬ間に「浮いた」存在にならされるか、正面からの戦いのないままに、全体から漠然とした形で排除されることになる。

職種によっては、女性も男性原理を身につけることによって、社会的地位、財産などを獲得できるかも知れない。それで満足している人はいい。しかし、ふと「超越」との関係に目が向いたときに、どうすればいいのか。アメリカの女性分析家の言うように、「下降」に向かう超越のイメージが出てきたとしても、日本はアメリカと異なり、下降や受動性は時に女性の「美徳」として日常化されているために、もはやそれは超越に至る道とは感じられないかも知れない。

あるいは、日本においては、女性によってこそ上昇や積極性によって達する超越の道が拓かれるかも知れない。ここに、女性のこととして述べたことは、すなわち男性の問題でもあるのだが、男性の場合は、現在の社会的体制や傾向のなかに安住している限り、あまり「超越」のことなど考えずにすごすことは可能である。もっとも安閑と暮らしていて、老後になってから急にあわてて出す、ということもある。

今後の課題

現代の日本人にとって、超越の問題は深刻である。とは言っても一般的には、それほど問題視されておらず、むしろ、現実的なことに心を奪われている、と言っていいだろう。それでも、心の奥底においては超越の希求は作用しており、それが歪んだ形で出てきているのが、現代における男女関係の問題であると思われる。

先に母性原理と父性原理について少し述べたが、このことの関連においても、男性と女性の結合、あるいは、それによる新しい存在の派生などは極めて象徴的に高い意義をもっている。このため、結婚そして恋愛ということに「超越」性を感じる傾向があった。「聖俗革命」以後、神の存在にあまり頼れなくなった人間は、恋愛を口マンチック・ラブとして高め、恋愛至上主義とも言うべき態度のなかに、超越への希求をかかわらせてきた。しかし、これも現代では絶えてしまったかに見える。男女関係のことは「性《セックス》」に還元されてしまい、精神性を極端に失った。

それでも、やはり人間にとって性のもつ力の強さは続いており、ヌミノーゼ体験の片鱗を提供することにもなる。このため、人々は他人の不倫に対して異常な関心を払う。他人の男女関係など自分の生きることと何の関係もないことだが、現在のマスメディアは、一般の関心を反映して、そのことに異常にこだわっている。これは、ほんとうのところ、まったく馬鹿げたことである。

男女関係、結婚、家族など、これらは今もヌミノーゼ体験を供給する源泉だ、と私は思っている。既成の宗教が超越にかかわる機能をほとんど失っていると考えられる現在においては、家庭における「反聖俗革命」を行い、俗の代表とも思われる家族のなかに聖を見出す努力が必要と思う。超越への道は、思いがけないところに、いろいろと隠されている。

家族のなかの「反聖俗革命」と述べたが、別にこれは家族に限らず、人生のあらゆる局面における「反聖俗革命」の必要性、と言った方がいいかも知れない。そして、現代において、この仕事にもっともかかわっているのが宗教家ではなく、芸術家ではないか、と思う。あらゆるものが俗化されるなかで、俗と見える何ものか、あるいは、何ごとかを一挙に聖化することができるのが芸術である。そこにはヌミノーゼ体験が生じる。

現代社会において、これに近い体験を提供するのはスポーツではなかろうか。多くの人がスポーツに熱狂的になるのも、よく了解できる。スポーツのなかに芸術性や宗教性を感じることも、時にはあるものだが、すべてがそうだとは言い難い。

超越についていろいろと述べてきたが、現代社会の一般的傾向は、そんなことは無視してしまい、ひたすら「現実」を大切にする、ということのように思われる。われわれの仕事である心理療法においても、超越などという馬鹿なことを言わず、クライアントが一刻も早く「現実適応」できるようにするべきだ、という考えの方が強くなるのではないか、と思う。それはそれでいいし、私自身も「当面の課題」として、そちらの方を重視しつつクライアントに対しているときもある。しかし、根底においては、心理療法における「宗教性」の重視、あるいは、そもそも人間が生きる上における「宗教性」の重視、というユングの考えに、今も同調している。

そして、繰り返しになるが、この「宗教性」は何らかの特定の宗派と結びつくものではなく、クライアントの自主的な生き方に従ってゆこうとする。その人がどのような道を選ぶかは、その人の個性によって異なってくる。心理療法家はさまざまの人とその道を共にするために、「超越」の様相について広く深く知っている必要があると考えている。

日本人の今後の課題として、超越のことは実に大きく困難なものであるが、個々のクライアントにお会いすることによって、共にこの課題に挑戦し続けたいと思っている。

河合隼雄著作集第Ⅱ期 第3巻　ユング心理学と超越性　目次

序説　現代人と超越性

Ⅰ　ユング心理学と仏教

ユング心理学と仏教……3
プロローグ……4
Ⅰ　ユングか仏教か……7
Ⅱ　牧牛図と錬金術……38
Ⅲ　「私」とは何か……76
Ⅳ　心理療法における個人的・非個人的関係……107
エピローグ……139
フェイ・レクチャー紀行……143
——日本の読者のために

Ⅱ

仏教の現代的意義……171
開かれたアイデンティティ——仏教の役割を求めて……185
科学と仏教……207
日本人の宗教性とモノ……218
現代人と宗教——無宗教としての宗教……225
日本の土を踏んだ神——遠藤周作の文学と宗教……240
悪の深層……266
解説——シルヴィア・B・ペレラ『神話にみる女性のイニシエーション』……288
刊行に寄せて——N・クォールズ - コルベット『聖娼』……293

儀式と遊び……296
初出一覧……304

I

ユング心理学と仏教

プロローグ

心理療法においては、クライアントの意識と無意識がうまく調和して関係し合っている心の状態を得ることが、重要であります。近代西洋文化において、西洋の人々は、エーリッヒ・ノイマンが「西洋に特有の成果」[1]と呼んだような、強い自我意識を確立することに成功しました。この強い自我は豊かな科学的知識の獲得を促進させましたが、それは常に無意識との接触を失うという危険にさらされています。現在の多くのクライアントは「関係性の喪失」に悩まされています。このような喪失からの回復をはかるには、深層心理学者が試みてきたように、自分自身の無意識の探索をすることが必要です。

われわれはまた、自我意識についてのわれわれの信念や概念を検討することが必要だと思われます。近代西洋の自我は多くのことを成就させてきて、世界中の文化はその影響を受けています。しかしながら、強い近代自我が無意識との接触を失いがちであることに注目するならば、それ以外の文化における自我意識について検討してみることに価値があるのではないでしょうか。私は日本人として、日本の状態について述べてみたいと思います。

フェイ・レクチャーの始まる日の前日のパーティでスピーチをした際に、私はアメリカ人と日本人のスピーチのスタイルの基本的な差について話をしました。アメリカ人はそのスピーチをジョークではじめるのに対して、日本人は弁解ではじめる、と言われています。私がもし日本風の典型的なスピーチをはじめるのなら、私はスピーカーになることなど考えられもしないし、心理療法に関する知識などまったく持っていない、と言うべきだったと思います。このことについて考えてみて、なぜこのようなはじめ方が日本において必要なのかがわかりました。日本で人々が何かのことで集ってくると、彼らはある種の一体感を共有します。この一体感は、その人たちが個人的に知合いであるかどうかに関係はありません。したがって、誰かがスピーカーになると、その人は他の人々から区別されることについて弁解しなくてはなりません。誰であれ、他と離れて一人立ちしてはいけないのです。しかし、西洋では人々がたとい一堂に会したとしても、それぞれが他とは異なる個人であります。したがって、典型的なアメリカのスピーカーは何かジョークを言って、人々が笑いを共有することによって一体感を感じられるようにするのです。

このような異なる態度は、日本人と西洋人の自我意識の差を明らかにしています。西洋では、最初になすべきことは、他と分離した自我を確立することです。このような自我が所を得た後に、他との関係をはかろうとします。これに対して、日本人はまず一体感を確立し、その一体感を基にしながら、他との分離や区別をはかります。ここで日本人とアメリカ人が他を批判することは容易ですが、実際にどちらが「正しい」かを決定することは不可能です。われわれがポスト・モダーンの意識を確立したいと思うのなら、われわれは多分お互いが他から学び、何か新しいものを見出すことでしょう。

日本人の意識について考えると、それは仏教によって強く影響されていると思います。私は自分の心理療法の実際において、仏教の影響について、しばらくの間はまったく意識しませんでした。しかし、私はアメリカ合衆国やヨーロッパで、自分の心理療法の実際的方法について話をするにつれ、仏教の影響の強さを認識するようになりました。西洋からの目が、自分の在りようについて意識することを助けてくれたのです。

早くも一九三九年に、ユングが禅の重要性を認識し、鈴木大拙の『禅仏教入門』の序文において次のように述べているのは注目すべきことであります。[2]

「これは「悟りの内容」について多くをわれわれに教えてくれる。悟りの生じることは自我という形で限定された意識による、非自我としての自己へのブレイクスルーとして解釈され、また、公式化される。このような観点は、禅に対するのみならず、マイスター・エックハルトの神秘主義にも適合される。」

彼はこのようにして禅の本質を把握しましたが、それを直接的に西洋に取り入れることには、躊躇を示しました。ユングは「禅を西洋の文化に直接に移植することは、すすめるべきことでもないし、可能でもない」[3]と述べています。これは当時としては真実であったでしょう。それは今も真実でしょうか。これは簡単な質問ではありません。私はたとい「直接に移植すること」は不可能であるというユングに賛成するとしても、既に述べましたように、お互いが学び合うことは意味があると思っています。実際のところ、私は東洋人ですが、ユングの心理学から多くを学びました。日本人の私がいかにしてユング派の分析家となり、そしていかに自分自身および分析の実際に対する仏教の力を意識するようになったかについて、自分の個人的経験をお話しすることは、日本の読者にとっても西洋の読者にとっても価値あることではないだろうかと思う次第であります。

(1) Erich Neumann, *The Origins and History of Consciousness*, Pantheon Books, 1949, p. xviii.

(2) C. G. Jung, "Foreword to Suzuki's *Introduction to Zen Buddhism*," in *The Collected Works of C. G. Jung*, vol. 11, Pantheon Books, 1958, p. 543.

(3) Ibid., p. 554.

I　ユングか仏教か

スイスのチューリッヒより一九六五年に帰国以来、私はユング派分析家として日本で分析の仕事を続けてきました。これまでの約三十年間に多くの治療例を経験すると共に、ユング心理学を日本に紹介し、教育・訓練を行なってきました。現在、日本在住の日本人の分析家が十三名に達していることによっても、ある程度その成果が示されていると思います。

この間、自分はユング派分析家であるという自覚はあるとしても、仏教徒であるということを特別に意識したこともなく、まして、仏教の教義に基づいて心理療法を行なっているなどとは、まったく考えたことはありませんでした。ところが、自分のこれまで行なってきた心理療法について、ある程度まとまったことを西洋で発表するとなると、そこに仏教的な要素が深くかかわっていることにあらたに気づき、愕然としました。そこで、本書においては、自分の心理療法について語る上で、これまでに気づいてきた仏教とのかかわりをむしろ積極的に取りあげて検討しようと決心した次第であります。

本書は、したがって、仏教の考えを頼りとして心理療法を行うとか、ユングの考えと仏教の考えを比較検討したりすることを最初から意図して書かれたものではないことを、はじめに明らかにしておきたいと思います。そのようなことであれば、私よりも適切な書き手は他に多くおられます。(1)ここで意図されるのは、「私」という個人がユング派の訓練を受け、ユング派分析家として「日本」という異文化の土地で、ひたすら仕事を続けているうちに、私の分析の在り方が意識的・無意識的な変容を遂げてきたことを仏教との関連という視点から、見直してみようということであります。しかし、そのようなことを書物にしてまで発表する意義はあるのだろうか。しかも、それを英文で発表するとき、欧米と異なる文化圏において生じた個人的体験を語ってみても、ただそのような変なことがある、ということを知らせる以上に、何らかの意義があるのだろうか。この疑問に答えることは本書の意義ということのみならず、私の心理療法における方法論上の根本問題とも深く関係するので、まずそのことから述べてみたいと思います。

1 個より普遍へ

フロイトもユングも自分の行なっている心理療法が「科学」であることを主張しました。当時の状況を考えると、自分たちが新しくはじめた方法を社会に認めさせるには「科学」であると強調する必要があったことはよく了解できます。また、思弁によるのではなく実際経験を基にしているという意味でも、「科学」であると彼らは考えたのでしょう。そして、その方法を他人に適用し、実際的な効果をあげているので、その科学性は実証されていると考えたと思われます。

しかし、少し異なる観点から考えると、その「科学性」はあやふやであることがすぐわかります。深層心理学にいろいろな学派があるという事実も、自然科学者の「真理はひとつ」という観点からみると、おかしいと思われるでしょう。(2) 何らかの現象が生じたとき、深層心理学はそれを「解釈」したり、「後からの説明」はするとしても、自然科学のように的確な現象の予見をし、的中させることはできません。心理療法――特に深層心理学に基づく――が自然科学と異なるものであることは、最近相当認識されていると思うので、これ以上論じることはいたしません。

ここで特に述べたいのは、その方法論上の差であります。近代の自然科学においては、観察者と観察される現象との間に明確な区別があり、それだからこそ、観察によって得た結果は「普遍性」をもつとされました。しかし、フロイトにしろユングにしろ、そもそも彼らの学問の出発点は、彼ら自身の自己分析にありました。フロイトもユングも後にエレンベルガーによって、「創造の病」(creative illness)と名づけられた心の病を克服する過程において、自ら行なった自己分析の体験を基にして、その理論体系と方法をつくりあげたのです。彼らは自らの個人的体験をできる限り客観化し、普遍的な結論を得ようとしたので、その理論には多くの賛同者を得ています。しかし、その方法は観察者が現象に深くかかわっているという点で、近代の自然科学と明らかに異なっていることを認識しなくてはなりません。[3]

それではなぜこのようなことが必要なのでしょうか。心理療法を受けに来た人が、次のような問いを発することがあります。「私の母親はなぜ私が三歳のときに死んだのでしょう」と。これに対して自然科学の答は「あなたの母親は結核で死にました」というものなのです。それにつけ加えて、当時は結核になる人が多かったとか、結核に効く薬はなかったなどというかも知れません。しかし、その人はそんな答に満足することはできないでしょう。その人の知りたいのは、「なぜ私の母は、私の三歳のときに、私を残して死んでしまったのか」という、自分自身とのかかわりについてなのです。自然科学では、個人と現象を切り離して研究がなされます。これに対して、この人は、個人と現象とのかかわりについての答を要求しています。これに答えるためにはあくまで個人とのかかわりを認めた上で、現象を理解し記述することが必要となるのです。

近代になって急激に発展した自然科学は、テクノロジーと結びついて、人間が多くのものを操作し、自分の望むところを実現することを可能にしました。このため、人間は何でも自分の欲するものは手にはいるし、自分の意のままに他を動かすことができる、と思いこみ過ぎたのではないでしょうか。「科学の知」によってすべてのことが理解され、すべてのことが可能になると思ったのではないでしょうか。しかし、科学の知の根本にある対象と自己との分離ということを何にでも適用しようとしすぎて、「関係性の喪失」という病を背負わざるを得なくなったと思われます。心理療法家のところに訪れる人たちは、大なり小なり「関係性の喪失」を病んでいるということができると思います。

フロイトやユングの試みたことは、「関係性」を前提とする知を獲得することであったと言えます。彼らはその病の克服の過程を通じて、自分の自我を自分自身の全体と関係づける仕事を行い、そこから普遍的な知を見出そうと努めました。つまり、そこにあるのは「個より普遍」に到る道であり、自然科学のように、個を抹消することによる普遍への道とは異なっています。

これまでの考えに従うと、物理学の法則を物質に対して適用するようには、深層心理学の理論を人間に適用することが難しいことがわかります。心理療法において、分析家は被分析者が自分自身の個から出発し、それとのかかわりにおいて、自分の内界や外界の現象を探索しようとするのを、深層心理学の理論に頼りつつ「援助する」ことは可能であるが、被分析者の個としての存在を無視して、理論を「適用」することはできません。深層心理学のどのような学派であれ、それを単純に「科学」と信じた人は、このような適用による失敗をしたのではないでしょうか。

深層心理学の知の性質を私は以上述べてきたように理解するので、ここに私が私個人の体験を語るにしても、それが普遍性とどうつながるのかを意識している限り、聴く人に対して意味をもつと考えています。特にユングの言う普遍的無意識をよく理解するためには、文化を異にする人の体験に触れ、それを自分の世界観全体のなかに位置づけようと努めることが大いに役立つ、と私は思っています。ユング自身が、ヨーロッパ中心の思想のまだまだ強かったときに、非ヨーロッパ文化に対して深い理解を示したことは周知のことであります。

このような前提のもとに、私はここに仏教の教義を説いたり、仏教の教義から出発して心理療法について説明しようとするのではなく、あくまで私個人が日本で分析を行なってきた体験から出発し、日本において迷ったり考えたりして生きているうちに、仏教が私にとってどのような役割をもつに到ったかについて語りたいと思います。それがどれほど普遍性につながるものとなるかは、私の能力と努力にかかわることであり、それがどの程度のものであるかは、読者の皆さんの判断にまかせるより他に仕方のないことであります。

2　私と仏教

私がこれほどまで仏教に対して深い関心をもつようになるとは、ユング派の分析家になったときでも到底考えられぬことでありました。幼少の頃から、私は仏教に対して漠とした拒否感をもっていたように思います。それは何となく不吉で不気味なもの、というイメージを与えていました。日本では大半の人は生まれながらに仏教徒ということになっていますが、キリスト教のように定期的に教会に行くとか、仏僧による説教を聴くことなどはありません。身内の誰かが死んで葬式でもない限り、自分が仏教徒であることを意識することはほとんどない、と言っていいでしょう。私ははじめてアメリカ合衆国に入国したとき、自分の「宗教」を書く欄があり、心のなかで抵抗を感じながら、「仏教」と書いたことを今もよく記憶しています。当時(一九五九年)の日本人のなかには「無し」と書く人もあり、それらの人は、西洋の感覚で「無神論者」と受けとめられ、誤解を受けたこともあるそうです。当時は無神論者は共産主義者であると判断するような傾向がアメリカにはありました。後に述べることになりますが、日本人の宗教性は特定の宗教と結びついていないことが多いのでこのようなことが生じるのです。

私も他の日本人と同じく、無自覚的仏教徒でありましたが、私が仏教に対して拒否的であったのは、次のような点が推察されます。私の弟が、私が四歳のときに死亡しました。弟の棺を家から出すときに、私は「棄てるな」といって棺に取りすがって泣いたということです。弟の死によって母は強いショックを受け、それ以後は仏壇の前で泣きながらお経をあげ続け、幼い私はそのような母の傍に共にいたらしいのです。これらのことは大きくなってから母親によく聞かされました。何度も聞いているうちに、自分にも少し記憶があるように思ったりしましたが、それは後から形成されたイメージかも知れません。このような幼児期の体験のために、仏教とか、お経というものは、死と結びつくものとして、私に不安や恐れを誘発することになったのではないかと思います。

上記の点はともかくとして、自分の記憶に残っていることとして、相当早くから死の恐怖があったことは確かであります。五歳頃に目を閉じて息をつめ、死とはこんなことか、ほんとうに何もかもわからなくなることかなどと考えて、恐怖心を味わっていたことを今も覚えています。そして、仏教というものを、死よりの救いとして考えたことはなく、むしろ、死を思い出させたり、死と結びつきの濃いものとして、不気味に感じていました。こんなわけで、仏教との距離は遠くなるばかり、自分の家の仏教が浄土宗であることくらいは知っていましたが、始祖の法然について、あるいは法然の教えについて知ろうとする意欲など全然起こりませんでした。

ただ、子ども心にも非常に印象的だったことは、父が禅の言葉が好きで、「日々是好日」という言葉を座右の銘としていたことです。あるいは、「直指人心　見性成仏」という言葉も覚えています。達磨大師の「面壁九年」の坐禅の話もよく聞かされました。私は父を尊敬していたので、父は「悟り」に達しており、私にとっての恐ろしい課題、「死」に対しても恐怖を感じていないと信じていました。そして自分も大人になったときは、何とかそのような「悟り」に達したいと願っていました。禅はその実態を知らないまま、私にとっては大切なものとして印象づけられていました。「悟り」ということによって一挙に不安や恐れが解消してしまうということに強く心を惹かれたのです。

思春期を迎える頃に日米の戦いがはじまりました。日本の軍閥が力をもつにつれて、日本の男の子どもたちは兵士となって国のために死ぬことが理想である、という教育が徹底してきました。都会の知的な人々はそれに対して抵抗していたようですが、私は田舎に住んでいたので、このような軍国的傾向は非常に強くなっていきました。ところが、困ったことに私の死に対する恐怖は一向に弱まらず、自分が死ぬことも人を殺すことも嫌であり、軍人になりたいと思えないのです。死ぬのが怖いから軍人になれないなどというのは、まったく臆病なことで、誰にも言うことができません。中学生の級友がお国のために死ぬと言って陸軍や海軍の学校に入ってゆくのを尊敬の目で見ていましたが、自分はその気になれません。われながら自分の弱さに困ってしまって、とうとう当時医学部の学生であった一番上の兄に手紙を書きました。

「自分は恥かしいことに死ぬのが怖くて軍人になりたくない。どうしたらいいのか。父や兄が医学を学んだために死について悟っているのを見ると、自分は医者は好きではないが医学部に進みたいと思うがどうか」ということを書いて投函しました。兄からはすぐ返事がありました。「死ぬことが怖いのは当然で、別に恥かしがることはない。国に尽すのは軍人だけとは限らない。軍人になりたくなかったらなる必要はない。自分の好きなことをしてこそ国のためになる。医学を学ぶと、人間の身体の死についてはわかるが、人間にとって死とは何かがわかることはない。それは人間が一生かかって追究することで、どの学問をするとよくわかるというものではない。死については、自分も父も悟ってなどいない。安心して、自分の好きなことをしながらゆっくりと考えてゆけばよい」という文面でありました。

この手紙で私にとって一番印象的だったのは、「父も悟ってなどいない」と言明してあるところでした。あれほど泰然とし、何も恐れないように見える父でも悟ってはいず、死ということは一生かかって追究するべき課題だと書かれているのを見て、自分を臆病者として卑下していた気持が消えていくのを感じました。そして、実際に兄の言ったことは本当で、私はこの年齢になっても死ぬのは怖いし、悟りなどというのをまったく経験したことはありません。ただ、死という課題を一生かけて考えてゆこうとする姿勢は今も変りなくもっています。

仏教との接触はまったく思いがけない機縁から生じてきました。それは私がアメリカに留学したことから始ります。私は東洋の宗教に出会うために、まずアメリカにそして続いてスイスにまで旅をしなくてはならなかったのです。後に述べる十牛図《じゅうぎゅうず》もマンダラも、私がそのことについてはじめて知ったのは、アメリカでありました。十牛図は私の最初の分析家、マーヴィン・シュピーゲルマンを通じて知り、すぐに心を惹きつけられましたが、マンダラについての第一印象は、何だか怪しげなものというのが偽らざる気持でした。ともかく、アメリカは私と仏教との関係のきっかけをつくってくれましたが、仏教と私との関係の深まりについて述べる前に、なぜ私がアメリカに留学したかについて述べておかねばなりません。

3　西洋への憧れ

子ども時代からだんだんと軍閥の力が強くなるに従って、日本の国民全体を戦争に駆り立てようとする傾向が強くなりました。不幸なことに日本の神話は、日本が「神国」であり、絶対に負けることがないことの支えとして軍閥によって使われました。私は教えられるとおりに、素朴にそのとおりだと信じながら、日本の他の子どもたちと異なり合理的にものごとを考える性質をもっていたので、何かおかしいと一人で考え悩むときがありました。日本に対するアメリカの攻撃がだんだんと烈しくなってきたとき、ある偉い軍人が私の中学校に来て、人類の長い歴史を見ると、侵略者は一時的に勝利を収めることはあっても敗れるものだと説き、したがって日本を侵略しようとするアメリカ軍も結局は負けるであろうという講演をしました。私はその話を聞きながら、彼の話の前半には賛成でしたが、よく考えてみると侵略をはじめたのは日本であり、結局は日本は負ける、と考えたのです。そして、われながら自分の考えの恐ろしさに慄然とし、それを心のなかで打ち消そうとしました。

不吉な考えを追い払おうとしましたがそれはなかなか消えぬどころか、心のなかでだんだん強くなってきます。周囲の人がすべて勝利を信じているなかで、自分一人異なった考えをもつのは耐え難いことです。私はたまらなくなって一人の兄に私の考えを打明けて相談しました。私は自分の考えの誤りであることを兄に証明して欲しかったのです。しかし、兄は否定も肯定もせず、ただその考えを他の誰にも、両親にも言うなと固く戒めました。

日本は戦争に敗れました。そのとき私は十七歳でした。戦後になって、われわれがいかに非合理で非論理的な教育を受けていたかがだんだんと明らかになりました。私は子ども心にもすでに述べたような考えをもっていたので、西洋合理主義を全面的に受けいれようとしました。日本の神話に対して強い嫌悪感を感じました。こうなると、一切の日本的なものに拒否感を抱くようになり、わずかな例外を除いて、文学、芸術、すべてについて西洋のものは好きだが、日本のものは嫌いであったと言えます。日本のものは、非合理の暗闇のなかへと自分を引き込んでゆき、せっかく太陽の光の恵みにあずかろうとしている私の人生を暗くしてしまうように感じられたのです。

日本が敗戦から立ち上ってゆくために最も大切なことは、西洋の近代合理主義に学ぶことであり、そのためには科学の勉強をすべきであると考えました。私は大学で数学を専攻し、高校の数学の教師になりました。この頃の私は科学万能主義に近く、そんな意味でも仏教の「非合理な」教えを馬鹿にしていました。当時、日本の青年たちで合理的にものごとを考えようとする者の多くが唯物論に惹かれ、共産主義者になりましたが、私はそれには従いませんでした。これは一面不思議なことに思われますが、その「科学主義」にはまやかしがある、と私は直観的に感じ、その直観に従うことにしました。当時の日本の傾向としては、インテリは大なり小なり唯物論的になり、それが「正しい」と考えられていましたが、私は周囲の人がすべて正しいと思っているのと異なることをするのに、もう抵抗を感じなかったのです。

高校の教師になって実に熱心に教育に力をつくしました。私は高校教師というのを自分の天職とさえ感じていたのです。そんなこともあって、実に多くの高校生が彼らの悩みの相談に来ました。それらに対して責任ある対応をするために、私は臨床心理学の勉強をはじめました。しかし、日本ではそれはまだ始まったばかりで適当な指導者がいないことがわかりました。それでも臨床心理学の研究を続けて、むしろそちらが専門になり、高校を辞して大学の心理学の講師になりました。結局は本当に臨床心理学を学ぶためにはアメリカに留学するしかないと考え、幸いにもフルブライトの留学生試験に合格して、一九五九年にUCLA(カリフォルニア大学ロサンゼルス校)の心理学部の大学院生となったのです。

臨床心理学を学びはじめた頃、私はもっぱらロールシャッハ法の研究をしていたので、それを学ぶために、UCLAのブルーノ・クロッパー教授のところに来ました。彼はユング派の分析家であり、その考えに強く惹かれ、彼の紹介でユング派の分析を受けることになりました。つまり、私は日本にいたときからユングのことを知り、それを学ぶためにアメリカに来たのではなく、あまり内容を知らずに言わば偶然にユング派に導かれたのであります。

4　ユング派の分析

分析を受けることになって、分析家のシュピーゲルマンから、夢の分析をすると言われたときには驚いてしまいました。「そんな非合理なことは信用できない」と私はすぐに抗弁しました。西洋合理主義を学ぶために来た者に「夢のお告げ」など信じられるか、と言いたいところです。すべて非科学的なものは信じられない、と言うと分析家は「お前は自分の夢にどんな意味があるか調べてみたことがあるか」と言います。ないと答えると、「自分で検証してみたこともないのに信用できないと断定するのは非科学的ではないか」と言われ、これはなるほどと思ったので、ともかくどうなるのか試してみようということにしました。半信半疑のまま、ともかく夢を記録して持参することを約束しました。そして、私は極めて印象的な初回夢を見たのです。

夢の意味はまったくわからなかったのですが、ともかく興味深い物語とも言える夢を見て驚いてしまいました。

ところが、その夢について連想を述べ分析家と話し合っていると意味がわかってきて、これまた驚きでした。その夢のなかで、私がハンガリーのコインをたくさん拾い、そのコインを見ると仙人の姿が描いてありました。ハンガリーについての連想のなかで、それは私にとって東洋と西洋の橋のような意味をもっていることが明らかになってきました。分析家はこの夢から、私が将来、東洋と西洋の相互関係ということにおいて価値あることを多く得られるであろう、と言いました。私の現在に至るまでの人生を考えてみますと、この分析家の言ったことがそのまま実現されていることがわかります。

初回夢のみならず、それに続いて意味深い夢を見て、夢に強く惹きつけられながら、なお私は夢分析の「非科学性」について文句を言い続け、ユング心理学の「神秘主義的」なことに不平を述べました。有難いことに、分析家はそれに腹を立てず、毎回誠実に議論に応じてくれ、それを通じて私は徐々に自然科学とユング心理学との関係について自分なりに考えながら、後者を受けいれてゆくことができたのです。

ロサンゼルスにいる間に仏教との少しの接触が生じました。分析の過程のなかで、ある日、分析家が禅の十牛図を見せてくれたのです。私は情ないことにそんな図が東洋にあることを全然知りませんでした。すでに述べたように、父親の影響もあって、禅には少し親近感があり、特にその「一瞬の悟り」ということに強い関心があったので、十牛図によって悟りの境地が十枚の図による「過程」として示されていることに強い印象を受けました。(これは実は浅い理解ではありますが)十牛図に関する関心はその後もずっと続き、スイスより帰国後、一九八二年にユングが解説した錬金術の図である「賢者の薔薇園」との比較という形で評論を書きました。[4] 思えば、これが私が仏教に関係する論文を書いた最初であります。この点については章をあらためて論じることにします。

ユング派の人たちのパーティに出席したら、禅に関心を持っているという人から、オイゲン・ヘリゲルの『禅と弓術[5]』を読んだことがあるかと訊かれました。話し合っているうちに、私はそれを中学生のときに読み、深い感銘を受けたことを思い出しました。一人の西洋人が異文化である日本文化を理解するためにつくした誠実な努力が、心を打ったのです。この本も帰国後に読み直し、著書に引用することになりました。

禅についての関心が高まってきて、ユングの序文[6]などに刺戟され、鈴木大拙の禅仏教に関する書物[7]を英語で読みました。禅にはこのようにして興味を惹かれてゆき、なるほどと納得するところが多くありましたが、それは「高嶺の花」であるという実感が強かったのです。悟りの境地があるのだろうとは思うが、自分がそのようになるとか、その修行によって自分の心理療法家としての能力を高める、というようなことは考え及びませんでした。

ユングも言っていることですが、偉大な人も近くに寄ると「影」が見える。日本に住んでいると「偉大な」禅の師について見聞することもあります。そうすると「悟り」を啓《ひら》いても利己的な面はそのままである点などがわかって疑問を感じてしまいます。話は横道にそれましたが、これはいくら「分析」を受けても人間は変らない、というような考えにも通じることで、特に禅がどうのこうのと言うべきことではないだろうと思います。

ロサンゼルスの一年半にわたる留学を終え、日本で一年間の準備をした後に、チューリッヒのユング研究所に留学しました。それまでの分析経験があったので、ここではユング心理学についてとやかく言うよりも、すぐに夢の分析に専念することができました。そして、その過程のなかで日本との接触を回復することができたのです。この間に私はこれまであまり見向きもしなかった日本の古典などを読みましたが、私が日本への根を見出してゆけたのは主として日本の昔話、伝説、神話などを通してでありました。

夢分析を通じて、日本の神話が自分にとって大きい意味をもつことがわかったときの衝撃は強いものがありました。日本神話に対する拒否感があまりにも強かったからです。しかし、いろいろと姿を変えて繰り返される夢のメッセージと、「日本人が自分のルーツを探ろうとして日本の神話に到達するのは、むしろ自然のことではないか」という分析家のマイヤー先生の言葉に促されて、日本の神話に取り組むことになりました。

日本神話に取り組む契機となった夢のなかのひとつを次に述べます。私は男女二人の分析家についていました。現在の日本の若い人には理解できないと思いますが、私は日本の男尊女卑の伝統のなかで育ってきているので、女性に分析を受けるのが何となくぴったりと来ないのです。女性を自分より「目上の人」として認知することに抵抗を感じてしまう。そんなときに、夢に女性の分析家、リリアン・フレイ先生が現われました。近づいてくるうちに彼女の姿はまったく光に包まれ、私は畏敬の念に駆られひざまずきました。「先生は太陽であった」と思いながら目が覚めたのです。この夢によって、私のフレイ先生に対する態度に変化が生じると共に、女性一般に対する考えや態度も変ってゆく、ひとつのきっかけを与えられた、と言うことができます。

私はフレイ先生に夢を報告するときに、自分の女性一般そしてフレイ先生に対するこれまでの気持について語り、それがこの夢のおかげで変っていきそうだと言いました。「先生は太陽の女神だったのですね」と言い、日本の神話では、太陽の女神アマテラスが重要な、中心と言っていいほどの存在であることを述べました。先生は「私は女神でも、太陽でもなく一人の人間です」と言って微笑し、「その太陽の女神はあなたのなかに存在しているのです」とつけ加えられました。私はそれが何だか大切なことだというのと、承服し難い気持の両方を感じていました。日本神話に対する拒否感は、その当時まだ強かったからです。

上記のような体験の積み重ねにより、結局私はユング研究所の資格論文として日本神話を取り扱い、特に太陽の女神アマテラスに焦点を絞って論じました。私なりに日本人として自分の生きてゆく基礎を、分析の体験を通じてつくりあげることができたのです。日本神話については、今回は特に論じませんが、私にとって非常に重大であり、この頃は仏教のことをあまり意識していませんでした。

5　西洋の意識

チューリッヒのユング研究所で学ぶようになりしばらくした頃、分析家のフォン・フランツ博士と雑談していると次のようなことを冗談まじりに言われました。私は日本から来た最初の研究生だったので珍しくも思われたのでしょう。それに少しは元気づけようと思って言われたのかも知れません。「遠い国から学ぶためにやってきたのに、無意識、無意識、とばかり言われて驚いたり呆れたりしたのではありませんか」。それに対し私は、「無意識には驚きませんし、ここに来る前からそれについて大分知っていたようにさえ思います。それよりも驚いたのは西洋の意識です」と言いました。博士は私の言いたい意図をすぐ察知されたようで、「なるほどそうか」と言いながら愉快そうに笑われました。実際私は、アメリカでもヨーロッパでも西洋の意識と衝突し、相当なカルチャーショックを受けたのでありました。

他と区別し自立したものとして形成されている西洋人の自我は日本人にとって脅威であります。日本人は他との一体感的なつながりを前提とし、それを切ることなく自我を形成します。このような差を意識していればよいが、それがわからないときは、何気ない日常会話においても誤解が生じたり、異和感を感じたりします。そのような例をあげるときりがありませんが、非常に抽象的に言えば、西洋人の自我は「切断」する力が強く、何かにつけて明確に区別し分離してゆくのに対して、日本人の自我はできるだけ「切断」せず「包含」することに耐える強さをもつと言えるでしょう。分析場面で生じたひとつの例をあげます。

ロサンゼルスで分析を受けたとき、日本から来た貧乏な留学生というので、分析料を随分安くしてもらいました。嬉しくはありましたが私はそれについて考え続けました。分析というのは私にとって一番大切なことである。それの料金を安くしてもらって、私は自分の遊ぶことにお金を使っていいのだろうか。むしろ、食費をけずっても料金を払うべきではないかなどと考えて、とうとう思いあまってこのことを分析家に言ってみました。すると分析家は驚いて、自分はお前の経済状況と自分のこととを考え、あの料金が妥当だと決めた。そのことについてまったく不満はない。"I don't mind at all. Why do you mind?" と言われた。お金を受けとる方の自分はまったく気にしていないのに、どうしてお前が気にするのか、と言われました。これはまったく明快な論理であります。しかし、私はそこに何か大切なものが失われているような気がしました。「あなたの言われることはそのとおりだと思うが、何か納得がいかないところがあるので、一週間考えてくる」と私は言いました。

一週間考えた上で私は次のように言ったのです。「あなたの気持はよくわかったので、その気持をお受けして料金はこのままにする。しかし、あなたの言われるように、あなたが気にしないのだから、私が気にする必要がない、というのは承服できない。せっかくこれだけのよいことがあったのだから、私は mind し続けてゆきたい」。この例で、アメリカ人の物事を明確に切断して論理的に考える態度と、日本人の物事をできるだけつないでゆこうと考える態度の差がわかっていただけるでしょうか。

西洋の意識を考える上で、エーリッヒ・ノイマンの『意識の起源史』(8)は参考になったし、また衝撃的でもありました。それを読むと、西洋近代の自我が世界の精神史においても稀有な達成であることがよく理解できました。その考えに従うと、日本人は彼の言う象徴的な「母殺し」を達成していないことが明らかであります。ノイマンの考えに従うと自我確立の過程が段階的に示されており、それによって見ると、日本人の自我は極めて未成熟な段階にとどまっていることになる。日本を占領していたアメリカ軍の司令官マッカーサーが、日本を去るときに、日本人の精神年齢は十二歳である、と言ったことも思い出されます。

これは一面で正しいと思いますが、まったくそうだとも言えないと思うのです。この点については日本に帰国後にだんだんと自分の考えを発展させましたが、簡単に言ってしまえば、西洋近代の自我は、自我の多様な在り方のなかのひとつであり、その強力さは認めるとしても、それを唯一の正しい在り方とは考えることはできない、というのが私の現在の意見であります。そのためには、多様な自我の在り方を具体的に示し、それらと近代自我との比較を行うことが必要であります。そのことをこの三十年間に私はしてきたと言えます。そして、その一端を、特に仏教との関連において、この講義のシリーズでお話しすることになるでしょう。

西洋の意識との対決ということを、意図的にではないがしてしまい、そのことがその後の私のユング派分析家としての在り方にも関係していると思われる、ひとつのエピソードをお話しします。

チューリッヒのユング研究所で資格をとるための最終試験には、いろいろな領域についての口頭試問があります。その試問のときに、ある試験官が「Self の象徴にはどんなものがありますか」と尋ねました。「マンダラ」などのおきまりのことを答えればよかったのですが、そのとき私はふと日本語で「森羅万象」という言葉を思いついたのです。そこで"everything"と答えてしまいました。そのために、その口頭試問の間中、論戦するようなことになりました。終った後で、その試験官が私はユング心理学の基本的知識に欠ける、と言われたのは当然のことであります。このために、いろいろ紆余曲折はありましたが、ともかく私は資格を貰うことができました。

後から考えてみると、私がこのように答え、それを貫こうとしたことの背景には多くの要因があると思いますが、そのひとつとして日本の仏教において強調される「草木国土悉皆成仏」の考えが背景にあったと言うことができます。ただ、その当時に私自身がこの言葉を自覚的に背後にもって試験官と言い争ったのではないことは、事実です。厳密な言い方をすると、このような仏教の考えに従うならば、私の言った"everything"は、自己そのものであり、そこには、自己の象徴という考えがはいりこんで来ないのではないかと思います。これらのことは重要なので、後に詳しく考え直してみたいと思います。

それにしても、単に知識の有無を調べるのではなく、その人間にとって存在を賭けたものを引き出してくるという点で、ユング研究所の試験というものは、意義深いものであると思われます。これは、私が「日本人のユンギアン」となるためのイニシエーションの役割を果たしてくれたと思います。

6　日本におけるユング派の分析

スイスより一九六五年に帰国してすぐ、心理療法を行うことにしました。と言っても当時は心理療法ということが一般に知られていず、ましてや夢の分析などは、うっかりすると「迷信」と考えられるほどだったので、相当な工夫や慎重な配慮を必要としました。何らかの悩みについて誰かに相談に行くとしても、時間を限定されるとか、それに対して料金を払うなどとは考えられない、というのが実状でありました。日本の知識人は西洋の近代に追いつくことに熱心すぎて、狭い「科学性」に固執し、臨床心理学や心理療法が「非科学的」であると攻撃するような態度が一般的でありました。このような状況のなかで、どのようにしてユングの考えを日本に紹介していったかということも興味深い話題かもしれませんが、今回は割愛することにします。私がいかに慎重であったかを示すこととして、帰国後、昔話について公的な場で考えを発表するまでに十年の沈黙を守り、日本神話に関しては約十五年の沈黙を守ったことを述べるだけでも十分であろうと思います。

帰国後、最初に不登校の症状のために来談した十三歳の少年が三回目の面接時に語った夢が極めて印象的でありました。

夢　自分の背の高さよりも高いクローバーが茂っている中を歩いてゆく。すると大きい大きい肉の渦があり、それに巻きこまれそうになり、おそろしくなって目が覚めた。

この夢はこの少年にとって印象的でありましたが、私にとっても同様でした。渦巻はそこから何かを生み出す、あるいは、そこに何かを吸いこんでしまうという両面をもっています。そのような肯定的・否定的の両面をもちつつ、それは太母の元型の象徴として古来からよく用いられています。日本の古代の地母神にも渦巻の紋様の描かれているものがあります。この夢は、太母の吸い込む力の前に、少年がいかに無力であり、その脅威にさらされているかを如実に示しています。

この夢を聞いて私は自分の帰国した際の事件を思い出しました。当時は家族連れで留学など珍しかったので、私たち家族が帰国した時、私の両親をはじめ親類縁者が集って、早速に祝賀のパーティをしてくれました。日本はこのような目出たいときは鯛の料理で祝うことになっているので、立派な鯛が食卓に飾られました。ところが、私の母が鯛を食べるとき、鯛の骨が喉にささって苦しみました。それはひどくて医者に何度も通ったりしなくてはならなかったのです。母がその後、自分の家に帰るのを見送ろうとして、私はタクシーの扉で危く母の腕をはさみ傷を負わせそうになりました。この二つのことは私の心に残り、自分は母に対して潜在的敵意を持っているとも思えないのに、といぶかしく思っていました。

少年の夢を聞いたとき、否定的な太母のコンステレーション（布置）が、この少年の背後になどと言わず、日本の全土にわたってできていると直覚したのです。すべての日本人——私も含めて——がその影響下にあるのです。そして、その顕れのひとつとして、日本に不登校が多く発生するという現象がある、と考えられました（その後、日本では登校しない子どもの数がますます増え、その現象を説明するには、もっと複数の要因やタイプを考えねばならなくなっています）。

日本文化を欧米のそれと比較するときに、母性原理と父性原理の優勢度の差を基にしてみるとよくわかります。私は日本で分析を行う際に、まず母元型の強さということを考慮することが重要であると考えました。そう考えると日本のいろいろな状況がよく理解できます。面接の時間外、時には深夜にまで電話をかけてくるクライアントが多いことに示されるように、クライアントの治療者に対する依存は非常に強くなります。治療者が無際限に何でも受けいれる太母であることが期待されるのです。このことを意識せずに、教科書どおりの「契約関係」を持とうとすると、クライアントは治療者を「冷たい」と感じて治療関係は破壊されてしまいます。治療者は常に太母の元型的イメージの投影を受けやすいことを認識していなくてはなりません。

ユング心理学にまったくなじみのない日本人に、それを紹介するに当って、元型ということをどのように説明しようかと迷いましたが、まず太母の話からはじめるとよく理解されることがわかりました。日本人であるかぎりその元型のはたらきに強く影響されているので、説明するのに好都合なのです。それと、日本では「母」と言えば絶対的と言えるほどの肯定的イメージが強かったが、日本が西洋文化の影響を受け、近代的自我の長所を知るに及んで、母の否定的側面がにわかに意識されはじめたという事実も、日本人の意識化を促進させる効果があったと思います。

分析をはじめて何年か経ってふと気がつくと、分析を受ける人の三分の一強がクリスチャンであることがわかりました。私はこれは偶然ではないと思ったのです。まず言えることは、日本人で近代自我に心を惹かれる人のなかで、宗教心のある人はキリスト教に関心を持つ人が多いことであります。私自身にもその傾向はあり、若いときに仏教の経典は読んでいないが、聖書は読んで感激したことを覚えています。そして、私に分析を受けに来た人はキリスト教に入信しながらも、それによって何か周囲との摩擦が生じてきたり、あるいは、安心を得られなかったりするために、来談されたと言うことができます。夢分析をはじめると、クリスチャンであるのに、夢のなかでは、日本の神社や仏閣が重要な意味をもって出現するので驚く人も多くありました。だからと言って、私はその人にキリスト教をやめたり、仏教徒になることをすすめたりはしませんでした。夢分析の過程のなかで、もちろんそのようなことの生じることもありましたが、すべては本人の個性化の過程に従うようにしたつもりであります。

仏教との関連で言えば、次のような経験をしたことがあります。人前で赤面しないかという恐怖が強くて結局は自分の家から一歩も外に出られないようになった十九歳の青年男子の分析を続け、数年経って症状もほとんど消失し、そろそろ終結を考えるころに彼の見た夢を示します。

夢　窓のそばの庭に菩薩像が横たわっている。僕は窓からのぞき込んで、家のなかにいる母や兄たちと何か話している。実は僕はこれから、一人として気の許すことのできない家の外の世界に、一人で出かけなければならない。心細くて仕方ないのやけど、これはどうしてもやらねばならない冒険なのや。ふと見ると、菩薩像の目が動き、やがて起きあがった。これは生きているのや。最初に見つけたときから警戒心を抱いていた菩薩像が生きた存在やというのがわかると、かえって少しホッとした。……家の外の世界では日本語が通じない。朝鮮語なら少し話せるので、それで何とかしのいでいこうと思っている。暗黙のうちに、この菩薩像が僕に同行してくれるのがわかった。母や兄もすすめるし、また自分一人では心もとなさすぎるので、できるだけ信頼して一緒に行くしかない。出発前に菩薩が朝鮮語の発音を教えてくれる。なかなか面白い発音なので習い、いよいよ出発することになる。

この夢はクライアントが治療の終結を決意する契機になった夢であります。菩薩が同行してくれるならば安心で、彼も分析家に頼る必要はないであろう。外出することに強い不安を感じていた人が内的な「同行者」を獲得し、治療関係を終ってゆくことに感激しましたが、このクライアントも私も仏教にはまったく無関心であるのに、菩薩が顕れたことは驚きでありました。このような深い体験をしつつ、なお仏教に近づく気がなかなかしなかったのだから、私の仏教拒否も根が深かったと言わねばなりません。

7　治して欲しくない

日本にユング派の心理療法を紹介するとき、夢分析についてうっかり話をすると、「非科学的」という烙印を押されそうなので、まず箱庭療法の方を一般には導入することにしました。日本には箱庭つくりの伝統もあるし、非言語的に視覚によってコミュニケーションをすることは、むしろ日本人に向いています。それと、一般に紹介するときに、箱庭の作品をスライドで示すので、イメージのはたらきについて直接的に認識してもらうことが容易です。このような点を考え、自分は夢の分析をしていましたが、他の治療者には箱庭療法から始めてもらうことにしました。この試みは成功し、箱庭療法は日本中に広がりました。この際、箱庭に示されるものの象徴性については最初は教えず、マンダラについても一言も言わず、ただ治療者とクライアントとの関係を大切にし、クライアントに自由に表現してもらうことを第一義としました。

箱庭療法による治療の成功例がつぎつぎと報告され、私はそれについてコメントするときに象徴性についても説明するようにしました。非常に興味深かったことは、マンダラについては治療者もクライアントも何の予備知識もないのに、重要なときに重要な意味をもってそれが出現することがわかったことです。マンダラ像が自然に出現したときに、私はマンダラについて述べたので、誰もが体験を通じてその意味を把握できたと思います。私はこのような説明をするために、仏教の密教におけるマンダラについてのある程度の知識をもつようになったし、マンダラについての専門家から話をきくこともありました。そのときの率直な印象としては、長い伝統のなかで「仏教学」の体系があまりにも複雑にできあがっており、私がその「勉強」に力をいれすぎると、自分の目の前に坐っている個人としてのクライアントの存在を忘れてしまうのではないかと思いました。

箱庭療法によって、イメージや象徴のはたらきの重要性を理解した人たちに対して、夢の意味を説明したので、あまり抵抗なく受けいれられました。と言ってもそれは相当な年月を要し、昔話や神話について語るのにも慎重に時を待ったことはすでに述べたとおりです。

心理療法を行うときは、夢分析、絵画、箱庭などを相手の状況に応じて用い、時には対面の面接のみのこともありました。自我の非常に弱い人は無意識の力によって動かされやすかったり、単純な「夢の信者」のようになったりするので、対話のみに頼る方が望ましいこともありました。このようにして、私の心理療法も相当に成果をあげてきましたが、いつもクライアントによって教えられるところが大きかったと思います。特に私は長い間、日本でただ一人のユング派分析家だったので相談する相手がいないということもありました。クライアントに教えられたひとつの例をあげたいと思います。

中年の女性に分析を続けたところなかなか困難で、症状が変らず困っていたことがありました。箱庭をつくるのには抵抗があると思ってすすめませんでしたが、あるとき思い切ってすすめてみました。彼女は予想以上に箱庭に熱中しました。その作品を見たときに私は別に何も言わなかったのですが、「よかった。これで治すことができる」という予感をもちました。次回に箱庭に誘うと、驚いたことに彼女はつくることを拒否しました。「どうしてですか」という問いに彼女は答えました。「この前箱庭をつくったとき、先生はこれで治せると思ったでしょう」。クライアントの鋭い感受性に感心しながら私は肯定しました。すると彼女は、「私は別に治して欲しくないのです。私はここに治してもらうために来ているのではありません」と言いました。それでは何のために来ているのかと問うと、彼女は「ここに来ているのは、ここに来るために来ているだけです」とはっきりと言いました。

この一言は私に重要なことを教えてくれました。心理療法によって誰かを「治す」ことなどできない、と私は思っています。深層心理学の理論を「適用」できないことはすでに述べました。しかし、われわれは近代のテクノロジー的思考パターンで考えることに慣れすぎてしまって、どうしても操作的な考えに陥ってしまうのです。「箱庭療法で治す」などという考えは、その最たるものでしょう。先のクライアントはそこの点を鋭敏に感じとり、「治す」ことを拒否したのです。心理療法で最も大切なことは、二人の人間が共にそこに「いる」ことであります。その二人の間は「治す人」と「治される人」として区別されるべきではありません。二人でそこに「いる」間に、一般に「治る」と言われている現象が副次的に生じることが多い、というべきなのでしょう。

そうなると、いったい治療者は何をしているのでしょうか、治療者の役割は何なのでしょうか。このあたりのことを真剣に考えはじめたところで、私にとって仏教ということが大きい意味をもちはじめました。仏教の教えに従って心理療法をしていたのではありませんが、自分のしていることの意味を考える上で、仏教の教えが役立つことに気づきはじめたのです。

8　日本の師を見出す

仏僧の明恵《みょうえ》(一一七三―一二三二)は生涯にわたって夢を記録し、それが『夢記《ゆめのき》』として残されています。それを研究すべきことを早くからすすめられていましたが、すでに述べたような仏教に対する気持から、長期間にわたって手をつけることのないままにしていました。ふとした機会に『夢記』を読み感心してしまいました。これは稀に見る人物だと思ったのです。

これまでに述べたように、私の個性化の過程において師と仰ぐ人は、すべて欧米人でありました。私の心の最も強力な支えとしてきたのは、残念ながら会ったことはありませんが、C・G・ユングであります。私は日本人でありながら、日本人の師を見出せぬのを残念に思っていましたが、『夢記』を読んだときに、とうとう日本人の師を見出すことができたと感じたのです。『夢記』に続いて明恵の伝記や評伝などを続けて読みましたが、私の想いは変らぬどころか、ますます深くなってゆきました。そして、明恵の導きによって私は仏教の経典などを読むようになったし、はじめて仏教に対して親近感をもつようになったのです。そして、仏教のことを知れば知るほど、自分の心理療法が仏教の経典に述べられていることと深く関連していることがわかってきました。

明恵が属している宗派の経典、華厳経を読みました。この特徴の第一はしばらく読んでゆくと強烈な睡魔に襲われることであります。たとえば、最初に大日如来が顕われるとき、それをとりまく多くの菩薩などが大日如来を賛えます。その菩薩二十名のひとりひとりの名がすべて書かれているのみならず、それに伴う金剛力士十名の名、その他の神々の名が延々と続きます。数えたことはありませんが二百名ほどもあるでしょうか。その名をひとつひとつ――それも皆よく似ています――を読んでいるうちに眠くなってくるのです。ようやくそのうちのひとりが仏を賞め賛え、またそれに次々と称賛の言葉が続きますが、うっかり読んでいるとどれもよく似ていて、「ほんとうのところを要約すればどうなるのか」と言いたいのを我慢して、その有難い極みの言葉を読み続けていると知らぬ間に眠ってしまいます。

これには困って、私は師と仰ぐ明恵が往時にこのような華厳経をどのように受けとめていたのだろうかと考えてみました。そして気がついたのは、明恵は華厳経を読んだりはしなかっただろうということです。彼らは「読む」のではなく「唱える」のです。つまり、この経を唱え、似たような有難い名を繰り返しているうちに、意識変容が生じるのが期待されているのです。そのような意識によって華厳経に接してこそ、その内容が理解されるのではないでしょうか。それは、「光、光、光」とでも言いたい内容であります。すべてが輝き、全体が光に満ちていて、まったく捉えどころがないようですが、そこから確実に伝わってくるものがあります。しかし、「何が」と問われた場合に、これほど答えにくいことはないのではないでしょうか。それは名前をもっていないとさえ思われます。

そもそも中心に存在する大日如来というのが、徹頭徹尾一言も発しないのだから恐れいります。華厳経は実に大部の経典ですが、結局そのなかに大日如来の言葉はない。彼のまわりを取り巻く菩薩らに対して、そのうちの誰かが仏の神通力を受けて語る。その間に大日如来は歯の間から無数の光明を放つのみで自らは語らないのです。華厳経に説かれていることに関しては、後にⅢ章、Ⅳ章に述べます。上記のような華厳経を私は一人で唱えるわけにはいきませんが、唱えるような調子で読んだり眠ったりしていると、心理療法も根本的にはこれと似通ったものではないかと思わされます。ユングは夢を重視しましたが、それはつまり通常の意識と異なる意識によって把握された現実(reality)を大切にしようとしたと言えるのではないでしょうか。ただユングの場合は近代自我より出発し、夢の世界へと到達していきましたが、華厳の世界は最初から夢の真只中にいるようなものです。

日常の意識を自立させ洗練させて西洋の近代の自我が形成され、それは自然科学という武器を手に入れたので、その強力さで全世界を席捲するかに見えました。これに対して仏教の説く意識は西洋の自我と逆方向にその在り方を洗練させていったのではないでしょうか。そこには、能率とか操作とかの概念がまったく存在しません。何の役にも立たないと言いたくなりますが、近代自我の罹っている病を癒す力をそれはもっているのではないかと思われます。

私は大日如来ではないので、その通りにはできないし、歯の間から光を出すのは不可能ですが、分析のときにだんだん無口になってきたことは事実であります。かつては夢を聴くとその「意味」がよくわかって「解釈」をしたりしましたが、だんだん解釈をしなくなったと思います。夢は大切なので聴いているが聴くだけのことが多くなったように思います。

師の明恵に導かれて、華厳の世界に魅せられ、私の分析の態度も少し変ってきました。だからと言って、自分の師をユングから明恵に鞍替えしたのではありません。どちらもわが師と思っています。しかし、それはおかしい、ユング派とはユングのみを師と仰ぐ人の集団であると言う人があるかも知れません。夢を聴きながら、そこに何らの元型も見つけ出さず、解釈もせず、ぼんやりしているのはユング派ではない、という人もあるかも知れません。もし、それがユング派の定義であれば、私はユング派ではないということになります。もっとも、このような堅い「定義」の好きな人によれば、私は仏教徒でもない、ということになるでしょう。それでも私自身はユング派と思っています。それはどうしてそうなのか、私はユング派とはどんなことと考えているのか、を最後に述べて本章の締めくくりにしたいと思います。

9　ユング派とは何か

私はユング派であるということは、C・G・ユングがかつて行なったように、自分の無意識から産出されてくる内容を慎重かつ良心的に観察し、それを基にして自分の生き方を決定し、個性化の道を歩もうとする、そして、そのために必要な基本的方法や知識を身につけている者、と考えています。ただ、この際に無意識から産出されるもの、および、それの受けとめ方は人によって異なるので、そこに個人差が生じるのは当然であります。そして、その点は「基本的方法や知識」と述べたところにある程度の影響を及ぼしてくることも許容することになります。ただ、それが個人差によるものであれ、なぜ、いかにC・G・ユングの提示したことと異なるかを明らかにする努力を惜しんではなりません。個性化の道であるから、個人によって異なるという点を安易にふりまわさないことが大切であります。

以上のように考えると、私はユング派に属すると言えます。もし、C・G・ユングの述べたことをすべて正しいとして、それに全面的に従うのがユング派と考える人がいたら、私はユング派ではないでしょう。もしまた、個性化の道を歩むのがユング派なのだから、自分の道を歩もうとする限りどんなことをしていてもユング派である、という人があれば、それはあまりにも安易すぎると私は考えます。自分の独善性や安易さを防ぐため、自分の信じる方法や考えを全面的にぶっつけて検証する相手として、C・G・ユングを選び、そのことに積極的意義を見出す、というのがユング派であります。それに意義を見出せなくなればユング派であることをやめればよい、と私は考えています。ユング派であるとは、ユングにすべて従うというのではなく、すべてユングと対決し対比することに積極的意義を認めることだと思います。

ところで、ユング派として生きるとしても、すでに述べたように私の意識の在り方が欧米人と異なるのだから、無意識との関係も異なるし、そこで体験したことに名前をつけるとしても、ユングと同じにはいかないのは了解していただけるでしょう。

個性化という点を強調するならば、別にユング派、フロイト派などと言わず自分の道を行けばよい、と思われますが、実際的には学派を選択することに肯定的な意味があるのが、人間の個性というものの面白いところであります。ただ何の枠組もなく個性を伸ばすなどと言っても人間はどうしていいかわからなくなるか、まったくの独善に陥ります。そこで何らかの学派を選択することにより、より全面的にコミットすることが出来るし、自分の生き方を照合する枠組をもつことができます。しかし、学派に属することに安易によりかかると、かえってそれが個性化を阻むものになります。あるいは、時に学派の始祖が教祖になり、理論は教義になってしまうのです。このような学派の選択に伴う功罪二面をよく知っておく必要があります。

それでは仏教はどうか。私は仏教というのは非常に寛容性の高い宗教である、と思っています。それは日本にまで渡ってきてますますその度合を強くしています。したがって、私が仏教徒であり、かつユング派であると言っても、あまり問題はないように感じられます。しかし、仏教徒と言っても厳密に考える限り、仏教のどれかの宗派を選ばねばならないし、そうなるとそこには一定の教義があり儀礼があるし、その宗派の集団の維持ということも生じます。このような点まで必要となってくると、私は仏教徒であることを留保しなくてはなりません。私が個性化の過程と考えることに、これらは妨害的にはたらくことがあると感じられるからです。特に日本人の集団は、西洋近代の自我に対して敵対的にはたらく傾向が強いので、特定の集団に帰属することには慎重でなければならないのです。私は西洋近代の自我の在り方を唯一の正しいものと考えるのには反対ですが、その肯定的な面を十分に認めています。そのような自我の在り方も自分のものにしたいと思っています。

明恵を心の師と仰ぐと言いましたが、明恵自身は宗派をひらくことには否定的でありました。彼は当時の宗派の組織や教団から逃れようと大変な努力をしています。このことは、私がたとい明恵を師と仰ぐとしても、明恵を尊敬する集団に属しようとすることはできないことを意味しています。明恵にならうなら私は一人でなければなりません。安易に彼の「弟子」になることは許されないのです。

以上のような論議を続けてゆくと、私は「……であると確実には言うことができない」という文の羅列になってきます。私は「あいまいな仏教徒である」とでも言うべきか。ただ「あいまい」ではあるが、そのあいまいさに相当自信をもっていると言っていいでしょう。その自信は、私が三十年にわたって日本で分析を続けてきた経験によって支えられています。多くのクライアントによって、私は相当に鍛えられたと思っているのです。

ここに明らかにしたような、あいまいな立場にたって、私の経験した仏教について講義を続けてゆきたいと思います。

（1） たとえばユング派の分析家であり、かつ仏僧である目《み》幸《ゆき》黙《もく》僊《せん》がマーヴィン・シュピーゲルマンと共著で出版した下記の書物などをあげることができる。目幸黙僊／マーヴィン・シュピーゲルマン著、森文彦訳『仏教とユング心理学』春秋社、一九九〇年。

（2） アンリ・エレンベルガー著、木村敏・中井久夫監訳『無意識の発見』上・下、弘文堂、一九八〇年、の最終章において、この点について論じられている。

（3） エレンベルガー、前掲書。

（4） 河合隼雄「元型としての老若男女」『叢書 文化の現在』5、岩波書店、一九八七年、所収。後に、河合隼雄『生と死の接点』岩波書店、一九八九年に所収。〔第Ⅰ期著作集第一三巻所収〕

（5） オイゲン・ヘリゲル著、稲富栄次郎・上田武訳『弓と禅』福村出版、一九七七年。ただし、私が中学生のときに読んだのは、柴田治三郎訳『日本における弓術』岩波書店、一九四〇年、である。

（6） C. G. Jung, "Foreword to Suzuki's *Introduction to Zen Buddhism*," in *The Collected Works of C. G. Jung*, vol. 11, Pantheon Books, 1958.

（7） D. Suzuki, *Zen Buddhism*, Doubleday & Company, 1956.

（8） Erich Neumann, *The Origins and History of Consciousness*, Pantheon Books, 1949.

II　牧牛図と錬金術

牧牛図をはじめて見たのはアメリカにおいてでした。恥かしいことにそんなのが東洋にあることをまったく知りませんでした。分析家のマーヴィン・シュピーゲルマン博士より、廓庵《かくあん》の考えに基づき周文《しゅうぶん》の描いた十牛図[1]を見せられて感激してしまいました(以後、考え方の差を論じるのでこれを、後に論じる普明《ふみょう》の図に対して廓庵の図と称する)。日本のものはすべて嫌いというなかで、禅にだけは親近感をもっていたことはすでに述べた通りです。禅における突然の悟りの経験ということに心を惹かれていました。そんなことを経験できればどんなに素晴らしいだろう、というのと、そんなことを私が経験できるはずはないという気持がありました。どう努力しても一瞬にして悟るなどということが自分にできるとは思えません。そんなときに、十牛図を見て、ともかくそれは十枚の図として段階的に示されていることが、実に新鮮に感じられました。そこで、早速、鈴木大拙による解説[2]を読み、自分の理解が浅かったことを思い知らされました。それは私が思ったほど段階的ではないし、他に、普明[3]による十牛図があり、そちらの方がむしろ漸進的な性格をもち、廓庵の方が頓悟《とんご》の立場より描かれていることを知ったのです。

それでも十牛図に関する私の関心は続き、いろいろと文献も読みました。京都大学に勤めるようになったとき、同僚の上田閑照《しずてる》教授が十牛図の研究に詳しく、多くのことを教えてもらいました。一九八二年に前記のシュピーゲルマン博士が、カリフォルニア在住の日本人分析家、目《み》幸《ゆき》黙僊《もくせん》博士と共に来日し、われわれは共にシンポジウムを開いたのですが、そこで十牛図が共通の話題として取りあげられました。その後十年以上を経て、この講義の準備をする必要もあって、一九九四年に目幸博士が来日された機縁に、またも十牛図を取りあげ、この時は高名な仏教学者、梶山雄一博士も共にシンポジウムをもちました。これらの経験から、私は実に多くを学び、これから述べることの参考にさせていただいたのです。と言ってもこれから述べることは仏教あるいは十牛図の「研究者」としてではなく、あくまで心理療法を専門にする素人としての感想であることを再度お断りしておきたいと思います。

1　牧牛図

牧牛図については知っている人も多いと思いますが、簡単に説明しておきましょう。禅の修行の階梯を描いたこのような図は十牛図、牧牛図(必ずしも十枚とは限っていない)と呼ばれ、中国にも日本にも広く流布しています。その起源については確実なことがわかっていません。現存しているものとしては、いろいろと種類がありますが、普明の図は黒い牛が漸次に白い牛に変化してゆき、その過程の漸進性が示されるのに対して、廓庵の図では頓悟の立場から描かれており、黒牛が白牛に変化してゆくという表現がなされないのが特徴的です。また梶山雄一博士によれば、チベットでは牛ではなく、象を牧する図があり、これは黒象が漸次白象に変化してゆくものであるとのことです(4)。

まず廓庵の図によって考えてみましょう。仏教学的な詳しい説明は鈴木大拙などに譲るとして、ここではごく

図1　尋牛

図2　見跡

簡単に素人の目に映る図の在り様を述べることにしましょう。図1「尋牛」。野原のなかで何かを探し求めている一人の若者が描かれている。これに続いて図2「見跡」、図3「見牛」、図4「得牛」、図5「牧牛」、と一連の図がありますが、これは誰が見てもわかるとおり、若者ははじめ一人だったが牛を見つけ、それを捉えて手なずけてゆく過程を示しています。もちろん、ここで誰でも「牛は何か」と考えるでしょう。禅家の説明によれば牛は「自己」とか「真の自己」であると言われています。しかし、考えてみると、真の自己が牛であるはずはないのだから、この若者にとってこのときの自己と彼との関係が、このようなイメージによって顕現してきたと言うべきでしょう。

そうすると、図1のときでも自己は存在していますが、この若者にとっては、それは何だか知らないが彼が探し求めるべきもの、その姿さえはっきりとしないものとして感じられていた、と言えます。それが彼にとっては、牛として顕現し、彼はまずそれを「捉え」、「牧する」ものとしての関係をもつ。ところが、彼はそんなことをする必要がないことを認め、図6の「騎牛帰家」に示される関係へと変化してゆきます。彼は牛の背に乗って楽を奏し、その行く方向を牛にまかせている。これは、彼が牛を導こうとしていた図5の関係とは大いに異

図3　見牛

図4　得牛

なっています。

この図1より図6に到る過程で、非常に興味深いことは、上田閑照が述べているようにこの過程はいつでも逆転可能である[5]、と思われることです。図6で笛を奏していた童子は、ふと牛の行く方向が誤りだと考え、自分が導かねばと思うかも知れません。そうすると急に牛が暴れ出して、図4→図1へと逆進することもあるかもしれない。どこまで行っても油断はできません。

ユング派的に見て、自我と自己の関係をこの図の若者と牛の関係と見るならば、図6で一応その関係の頂点に達したと見られないか。自我は今や自己の主導性に対してまかせきりになっています。そして、自我は自分の感情を自由に謳いあげており、それを取り巻く世界も平和です。しかし、十牛図はまだその先の階梯を用意しており、図7「忘牛存人」がこれに続く。ここで牛が消え失せるのは驚きです。ここで人は牛とまったくひとつになりきったのだと考えられます。普通の人が真実の人になりきったのです。

この考えが一般の考えですが、この図を見て、自己は牛というひとつの対象として顕れ、それとの関係を問題とするのではなく、人を取り巻く外界すべてとして顕れていると考えられないか、と私は思うの

図5　牧牛

図6　騎牛帰家

です。図1も人は一人で自然のなかにいます。その点では図7も同じです。しかし、図1では若者は何かの喪失感をもってそこにいた。しかし、図7では、彼を取り巻くすべては彼の「自己」と観じることができるのではないだろうか。ところで興味深いことには、「万物を体して自己となす」という言葉はすでに図2に付した廓庵の言葉に見られます。ところが、図2の言葉はこれに続いて、彼はまだ正邪も真偽も区別できないと述べているのです。つまり、彼はこの段階では「万物を体して自己となす」にあたり、極めて未分化な自己像や現実認識をもっていたと言うべきでしょう。それが牛との遭遇を経た後で図7に到るところに意味があるのです。

　図1と図7の対応は実に興味深いものです。これは外見的には似た状況にあるので、図7の境位にいる人でも時には図1の人と同じように思われ、ものごとの区別がつけられぬとか、ぼんやりしているなどという評価を与えられることにもなるでしょう。あるいは、自分としては図7の境位にいると思っていても、ふと見るとそこらに牛の足跡が見えてくることもあるのではないか。あるいは、自分のおかれている真の状況を認識できず、烈しい喪失感に襲われ、もう一度、牛を手に入れたいと願ったりするのではないでしょうか。十牛図を私が好き

図7　忘牛存人

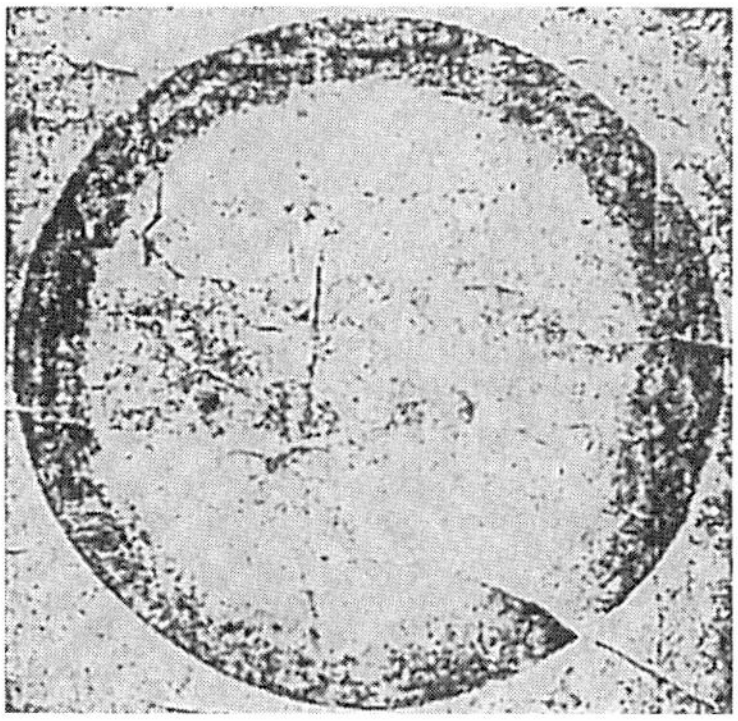

図8　人牛倶忘

なのは、一枚一枚の図がわれわれのイマジネーションをかき立て、自分のことやクライアントの状況について、いろいろと考えさせてくれる点です。

図6より図7へと飛躍が見られましたが、図7から図8への飛躍はもっと大きい。私はこれをはじめて見たときのショックを今もよく覚えています。牛が消え去るのは何となく予想できます。しかし、人まで消え失せていいのか。それではこの円を見ているのは誰か、というのが偽らざる、そのときの私の気持でした。今これを見て言えることは、このような境位の存在を推察することはできる。しかし、私自身はこのような体験をもったことがないので、あまり自信のあることは言えない、ということです。これは端的に言えば、死の体験でしょう。絶対無の体験で、これ以上の境位は望めない。普明の図ではこのような円相が十番めの図に顕われているのも、その点を反映しています。したがって、次に続く、図9、10は図8よりも段階的に上というのではないと考えるのが妥当と思われます。上田閑照は、図8、9、10の境位はもはや段階的な高まりではなく、「相互透入相即互転の関係にある(6)」と言っています。

図9には川の流れとその岸辺に花咲く木が描かれています。上田閑

図9　返本還源

図10　入鄽垂手

照は、図8から図9への移行を「絶後に再び甦る」と表現しています。ここで禅家の人は深遠で難解な論を述べることになりますが、私としては、次の図に人間が登場することも考えて、死より再生したときに、人間が「鉱物の意識」や「植物の意識」を体験するなどと考えてみるのも面白いのではないかと思うのです。それは意識とは呼べないかも知れないが、「絶対無」を問題にするほどなら、鉱物や植物の意識を体験できそうな気もします。もちろん、このあたりは勝手な推察ですが。

図10には二人の人間、老人と若者が描かれます。上田閑照は「図に描かれている老若二人は、決して、その片方の一人が今までの諸境位を経歴してきた自己をあらわし、その彼とそして別の他者とがたまたま出会うというようなことを示しているのではない[7]」と言っています。「真の自己がその「向い合った二人」になっている」というのです。二人は一体であるが、後に示す錬金術の「賢者の薔薇園」の十番めの図(図20)のように二人の人間が合体しているのではない。二人で一体と言いつつ、そこに「間」があるところが興味深い。それは二人の間に「問い」が生じることを意味しています。「あなたは誰か」、「どこから来たのか」などの問いがそこに生まれ、それはまた図1へとつな

がってゆく可能性を秘めています。図10で完結しているようでありながら、それは最初に返ってゆくことも示しています。

以上、自分なりの見方で十牛図を見てきました。終りの境位は体験がないので、他の説に頼るところもありましたが、ある程度は納得のいくところを述べました。この十牛図を見て、心理療法家として感じたことを次に述べることにしましょう。

2 頓悟と洞察

ここに示すことはしませんが、普明による図では黒牛が漸次白牛に変じ、その間に牛を調教する必要性が説かれます。それと廓庵の十牛図との大きい違いは、普明の図は正方形の枠の中に描かれ、十番めの図にいたって円相が現われて終るのに対して、廓庵の図は最初から円相が描かれています。つまり、全ての図は円のなかに描かれているのです。ここに悟りにいたる過程として、頓悟と漸悟《ぜんご》という考え方の違いが反映されています。廓庵は頓悟、普明は漸悟を示し、どちらかと言えば、日本では前者、中国では後者の考えが受けいれられたと言います。

両者についての宗教の専門家による論議はしばらくおくとして、これを心理療法場面において考えてみるとどうなるでしょう。廓庵の十牛図の一番最初の図は、見失われた牛の痕跡も見えず、まったく途方にくれた状態です。しかし、すでにそれは円によって囲まれています。しかも、それに付せられた文には、「従来失《しっ》せず、何ぞ追尋を用いん」、つまり、はじめから見失ってはいないのに、どうして探し求める必要があろう、と書かれているのです。このことは、われわれがクライアントに会うとき、ほとんどの場合、その人は解決の緒のない途方にくれた状況のなかにいるにもかかわらず、われわれが希望を失わずに会い続けられることに対応しているように思うのです。何もかも失って取り返しのつかない状態になったと思っている人に対しても、「従来失せず」と思ってお会いすることが大切です。あわてて、失ったものをどう取り返すかなどと考えなくともいいのです。もっとも、クライアントが「失って、取り返したい」と思うものと、私が「従来失せず」と思うものは異なるかも知れない。しかし、結局のところ大切なのは、円相であると知っていれば落ちついていられるのではないでしょうか。

あるとき、老婦人が来談され、彼女の長男の嫁の性格が悪いために困っていると訴えられました(最近は随分と変化してきたが、当時は、長男夫婦は彼女と同居し、彼女の道徳観に従うと、嫁は姑に仕えるべきであった)。興味深いことに、息子の嫁は、もっとも適切な嫁として彼女が探し出してきて、息子がそれに同意したものだったのですが、実際に同居してみると悪い点ばかりが目立つというのです。彼女の意見どおりとすると嫁は確かにまったくどうしようもない女性だということになります。いったいどのようにしたらいいのかという相談です。私はそのときにふと、年輩の日本人なら誰でも知っている「牛にひかれて善光寺参り」の説話を思い出しました。これは、ある不信強欲の老婆が、晒しておいた布を隣家の牛が角にかけて走ったのを追いかけ、知らぬうちに善光寺に駆けこみ、そこが霊場であるのを知り、後生を願うに至った、という話で、欲にかられて行なった行為から知らぬうちに信心が生まれてきたという話です。来談した女性も、もちろんこの話を知っていました。私は「お宅のお嫁さんは善光寺参りの牛です」と申しあげた。彼女はまったくいぶかしげでしたが、「お嫁さんに腹を立て、追いかけまわしているうちに、善光寺参りをすることになるのです」とつけ加えました。彼女はまだ納得のいかない様子でしたが、ともかく続けて来談された。いつも、嫁がどんなに悪いかという話になり、「どうしたらいいでしょう。何かいい方法はありませんか」と嘆かれる。これに対する私の答はいつも同じで、「よい方法はありません」というのでした。

いくら相談しても答はないし、もうやめようと思うたびに、「善光寺参り」のことを思い出し、ともかく続けようと思った、というのは彼女の後になってからの述懐です。そうして続けているうちに、彼女は夢にも導かれて、だんだんと宗教的な世界に関心を深め、老いること、死ぬことへの準備をされていった。クライアントは何度も絶望的になられたかも知れないが、われわれを最初から囲んでいた円は崩れることはありませんでした。彼女は意識的には嫁を何とかしたいという目的で来談されたのですが、自己の探索がそのときにはじまっていたといえましょう。私はそのことを、仏教の説話を借りてお伝えしたのでした。

このクライアントは長い期間——何度もやめたいと思うほどの苦しみを体験して——を経て、徐々に宗教的な世界にはいっていったのだから「漸悟」ではないかと言う人があるでしょう。しかし、私は「頓悟」の思想というのは、「悟り」の可能性は最初から存在しているというところに重点があり、それにいたる過程は漸進的なことがあってもいいと考えています。これと逆に、漸悟の考えに従って、常時の修行を怠らないにしても、形態としては、ふとあるとき卒然と悟ることもあると思われます。両者の差はあまりないのではないか。頓悟を誤解して、なすべき努力を怠ったり、漸悟に取りつかれて、無用の「苦行」にはいりこみすぎると、それは問題となると思われます。

実のところ、私は悟りの経験など一度もない。にもかかわらず、こんな素人考えを述べているのは、心理療法における「洞察」のことから推察してのことであります。心理療法をはじめた頃、苦しんでいるクライアントが「洞察」という素晴らしい体験をして、一挙にそこから抜け出す。しかも、それを助けるために私の与えた「解釈」が役立つなどという考えに取りつかれていたことがありました。しかし、実際にやってみると、そんなことではないことがよくわかりました。

私はクライアントに対して何かを「与える」ことなどはできません。クライアントは自分の力で自己実現の道を歩むのです。そのとき「洞察」と呼べるようなことが役に立つときもある。しかし、それによって一挙にことが解決したりすることはめったにありません。洞察があっても過程は徐々に進むのです。牧牛図のコメントのときに述べたように、洞察したと思った後に逆転が生じることもあります。ゆきつ戻りつのなかで、治療者は全体を包む円に対する強い信頼をもって、そこに存在し続けることが大切ではないでしょうか。さもなければ、「漸悟」の誤解に基づいて、クライアントにあれをしろ、これをしろなどと無用な「苦行」を強いることになりかねません。

3　賢者の薔薇園

ユングが『転移の心理学』[8]において取りあげている錬金術の「賢者の薔薇園」の図をはじめて見たとき、すぐに牧牛図のことを思いました。どちらも十枚の図であり、個性化の過程を反映しています。しかし、その差は実に大きい。日本と西洋の差ということを常に意識している私としては、この二種類の図像を見比べて考えこまざるを得ませんでした。マーヴィン・シュピーゲルマン博士も十牛図のコメンタリーのなかで、「賢者の薔薇園」との比較について述べています。[9]それらは同感するところが多いものでした。

この図はもともと錬金術の図でありますが、ユングは金属の化学変化の過程として述べられていることが、人

図 11　メリクリウスの泉

図 13　裸の真実

図 12　王と王妃

図 **14**　浸礼

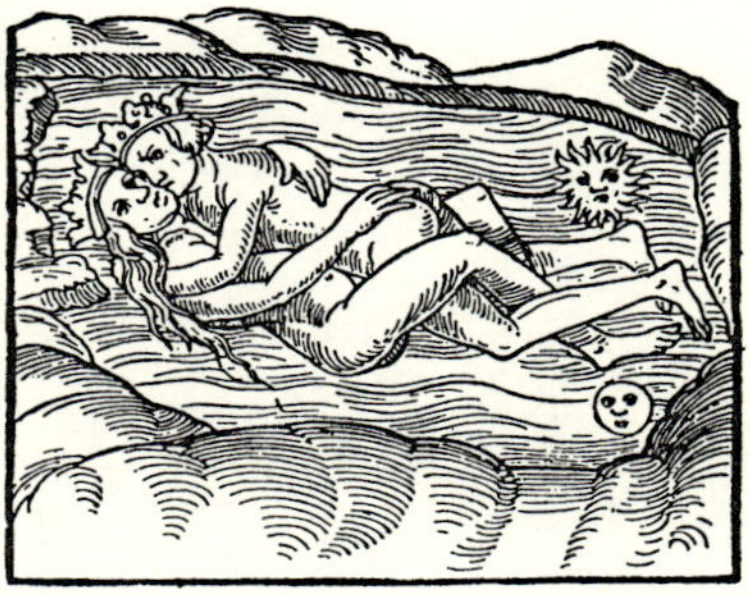

図 **15**　結合

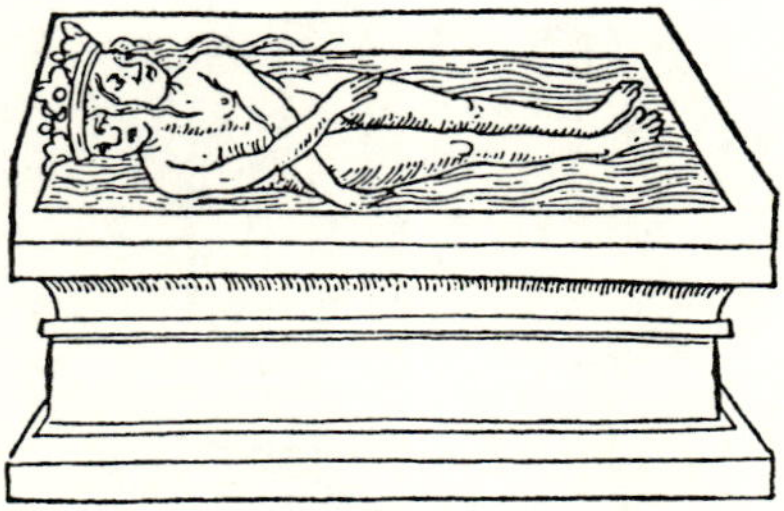

図 **16**　死

格の変化の過程を象徴的に表わしていると考えられることに気づき、この十枚の図のなかに、心理療法において、治療者と患者とがその関係を通じて内的にいかに人格変化を行うかというのを読みとろうとしました。このシリーズの主題は何と言っても男性と女性の結合ということであります。王と王妃が衣服を棄てて結合しますが(図15)、そこで死が訪れて魂が上昇し、浄化の後の魂の回帰が行われ、そこでは王と王妃がまさに一体となって新生する、という過程が描かれています。ユングによると、これは心理療法が進んでいくときに、治療者と患者の無意識において生じている変化を象徴的に示していると考えられます。これについての詳論はユングの原著を見ていただくとして、ここではむしろ、牧牛図との比較という点に焦点を絞って論を進めてゆきたいと思います。

この二種類の図はまったく異なっています。しかし、少し冗談半分ではありますが、「賢者の薔薇園」の十枚の図に付せられたタイトルを廓庵の十牛図につけてみましょう。そうすると、図13「裸の真実」、図15「結合」、図17「魂の上昇」、図19「魂の回帰」、図20「新生」など、やや牽強付会ながら、もともとまったく別のシリーズに命名されたものという事実から考えると、あんがいな一致に驚かされます。それに、図16「死」、図18「浄化」などもある程度の関連性が感じられます。牧牛図の図6は、自然に導かれて土へかえると考えると「死」に相当しますし、図8から図9への移行を「絶後に再び甦る」と述べましたが、そのときに「浄め」の体験のあることは当然考えられます。このように考えると、まったく別の文化で、まったく別個にシリーズとして描かれた二組の図の類似性の方にむしろ心を打たれるのです。このような不思議な類似性が存在することは、両者ともにユングの言う「自己」を探し求めることを表現しようとしたからだと考えられます。

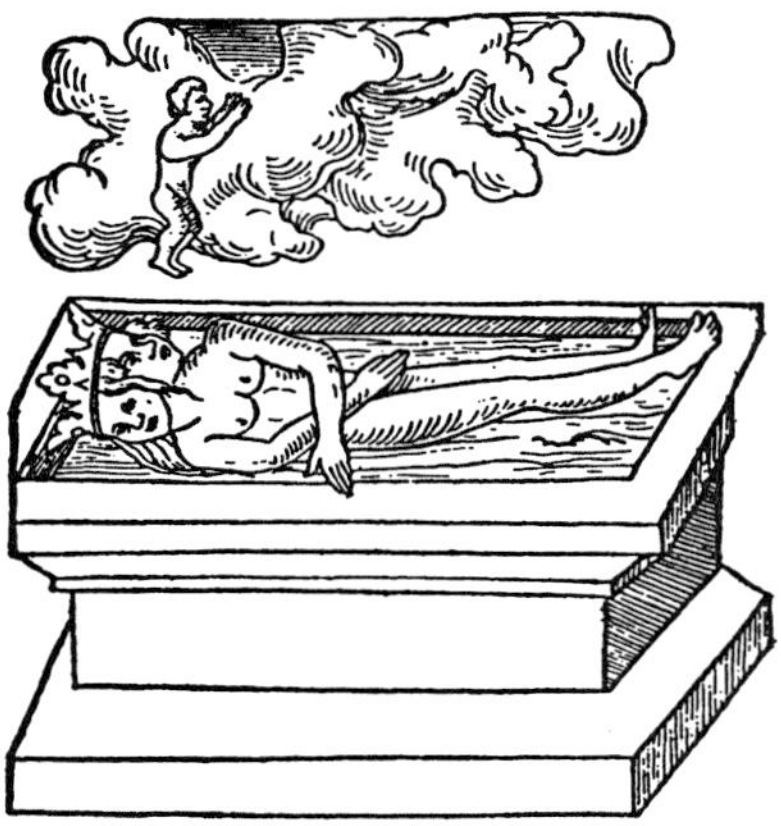

図17　魂の上昇

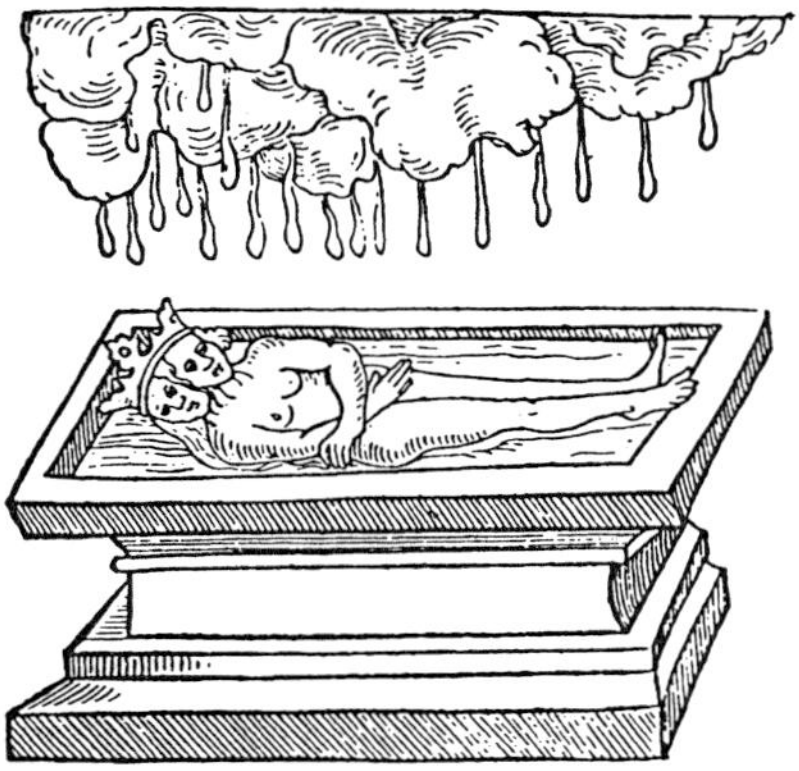

図18　浄化

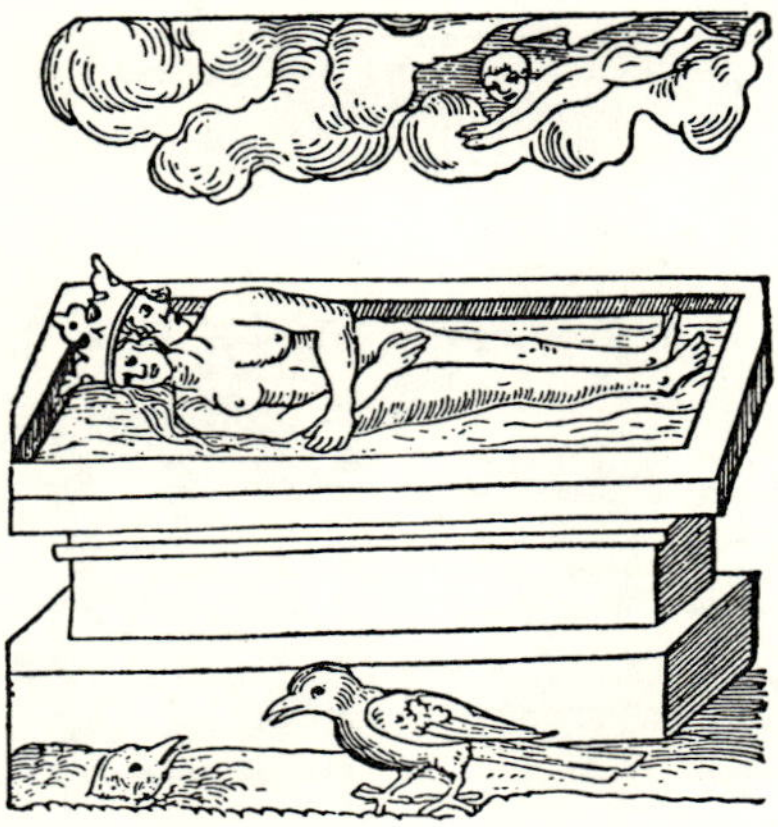

図 19　魂の回帰

図 20　新生

自己そのものを図示することはできない、と私は考えます。ただ、そのときその人なりに意識化し得た自己のイメージを表現するしかありません。したがって、東洋と西洋において、それぞれ自己を求める過程を図示したとしても、それを把握する意識の在り方の差によって、そこに差が生じるのも当然です。この両者を比較することは、東西の意識の在り方を比較することになります。

意識という点で言えば、「賢者の薔薇園」がそもそもどのような意識によって書かれたか、ほんとうのところはわからないのではないか。それが今日の言葉で言う化学変化の過程を描こうとしたのか、人格変化の過程を描こうとしたのか、おそらく、むしろひとつのこととして描かれたのではないか。それに対して、牧牛図の方は明らかに、禅における悟りへの階梯を示そうとすることを意識して描かれています。ところが、ユングが「賢者の薔薇園」を転移の過程を描いたものとして見るとき、彼の自我はその図の外にあって、それが彼の言う「無意識的過程」として描かれている図を分析し解釈する立場をとります。これに対して、牧牛図の方では、図のなかの若者を「自我」であるとすでに述べたように、この図を描いた人(したがって見る人)の自我は、この図のなかに描きこまれています。これがまず両者の大きい差です。

牧牛図の場合、簡単に「自我と自己の関係」などという説明をしてきましたが、ここに言う「自我」が欧米の人の考える「自我」と同等でないことを認識しておくことが大切です。西洋の自我は、はっきりとそれ自身を定立し、「無意識の過程」を図として対象化する、という形をとります(と言っても、実際的にはこれほど明確とは言えないかも知れませんが)。それに対して、牧牛図では、見る(描く)人の意識も図のなかに描きこまれ、それは途中で消えたりする性質のものとして表わされています。このあたりのことを詳しく考えるためには、「自我」という概念よりも、「意識のレベル」という考えを用いる方が適切と思われますが、それについては、次の第Ⅲ章で述べることにします。

錬金術の図を見て何よりも印象づけられるのは、男性と女性の結合のイメージの重要性です。ここで注意しなくてはならないのは、まず男性的な自我の確立ということがあり、そのような自我にとって意味のある無意識過程として、男性と女性の結合のイメージがある、ということです。単にオスとメスの結合ということであれば、人間以外の生物も行なっていることで、普通のことといえば普通のことです。この図で「結合」が図20にではなく、図15に描かれ、それに続いて「死」が生じることの意味をよく考える必要があります。牧牛図で、牛を捉えることに一生懸命だった若者が、牛を忘れる境位へと変化するのと、これはパラレルの動きではないでしょうか。そして、最終段階は、「結合」ではなく「新生」として描かれるのです。

それにしても、西洋の図で重視される男女の結合を念頭において、牧牛図を見ると、そこに女性が登場していないことに注目せざるを得ません。これは重要なことです。私は子どものときから昔話が好きでよく読んできました。そのとき、たとえばグリムの昔話では結婚によるハッピーエンドの話が多いのに、日本のそれでは大変少ないこと――悲劇に終るのも多い――に気がついて、子ども心にも不思議に思っていました。その点ともこれは関連してきます。このことは大切なことですので、節をあらためて考えてみたいと思います。

4 アニマ像

ユングは、男性にとってその魂のイメージは女性像として現われてくると考えました。これはユングが多くの男性の夢分析をして、そこに極めて特徴的な女性像が生じてくるという経験を基にして、それに古来からの神話や昔話などの研究を積み重ねて結論したことです。私は日本で分析の経験を重ねているうちに、確かに日本の男性の夢にも特徴的な女性像が現われ、それを魂のイメージとして解釈することに意味があることを見出してきました。しかし、ユング派の人には周知のアニマの四段階の発展段階が、そのとおりに当てはまり難い場合が多く、なかには、夢のなかの女性像がそれほど重要でない場合もあることがわかってきました。ここで、私は日本人が個性化の過程において未成熟であると考えるよりは、その過程が異なる表現形態をとるのだと考えるようになったわけです。たとえば、牧牛図の牛を魂のイメージと見てもよいのではなかろうかと。

西洋でアニマ像がもっぱら女性像で表わされることは、西洋の自我がE・ノイマンの言うように(10)、男性の英雄像で示されることと深い関係をもつと思われます。ノイマンは英雄による竜退治の話を、フロイトが父親殺しと解釈するのと異なり、母殺しの象徴的表現と考えました。母親殺しを成し遂げ、無意識との関係を断ち切って自立した英雄が、ふたたび無意識の深奥との関係を再確立するときに、女性との結合ということが高い象徴性をもって現われる、と彼は考えたのです。このような筋道は明確でわかりやすい。ここにおける女性の意味も明白です。

ところで、ここで日本の心理療法家が報告しているひとつの夢を紹介しておきましょう。(11) 彼は大学院生のときに私が指導をした人です。彼は不登校とアトピー性皮膚炎の訴えで来談したある思春期の女性の心理療法を続けているうちに彼女の父にも面接をするようになります。この家族は祖父母も共に同居していました。その三代同居の家のなかで父親が「父親の役割」を引き受けずにあまりにも弱い性格であることが、この家族の問題と感じたからです。父親は徐々に変化してきましたが、治療者の望む「強い父親」には程遠く、治療者もいらいらしてきました。そんなときに治療者は次のような夢を見ます。

治療者はある工事現場で緑色の蛇を二匹捕まえてきます。それは例の父親の飼っている四本の足をもった巨大な蛇です。彼が一匹を歩かせて見せてくれているうちに、もう一匹がじっと治療者の方を見ています。それがいつ敏捷にとびかかってくるか知れないという緊迫感があります。例の父親は一匹を統制しながら、もう一匹が治療者を襲わないように、手にした棒で注意をそらして、はじめに入っていた箱のなかへと導いたというのです。

この夢を見て治療者のこの父親に対する見方が変りました。それまで治療者は物足りなさを感じ、もっと父親らしい役割をとったらいいのにと思っていたのです。彼の考えていた「父親」は、大蛇を退治する強さをもった強い父でした。しかし、夢に出てきた父親は、大蛇を殺すのではなく、上手にそれらを導いてゆく能力をもって接していたのです。彼は夢の中で「沈着冷静な仕事師といった雰囲気で、瞬間瞬間の注意力と判断力とで私を救ってくれた」と治療者は述べています。そして「私は、この父親を不遜にも「物足りない」などと思っていたが、逆に彼の叡智に助けられるのかも知れないと考えるようになった」とつけ加えています。

私はこの例に心を打たれました。私の指導を受けた治療者は、私の影響かも知れませんが、父親という存在は「蛇を殺す強さを持つべきだ」と考え、その線に沿って治療を行おうとしていたのが、自分の夢によって、蛇をうまく導く叡知をもった父親というのもいいのではないかと思うようになった。治療者は自分の考えによって彼を導こうとしていたが、逆に彼の叡知によって自分が助けられているのではないかとさえ思うようになったのです。

ところで、この父親にとっての魂の像は、女性像で表わされることになるのでしょうか。二匹の巨大な緑の蛇でもいいように思われるのですが。それでも、この緑の蛇は――ドイツ浪漫派のE・T・A・ホフマンの小説(12)にあるように――女性に変容するべきものなのでしょうか。私は最近は、蛇のままでもいいし女性に変容してもいい。それぞれに意味があり優劣はつけ難い、と思うようになっています。

アニマ像が女性で表わされることには、キリスト教も関係していると思われます。ユングが述べているように、キリスト教は男性原理の強い宗教でした。それを補償するものとしての女性性がだんだんとキリスト教文化のなかでも認められるようになった、たとえば錬金術などはその最たるものです。したがって、錬金術のなかで男女の結合が高い象徴的な意味をもつのです。あるいは、アニマ像として女性の像が高く評価されます。

仏教の場合はどうか。原始仏教の時代、釈迦が仏教を説く際に、女性はむしろその考慮の外にあったと思われます。彼の教えに従ったのは男性ばかりであり、出家者は生涯独身でした。仏教においては戒律を守ることが大切ですが、戒の第一条は婦女と交わらないことでした。男性が出家していかに涅槃にいたるかを説くに際して、執着を捨てることが極めて重要であることが強調されますが、男性が女性に対する執着を捨てることがいかに難しいかを考慮してこのような戒が設定されたのでしょう。仏教が男性のために説かれたとしても、それは別に男性原理に立つことを意味するものではありません。仏教における意識の在り方については後に詳しく論じますが、それは西洋近代の男性原理とは程遠いものがあります。

仏教に大乗仏教の考えが強くなると、その救済は母性原理に基づくことが明らかになってきます。このため、仏教は女性の拒否を行いつつ、むしろ、その原理は母性原理に頼るという矛盾を内在させることになります。この矛盾の解決をはかるために経典のなかには、女性も救済されるという考えを含むものも出現してきます。これらについてはここに詳論はいたしませんが、ともかく大切なこととして、仏教が中国、日本へと渡ってくるうちに、むしろ、原理的には母性優位の宗教となったのです。

このことを踏まえて牧牛図を見ると、図には女性は現われないが、その最初から最後まで不変の枠組として存在する円が、母性的な包含性を示しているとも考えられてきます。そのような不変の、非個人的な母性の守りのなかで、若者と牛のドラマが進行し、最終的には、老人(senex)と若者(puer)の共存という形になります。ここでアニマ像としての女性の出番はなかったわけですが、女性が無視されたのではありません。

仏教においては、母性が高く評価されます。しかし、西洋の文化においてロマンチック・アニマとして発展したような女性像および、それと男性のかかわりを見出すことは非常に困難です。そのことを牧牛図は示しているように思われます。私が仏僧の明恵を尊敬するのは、彼は極めて稀な人として、仏教を信じつつ、アニマとしての女性像との深いかかわりをもったと思うからです。(13) この点については、すでに他に詳しく発表しているのでここでは省略します。しかし、例外としてでも、このような仏僧が十二、三世紀の日本に存在していたのを知ることは、私にとって非常に嬉しく、また参考になることでした。

5　円と直線

牧牛図において印象的なことは、最後の図で老人と若者が向きあっているが、この若者が老人と別れた後に、また図1の状態にかえってゆくというイマジネーションが自然にはたらいてくることです。つまり、図10は図1へとつながって、それは無限に円環運動を繰り返し止まるところがないように思えてくるのです。錬金術の図の最終の図も「新生」と題されているので、そこから何かがはじまるという予感はしますが、それでもそこがひとつのゴールとして設定されている感じは、牧牛図よりはるかに強いと思います。

再度ノイマンのことになりますが、彼が自我確立の段階のはじめから終りまでを、象徴的ではあるが、つぎつぎと段階を経て直線的に進んでゆくこととして示したことは、後学の者にとって非常に便利なことでありました。個性化の過程と言っても、ユングによって影、アニマ・アニムス、自己という元型の一応の順番を提示され、アニマについてもその「発展段階」が示されると、それはその過程を歩もうとするものにとって便利なことは疑いありません。

こう言っても、周知のようにユングの考えはまだあいまいです。フロイトによる発達段階となると、もっと明確です。フロイトをさえ非科学的と批判する実験心理学者は、もっと確実な発達段階をわれわれに示してくれます。もっともこちらの方が便利だとは限らないのですが。つまり、この場合は心理療法のために来談した人に対して、その発達が「正常」かとか、どのくらい「遅滞」しているかを判断できるとしても、どのような心理療法を行うかという点で、あまり役に立たない場合が多いのです。

深層心理学はすでに述べたとおり、「個」より出発しています。そして、ある個人が自分自身の「心」というものの探索をはじめるならばどうなるのかについて、先人の天才的な経験を参考としてそれを行おうとします。その際、人間の心の表層に注目するほど、明確なことが言えます。しかし、深層に至るほど、だんだんとあいまいさが増してきます。ユングは、普遍的無意識の層は元型に満ちている、と言います。とすると、深層に行けば、子ども元型、母元型、父元型などすべてが共存しているわけだから、そこでは発達段階などということはナンセンスです。生まれてから死に至るまで、すべての在りようが同時に共存しているのです。はじめから終りまで、不変であると。

先程、「段階」を示してあることは、「便利」であると述べました。確かに心理療法をするときに、治療者がそのような「段階」を知っていると、それにあてはめてクライアントを見たり、導いたりできるので便利です。しかし、それは必ずしもそうとばかりは言えません。先に、ノイマンの考えに従って、「大蛇を退治する父親」を期待しすぎていたのを、自分の夢によって反省した治療者の例をあげました。この際、この治療者がノイマンの言う「段階」にこだわり続けたなら、おそらくその治療はうまく進展しなかったのではないでしょうか。

人間を見るとき、われわれは、段階的に見たり、段階的見方をまったく取り払って見たり、両方の見方ができなければならない。その点で、仏教は段階を取り払った見方を、なかなかうまく提供してくれるように思います。廓庵の十牛図の図1には、すでに述べたように「従来失せず、何ぞ追尋を用いん」という言葉がつけられています。牛は逃げたわけではなく、したがって探すこともない、というのだから、これは最初も最後も同じと言えないこともない。図1から図10まで示すことは、段階的に見えるけれどそれはあくまで便宜的であって、それは一枚の図で示すことも可能なのです。

近代人は「進歩」という言葉が好きでした。現代人もその考えをいまだに強く引きずりすぎているように思います。「進歩」の図式を提供する直線的段階的な過程の理論は、どうしても受けいれやすい。その点でユング派の考えは非常に柔軟ではあるが、仏教となるとそれがもっと徹底している。最初から最後までというよりは、そもそも始めとか終りなどというものがなく、すべてがすべてのままで、全体としては不変という世界の姿を、それはわれわれに見せてくれます。

華厳経はいくつかの経典の集積です。そのなかの十地品《じゅうじぼん》というのは、菩薩が仏になる十の段階が説かれていると言います。華厳のなかの「段階的思考」に触れようと勢いこんで、これを読んだが、最初から私ははじき飛ばされたように感じました。最初の段階は歓喜地と名づけられています。それがどのようなものか皆さんに体感していただくために最初のあたりのごく一節を読んでみましょう。この段階で菩薩は次のように思います。

我転じて一切世間の境界を離れて歓喜の心を生じ。一切の仏の平等の中に入りて歓喜の心を生じ。凡天地を遠離して歓喜の心を生じ。智慧地に近《ちかづ》きて歓喜の心を生じ。一切の悪道を断じて歓喜の心を生じ。一切衆生の与《た》めに仕止と作りて歓喜の心を生じ。近く一切の諸仏を見たてまつりて歓喜の心を生じ。諸仏の境界を生じて歓喜の心を生じ。一切諸《もろもろ》の菩薩の数に入りて歓喜の心を生じ。一切の恐怖を離れて歓喜の心を生ぜん。

「歓喜の心を生じ」という言葉の繰り返しを聞いているうちに眠くなった人があるかも知れません。それよりも私にとって驚きであったのは、この最初の段階にもし到達しようとするならば、私はそれまでに何百の段階を経なければならないだろうし、そんなことは不可能である、ということでした。そして、このような最初の段階の後にどのようなものが九段階も続くのか、という疑問もありました。実際、第一段階から最高のように思われる状態が示され、それに続く第二、第三と読み進んでも、私にとってはそれがいかなる「段階」を構成しているのか、簡単には理解できませんでした。ふと、これを牧牛図と対比してみることを思いつき、私なりの理解をすることができました。端的に言えば、ここにも段階的であって段階的でない、最初からすべてがある、とも言うべき過程の提示があったのです。

十地品のこのような世界に接すると、浮世離れの感覚を呼び起こされまして、自分の生活とまったく異なることのように感じられますが、考えてみると、私が長年にわたる心理療法の実際のなかで行なっていることと似通うところがあることに気がつきました。日常の、あるいは表層の意識で判断すれば「どうしようもない」とか「札つきの非行少年」とか「犯罪者」などと呼ばれる人たちに会うときに、私が見ようとしているのは、その人のなかの深い、何もかもを蔵していて、変ると言えば変る、変らないと言えば変らない、とでも言うべき領域ではないか。私は、病気がよくなるとか、悪い人が善い人になるとか、の判断を超えた世界の方にできる限り目をすえようと心がけてきました。もちろん、そのうちに表層の方で変化が生じてきて、それに対して注意深くなければならないのは事実ですが、私がもっとも力をつくして接しようとするのは、段階的変化とは無縁の領域だと思います。そのような姿勢を、長い臨床経験のなかで、段階的な変化の図式に固執する失敗を重ねつつ、自分のものにしてきたように思います。

6 アジャセ・コンプレックス

牧牛図においては、老―若の軸が、賢者の薔薇園の図においては、男―女の軸が重要な役割を演じています。

もっとも、牧牛図では、背後に存在する、母ということを無視することができないのですが。これらの問題を考えてゆく上で、かつてフロイトに分析を受けた日本の精神分析家、古澤平作《こざわへいさく》が提示した、アジャセ・コンプレックスについて述べるのは、当を得たことであると、私は考えます。

古澤平作はフロイトに分析を受けて日本に帰国した後、エディプス・コンプレックスのみではなく、アジャセ・コンプレックスというのを合せて考える方が人間の理解に役立つのではないかと主張して「罪悪感の二種」(14)という論文を一九三一年に書き、その翌年に独訳してフロイトに送りました。残念ながらフロイトからは何の反応もありませんでした。しかし、私は古澤の考えは重要な問題提起をしていると思いますし、これまでに述べてきた牧牛図と錬金術の図(賢者の薔薇園)の比較の考えを深めるためにも有用であると思います。

古澤は自分の考えを示すために、仏典にある阿闍世《あじゃせ》王の伝説を用いています。これはおそらくフロイトが彼の考えを提示するのに、ギリシャ悲劇の「エディプス王」を用いたひそみにならったのでしょう。ところが、古澤の語っている阿闍世王の伝説は、故意か偶然か、仏典にある話とは異なるものになっています。この点も興味深いので後に論じますが、まず古澤の語る阿闍世王の物語を紹介しましょう。

王舎城の頻婆娑羅《びんばしゃら》王の王妃、韋提希《いだいけ》は子どもが無いうえに、年老いて容色が衰えてきたので、王の愛が薄れるのではないかと心配していた。王妃がある予言者に相談すると、裏山の仙人が三年後に死に、王妃の子として転生、立派な王子として生まれてくると言う。王妃はその三年を待ちきれず、仙人を殺害する。仙人は死に際に「私があなたの腹に宿って生まれた子は将来必ず父親を殺す」と予言する。かくして生まれた子が阿闍世であった。阿闍世が青年になったとき、釈迦の敵対者、提婆達多《だいばだった》が阿闍世に彼の前世のことを語ったので、彼はまず父を幽閉する。しかし、王妃がひそかに王に食物を差入れたので王は生きながらえる。阿闍世は母の行為を知って怒り母を殺そうとする。ところが大臣によって阻まれ、流注《るちゅう》という病気になる。阿闍世の苦悩は深くなるが、釈迦によって救済される。

古澤はこの話を基にして、次のように主張します。フロイトがエディプス・コンプレックスの存在に関連して述べる人間の罪悪感は、子どもが父親殺しという大罪を犯し、それについて罪の意識をもつのであるが、阿闍世の場合は、子どもが自分の罪を許されることによって、むしろそこに罪の意識が生じるものである、と。古澤はそれを「あくなき子どもの「殺人的傾向」が「親の自己犠牲」にとろかされて、始めて子どもに罪悪の意識の生じたる状態である」と述べています。ここで古澤の言う「親の自己犠牲」が何を指すかはわかりにくいのですが、古澤の弟子の小此木啓吾は、阿闍世の物語において、流注に苦しむ阿闍世を母親の韋提希が看病し、彼女は自分を殺そうとした阿闍世を許し、やがて阿闍世もまた母の苦悩を察して母を許したと語っています(15)。つまり、母親の子どもに対する献身的な愛によって、阿闍世は許され、そのために許された後に罪悪感をもつことになる、というのです。

エディプスの場合、親と子という縦の関係を壊して、息子と母との男女関係という横の関係にして、そのために息子は父親を殺したという罪悪感をもつことになりますが、阿闍世の場合、親と子という縦の関係はそのままで、むしろ、母と息子の関係に焦点が向けられ、息子の母親殺しは成功せず、母に許されることによって罪悪感を生じる、ということになります。すでに何度も述べてきたように、日本人にとって母―息子の関係は極めて重要で、そこに母親殺しを行わないままで、息子が罪悪感をもつという点が特徴的であります。

この二つの対比の背後に、罪を厳しく罰する父なる神と、すべての罪を許す母なる神が存在しています。ユングの業績のひとつは、神話の解釈において、個人的な親と子との関係を超え、そこに元型のはたらきを認めたことにあります。エディプスと阿闍世の話の背後には父なる神と母なる神が存在しています。そのことも関係して、先に紹介した阿闍世の物語では、母親の役割が重要になっているのですが、実は仏典を見ると、もともとの話は、それほど母親のことは語られていません。『涅槃経』のなかにある話は次のようになっています。

仙人を殺したのは母親でなく、父親である。阿闍世が生まれる前に、国中の占い師が、この子は父親を殺すと予言したので、母親の韋提希は阿闍世を生んだ後に、殺そうと高殿から突きおとした。しかし、彼は死なず指を一本折った。阿闍世は大人になってからこのことを知り、父親を殺し、母親を幽閉した。彼は父を殺害したことを悔悟し、熱を出した。その熱によって身体中に瘡ができて苦しんだ。阿闍世は父親を殺した罪によって地獄に落ちるだろうと思う。そのときに空中から、死んだ頻婆娑羅の声がして、早く仏のもとを訪ねるようにと言う。仏は阿闍世にこのようなことになったのも、そもそも頻婆娑羅王が多くの仏を供養することによって王になり、その王を息子の阿闍世が殺すことになったのだから、もし阿闍世に罪があるとするなら「わたしたち仏もまた罪があることになろう」と言う。そして、仏たちに罪がないように、お前にも罪はない、と呼びかける。

これがもとの話であり、そこでは、阿闍世が殺したのは父親です。また、もとの話では仙人を殺したのは、父親の頻婆娑羅であって韋提希ではありません。古澤が語っているような、夫の愛をつなぎとめようとして仙人を韋提希が殺したという話は、仏典のどこにも見出せません。つまり、もとの話では、仙人—頻婆娑羅、頻婆娑羅—阿闍世(実は仙人の生まれ変り)という、老若の男性の関係が大切であるのに、古澤の話では、韋提希—阿闍世の母子関係の方に重点が移動しています。古澤の弟子の精神分析家、小此木啓吾になると、この傾向はますます強くなり、阿闍世が母を殺そうとした罪悪感のため流注という悪瘡に苦しんでいるとき、母親の韋提希が献身的に看病し、「この無言の献身によって、自分を殺そうとした阿闍世をゆるしたのであるが、やがて阿闍世もまた母の苦悩を察して母をゆるす」(16)という話をつけ加えています。

このような改変は故意になされたというよりは、物語が日本人の心のなかで「文化的変容」を生じたものと思われます。私はすでに他の場所で、日本のいわゆる「隠れキリシタン」が聖書の物語を伝承する間にいかに日本的変容を行なったかを論じましたが(17)、これも同様のことと考えられます。

それでは日本での話の変容をどのように理解することができるでしょうか。仏典の話では、男性たちのみが前面に出てきて、救いをもたらす仏も男性です。しかし、仏の救済は、阿闍世が地獄におちるならば、仏も地獄におちるだろうという考えに基づいており、母性原理によるものです。男性たちのドラマが母性原理を背景に行われている。これは、牧牛図において、円形の枠のなかで、男性のドラマが生じたことと似ているのではないでしょうか。ここにはたらいている元型的な母のはたらきを、もっと一般に理解されやすい個人的なレベルへと変えてくると、母と息子の関係となると思われます。したがって、古澤―小此木は、精神分析の学派に属するものとして、個人的な母子関係として、この話を受けとめたので、このような話の変容が生じたのではないかと推察されます。

ここに述べたように、アジャセ・コンプレックスは、フロイトに分析を受けた日本の精神分析家の古澤平作の提案したものですが、フロイトの父―息子関係の重視に対して、母―息子関係の重要性を指摘したものと言えます。このことは、フロイトの説に対して、ユングが母性の重要性をもあわせて考えることを主張したのと対応しているところがあります。ただ、古澤が母―息子の個人的レベルの関係を問題にしているのに対して、ユングは元型的レベルで論じているところにその差をみることができます。

母性原理の優位性に注目しつつ、それを背景として、男性の老―若の関係がむしろ重視される構図が阿闍世の物語には認められます。これは牧牛図において論じたことと同様で、中国人、日本人の心の在り方を知る上で重要なことと思われます。

古澤による話の変容のなかで、韋提希が夫の愛をつなぎとめるために仙人を殺した、という点も注目すべきことです。親の子に対する愛ではなく、自分が夫に愛されなくなるのをおそれて殺人を犯すのは、極めて利己的な行動と言わねばなりません。しかし、一人の女性が母としての子に対する献身のみではなく、利己的であれ自分のエゴのことを考えるというのは、個人主義という考え方からすればひとつの前進ではないでしょうか。古澤は無意識のうちに、日本における新しい女性像への期待を語ろうとしたのではないか。実際、心理療法の場においてお会いする多くの女性は、日本の男性がまだまだ母性原理に縛られているのに対して、より父性原理を生きようとし、時に驚くような利己的な主張をし、それに対して彼女たちの父や夫が、それに対決できず、ふらふらしているのです。このような経験を重ねて、日本人がどのように変化してゆくか、興味深いところであります。

7 現代女性による牧牛図

日本の現代女性の一面について述べましたが、それは一部の傾向であって、もちろんすべてではありません。ところで牧牛図においては顕在的にはそこに女性は現われません。このことは牧牛図がすべて男性によって描かれたという事実と関係しているのでしょうか。女性の禅の老師が相当古くからいたことはわかっています。しかし、女性の描いた牧牛図は伝わっていません。私は幸いにも、現代の日本女性の描いた牧牛図を見ることができました。(18) これを描いた若い女性は、瞑想の経験もあるし、牧牛図についてもよく知っていました。しかし、彼女は別に自分の「悟り」の体験を人に伝えようとしたのではありません。自分が個性化の過程を歩むうちに、どうしても表現したくなって描いたのが、彼女なりの牧牛図です。それをここに示し、そのことについて私の考えたことを次に述べることにしましょう。

これは廓庵の図と相当に類似している十枚の図にプロローグ三枚、エピローグ二枚がつけ加えられた十五枚の図から成立っています。廓庵の十牛図と一見よく似ていますが、異なるところがあり、そこが興味深いのでその点に焦点を当ててみたいと思います。それにしても、このような図を描くことを思いつくということ自体、日本ではやはり女性でなければできないのではないかと思われます。すでに立派な老師たちが、一種のモデルとしての十牛図を提供しているのを知ったとき、それと少しでも異なるものを描こうとすることは、日本の男性には難しいことではないでしょうか。彼らは母性原理に包まれた体制にはまりこんでいますので、その外へ出ることは難しいのです。その点、女性の方が自由と思われます。

図 21　プロローグ第 3

その上、これを描いた女性は、モデルや規範を提供しようとしてこれを描いたわけではないことを明言しています。そのことは、この図全体が「さがしてごらんきみの牛」というタイトルを持っていることに示されています。「私は私のを探そうとしています。あなたはあなた自身のをお探し下さい」と言っているのです。ひょっとすると、昔の老師たちが牧牛図を描いたときも同じ気持だったかも知れません。しかし、長い伝統のなかで、それは規範として受け

図22　第8

図23　第9

とめられるように硬化していったのかも知れません。これに対して、一人の現代女性が、各人に「さがしてごらんきみの牛」と呼びかけ、「ともかく私は私のをここに示します」と言っているのです。ここにこの図の現代的意味があります。

この図のなかで衝撃的に感じたのは、プロローグの第3図(図21)です。牛を探そうと出かけてゆく少年の姿は、実は大きい牛の姿のなかに包まれています。その背景には沈んでゆく太陽が描かれています。廓庵の十牛図では円のなかに牛が包まれていたのに対して、この図では牛のなかに円が包まれていると見ることができます。そのように思って見ると、廓庵の図10では牛が消え去っていたのに、この図では第10図(図24)に牛が二匹も出てきています。その上、エピローグの第2図(図25)にもまた牛が出現しています。廓庵の図においては、すでに述べたように円が極めて重要な役割をもっていましたが、現代の図ではむしろ牛の方に強調点が移っているように思われます。個性化の過程、あるいは自己実現の過程を考えるとき、ともすると、段階的、

図24　第10

図25　エピローグ第2

直線的に進歩してゆき、遂には「完成」するというイメージをもつ考えに対して、廓庵の図は円環的なイメージを提供していますが、現代の図における牛の強調は、完成ということよりも過程ということにより重点がおかれていることを示しているのではないでしょうか。現代人は、日本人と言えども、円による守りが期待できません。各人は自分の牛を探す過程にあるということが大切であり、その過程はいつ終るなどという保証はないのです。

現代女性による図は色がついていますが、廓庵の図は黒と白です。墨絵は色はついてはいないが、それはすべての色を含むものだと禅家の人たちは言います。確かにそうでしょうし、わざわざ色をつけるまでもないのでしょう。しかし、第8図(図22)の極彩色の輝きなどを見ていると、墨で描かれている図は本来的には色がついているのですが、それを忘れた禅僧がいたとすると、このような女性のもたらす輝かしい色に迷うこともあるのではないか、などと思ったりします。アニマ像を女性で示すこと、あるいは、男性の魂を女性像によって示すこと、などについては、禅はあまり修練を積んでいませんので、美しい色のアニマ像には目がくらむこともあるのではないか、などと余計な推察をしたくなります。

女性の描いた牧牛図でも、少女ではなく少年が主人公になっています。この点について、この図を描いた女性にどうしてなのかを訊いてみました。「どうしてということなく、ともかく少年のイメージが浮かんできたのだから、仕方がない」というのがその答でした。現代においても牧牛図的な発想に立つ限り、老—若の軸が大切で、男—女の軸における、男性と女性として考えを進めてゆくことはできないのでしょうか。図のイメージからは、男女未分化な両性具有的な像のような感じもします。

禅の悟りを極めた僧から見れば、このような図は、ひょっとしてナンセンスに思われるかもしれません。確かにこの図を描いた女性は、自分が悟ったなどということは一言も言っていません。にもかかわらず、私は現代に生きる一人の女性が、多くの高名な男の禅僧が牧牛図を描いていることを知りつつ、なお自分自身の心に浮かんできたイメージを示し、「さがしてごらんきみの牛」と、ひとりひとりに呼びかけていることに、意義を感じるのです。

8 白鳥の癒し

牧牛図に感心し、仏教の教えに多くのものを得ながらも、私はどうしても、アニマ像としての女性にこだわってしまいます。そこに日本人の盲点があるように思うからです。そのような点にこだわっていると、次のようなことに気がつきます。世界中の多くの文化のなかで、ロマンチック・アニマの像を提供する話として、白鳥の乙女(swan maiden)の話があります。空から飛んできて湖や池に降りたった白鳥が乙女に変身して水浴びをする。その女性にある男性が恋心を抱く。ここから話は発展していろいろな筋書きが生まれますが、その点には触れずに、ともかく白鳥の乙女の話の有無に注目してみましょう。そうすると、日本の仏教伝来以前の話を収録していると思われる『風土記』(八世紀に天皇の命により、各地方の地誌、伝説などを記録させたもの。その一部が現在まで伝来されている)には、白鳥の乙女の話があることがわかります。しかし、日本ではそれ以後多くの説話や昔話などが現在まで伝えられているのに対し、白鳥の乙女の話は皆無なのです。これは私の推察ですが、仏教の影響により、白鳥の乙女の姿が日本文化のなかで消え失せてしまったのだと思われます。

図26

このことが残念なので、日本の何らかの話のなかに白鳥の乙女の姿を見出せないか、と私は努力を払ってきました。しかし、結果は空しいものでした。非常に残念に思っていたとき、私は次のような箱庭療法の例の報告を聞き[19]、そこに白鳥の姿を見出すことができたのです。

これ(図26)は八歳の重い喘息に苦しむ女の子が三回目においた箱庭です。この治療者はその箱庭を見たときにこの子は治ると確信したといいます。箱庭の中央に小さい池がありそれは木で囲まれている。この子はそれを泉と呼びました。そのなかに白鳥が三羽、今にも飛び立とうとしている。泉の周囲にはシマウマとかウサギなどが置かれ、箱の四隅には花が置かれています。その左上の隅に女の子が二人いる。この箱庭について本人は、「これはまだ人間の知らない森だ」と説明しました(人間が知らない森に人がいることについては後に考察する)。女の子は説明を続け、この泉は「癒しの泉」で、疲れ果てた動物が来ている。この動物は「人間にいらないと思われた動物」なのですが、この二人の女の子によって「癒しの泉」で手当を受けて、みんな癒されていくというものです。

心身症の子どもが、このような箱庭をつくることによって治ってゆくのに接するのは感激です。この子は自らの心の奥底にある「癒しの泉」を見出すことによって癒されました。ここでは箱庭療法の過程ではなく、すでに話をしてきたこととの関連で、白鳥に注目したいと思います。私はこの箱庭を見た途端に、仏教の伝来とともに日本人の心から消え去っていった白鳥のことを思いました。それらは「日本人にいらない」と思われ、疲れ果ててはいたのですが、死に絶えたのではなく、いま女の子の心の奥底で癒されようとしているのです。つまり、ロマンチック・アニマの姿が現代の日本人の心のなかで活性化されようとしているのです。

禅の老師による牧牛図を見せた後で、八歳の女の子のつくった一枚の箱庭の図に、いたく感激しているのを変に思われるかも知れません。しかし、それは端的に言えば、現代の日本人にとって、牧牛図も賢者の薔薇園の図も同等に大切であるという私の考えが、ここに示されていると思うからです。第I章で述べましたように、私は仏教の教えに基づいて心理療法をしているわけではありません。日本人を相手に心理療法を行なっているうちに、仏教の教えが自分にとっても日本人全体にとっても有用であることを認識してきたのです。牧牛図からは多くを教えられました。しかし、実際に心理療法をしていると、賢者の薔薇園に示されているような、男性と女性の結合ということも重要であると思わされます。そこでは、個人としての自我の役割が重んじられています。

箱庭の方にかえって考えてみましょう。この「癒しの泉」が「人間の知らない森」のなかにあるということは、自然の力の偉大さを示しています。自然から切り離された現代人は、自然との接触を回復することによって癒されます。しかし、そのとき自然をあまりにも強調しすぎると、人間の個というものが消え去ってしまいます。「個人」という問題は、簡単には論じ切れませんので、次章において、もっと詳しく論じますが、個人をどのように考えるかは、人間と自然との関係をどう見るかにも関係してきます。人間は自然の一部でもありますし、それに反する存在であることも事実です。この矛盾をいかに解決するかが人間の課題でありますが、西洋の近代が後者の方を強調したのに対して、東洋は前者の方に強調点を置いたと思われます。ところで、この箱庭では、「人間の知らない森」と言いながら、二人の女の子がそこにはいて、彼女たちが「癒しの泉」の力を借りつつ動物を癒しているということです。確かにそこには矛盾があります。しかし、矛盾を許容しつつ、自然の力と人間の力が協調し合っている、と考えられないでしょうか。

この「癒しの泉」にいる人が、日本の昔話によく登場するような男性の老人ではなく、二人の女の子というのも興味深いところです。西洋近代の自我が壮年男子の強さを誇りとするのなら、東洋の意識は老人の知恵を示そうとするものでしょう。それは廓庵の十牛図の終りに現われる老人によっても表わされています。しかし、ジェームズ・ヒルマンも指摘するように、老人の知恵は硬化しやすいものです。喘息を病む現代の少女は、その癒しの過程で、自然の力を最大限に評価しながらも、その仲介者として、老人よりは少女を選びます。そして、そこで癒された白鳥は、長らくその存在を日本人が忘れていた、白鳥の乙女となって、多くの日本人の癒しにかかわるのではないでしょうか。

私のイマジネーションは、あまりに牽強付会と言われるかも知れません。しかし、私はこの箱庭が、牧牛図と錬金術の絵をつなぐものに思われましたし、現代の日本人の心のなかに、仏教を踏まえつつ、新しい動きが生じていることを示すものとして受けとめたのです。そして、そのような新しい動きにかかわるものとして、新しい牧牛図と、癒される白鳥の箱庭という現代に生きる二人の女性の作品を提示できたことは、象徴的に思われます。日本の新しい意識変革に女性の担う役割は大きい、と私は確信しているしだいです。

(1) 廓庵は中国の十二世紀の禅僧。ここに示すのは廓庵の考えに基づき周文が十五世紀に描いたもので、現在は相国寺蔵。
(2) D. Suzuki, *The Ten Oxherding Pictures : Manual of Zen Buddhism.* 小冊子で日付および発行所などは書かれていない。
(3) 普明は中国の禅僧で、彼による十牛図は第I章注(1)に示した目幸黙僊による書物に掲載されている。
(4) 梶山雄一「牧牛図の西藏版に就て」『佛教史学』第七巻第三号。
(5) 上田閑照・柳田聖山『十牛図』筑摩書房、一九八二年。
(6) 上田閑照、前掲書。
(7) 同右。
(8) C. G. Jung, "The Psychology of Transference," in *The Collected Works of C. G. Jung*, vol. 16, Pantheon Books, 1953.
(9) 第I章注(1)に同じ。
(10) ノイマン、プロローグ注(1)に同じ。
(11) 河原省吾「菜摘(中学二年・女子)とその家族――「家」の重さのなかで」菅佐和子編『事例に学ぶ不登校』人文書院、一九九四年、所収。
(12) E・T・A・ホフマン著、神品芳夫訳『黄金の壺』岩波書店、一九七四年。
(13) 河合隼雄『明恵 夢を生きる』京都松柏社、一九八七年、参照。〔第I期著作集第九巻所収〕
(14) 古澤平作「罪悪感の二種」小此木啓吾編『精神分析・フロイト以後』現代のエスプリ一四八、一九七九年、所収。
(15) 小此木啓吾「阿闍世コンプレックスよりみた日本的対象関係」小此木啓吾編、前掲書所収。

(16) 同右。
(17) 河合隼雄「隠れキリシタン神話の変容過程」『物語と人間の科学』岩波書店、一九九三年、所収。〔第I期著作集第一二巻所収〕
(18) マ・サティヤム・サヴィタ『さがしてごらんきみの牛』禅文化研究所、一九八七年。
(19) 平松清志(山陽学園短期大学講師)による報告。

Ⅲ　「私」とは何か

　読者の皆さんは、「私は誰か」(Who am I?)という質問を自分に対してした場合、すぐに答えられると思います。「私は心理学者である」とか、「私は教授である」とか。しかし、「「私」とは何か」(What is "I"?)という質問には答えられないのではないでしょうか。私がここにわざわざ" "で囲んで示している私、それは私という存在全体を指しています。私の意識も無意識も、身体も、それに何か他のものもあるかも知れませんが、ともかく、ここに立っている私のなかに含まれているもののすべてを指しています。その「私」は普通に言う私の知らないことに満ちている、と言えます。

　そんなわけで、「私」というのは大変な難物だと思います。にもかかわらず通常は、私という言葉を極めて自明のことのように使っているのです。日本語と英語とでは、私という単語の使い方や意味するところは、少し異なってくることは後に述べますが、日本人にしても、あまり反省したり、難物と思ったりせずに、私という単語を用いていると言えます。しかし、本当のところは、「私」というのは考えれば考えるほどわからない存在です。

　子どものときに読んで、強く印象に残った仏教説話があります(1)。

　ある旅人が一軒家で一夜を明かすことになりました。夜中に一匹の鬼が人間の死骸をかついで来ました。すぐ後にもう一匹の鬼が来て、その死骸は自分のものだと争いますが決着がつきません。そこで二匹の鬼は旅人に判断を仰ぎました。旅人が最初の鬼のものだと言うと、後から来た鬼は怒って旅人の手を体から引き抜きました。それを見た先の鬼は死骸の手を抜きとって代りにつけてくれました。他の鬼はますます怒り、もう一方の腕を引き抜くと、また先に来た鬼が死骸のを取ってつけてくれる。こんなことをどんどんやっているうちに、旅人と死骸の体はすっかり入れ代ってしまいました。二匹の鬼はそうなると争うのをやめ、死骸を半分ずつ食べて行ってしまいました。驚いたのは旅人です。自分の体は鬼に食われてしまったのですから、今生きている自分が、いったいほんとうの自分かどうかわからなくて困ってしまいます。

子ども心にもこの話が何とも言えず不気味で、それで何だか滑稽な感じもしました。それで忘れられなくて今もよく覚えているのです。ところで、ここまでは覚えているのですが、この話の結末をどうしても思い出せないのです。そこでわざわざこの本を持っている人を探し出して読んでみました。それによると結末は次のとおりです。

旅人は困って坊さんに相談しました。坊さんは「あなたの体がなくなったのは、何も今に始まったことではないのです。いったい、人間のこの「われ」というものは、いろいろの要素が集って仮にこの世に出来上っただけのもので、愚かな人達はその「われ」に捉えられいろいろ苦しみもしますが、一度この「われ」というものが、ほんとうはどういうものかということがわかって見れば、そういう苦しみは一度になくなってしまうのです」。

今読んでも深遠極まりない教えであり、子どものときに記憶に残らなかったのも当然です。皆さんはこの話についてどう思われますか。皆さんはこの結論に賛成されようがされまいが、ともかく「私」という存在が、実に理解し難く、把握し難い、ということはわかって下さったと思います。以下、「私」とは何かについて考えてみることにします。

1　自我と私

私について考えるとき、私はまず西洋の考え方に影響されました。私が若いときは、何かについて考えるとか、学問をするというと、西洋の方法に頼るばかりで、そのときに、果たして仏教ではどうなのかなどということはまったく念頭に浮かびませんでした。このことは西洋人にとって不思議に思われるかも知れませんが、日本人にとっては普通のことです。

学生時代に、私はフロイトの本を読んで興味をもちました。少しずつ学んでいる間に、英訳では ego（日本では「自我」と訳したり、エゴと表記したりする）とされている語は、もともとフロイトの原典では Ich（I）と書かれていることを知り驚きました。フロイトは、Ich と es、つまりIとitとを区別して語ります。Iとitがそのように分離可能ならば、たとえば、私が今ここで話をしているときに、itは日本の自宅で眠っている、ということはあるのでしょうか。普通に考えるとそんなことはなく、Iとitはいつも共にあって、このIとitとを含んだ存在を「私」と呼ぶのではないでしょうか。全体としての「I」を二つに分け、しかもわざわざその片方に「I」という名前をフロイトが用いたことは、ここでしばらく考えてみるに値することと思います。

フロイトがIch（I）と呼んだのは、西洋近代の人の「I」と言えると思います。デカルトの「我思う故に我あり」の「我」と同様と言っていいでしょう。フロイトの功績は、そのような私が常にitによって脅かされていることを明らかにしたことでありますが、それにしても、人間の心のその部分を「I」と呼んだということは、それをいかに大切にしていたかがわかります。したがって、itの重要性を指摘しつつも、よく引用される彼の言葉

「es のあるところに Ich あらしめよ」[2]に示されるように、重点は彼の言う Ich の方に置かれていたのです。

当時のヨーロッパの事情としては、むしろ当然であり、このような強力な「I」によって、近代の欧米の文化が築かれ、それは全世界に拡大されていったのです。そのようななかで、ユングが早くから、フロイトの Ich に対して、彼の言う Selbst の重要性を主張したことは、まったく驚くべきことであります。この点については、後に詳しく考えてみたいと思います。

フロイトが Ich と es と呼んだことは、フロイトの文章が英語に訳されるときに、ego と id とラテン語に置きかえられました。このことによる利点は、人間が自分の心のことを考えるときに、相当に対象化することが可能になったことです。このことによって、人間の心を「分析」することが可能になり、分析を通じて、人間の心のダイナミズムやその構造などを知ることができました。深層心理学の各学派はその結果として生じてきたものです。このような考えによって、神経症に対する理解がすすみ、心理療法が発展したことも事実であります。

しかしながら、このことのために問題も生じてきました。まず、フロイト派の分析家ブルーノ・ベッテルハイムも批判しているように[3]、ego, id というようなラテン語を用いることによって、それは医学のモデルに近い形で人間をみることになり、他人(患者)の心を客観的に観察し、それに操作を加えるという考えが強くなりすぎたことであります。そして、精神分析はもともと、Ich すなわち自分自身の自己分析から出発したことを忘れてしまう、という欠点が生じてきました。第I章で指摘したように、深層心理学はもともと自己分析によって生まれてきたものであり、他の人がその方法を用いるときに援助はできるとしても、自然科学の法則を適用するのとは異なっているのです。ところが、ego とか id などという用語を用いて、それを「自然科学」のひとつであると誤解することによって、そのためにアメリカで精神分析がひろく受けいれられたという効用はあったにしろ、最近になって、その問題点が目立ってきたように思います。

それでは、ego と id とか、あるいは、ユング派の者が行うように、ego と無意識などと区別せずに、全体としての私を表現するものとして「I」を考える方がいいのでしょうか。それは、ある意味では正しいでしょうが、人間の心の問題を考えてゆく上では、あまり効果がないように思います。このあたりのことが、人間の心、人間存在を考える上での困難さをよく示しています。分離して考えると効果的であるが、どこかで現実と異なってくるし、全体として捉えるのは正しいとしても、それでは考えがすすまないことになります。

それにしても、ego と Ich とを同定して考えるとは、西洋近代の考えを如実に反映していると言えるでしょう。それでは、日本人はどう考えるのか、仏教ではどう考えるのかについて、述べたいと思います。

2　私は観音である

中世の日本人の「私」に対する考えを示すものとして、次のような話があります。これは『今昔物語』という十二世紀初期に編集された仏教説話集に収録されている話[4]で、私の好きな話です。話を紹介する前に、日本の中世におけるこのような仏教説話について、少しだけ私の考えを述べておきます。

六世紀に仏教が日本に伝来して以来、それは急激に日本にひろがりました。しかし、一般の民衆にとって、仏教はその教義や戒律、儀礼などと結びついて理解されたのではなく、それまで日本人がもっていたアニミズム的な宗教と融合し、日常生活のなかにはいり込むような形で受けとめられました。したがって、仏僧も仏教の教義を経典に基づいて説く一方では、多くの説話を語ることによって、仏教の有難さを伝えようとしたようであります。それらの話は、実話、伝説、などに仏教的な教えを托したものです。それらの多くが中世になって編集され今日まで伝えられています。これらを読むと、私は日本人が受けいれた仏教の本質が、経典のなかよりもこれらのなかにこそ見出されるように思います。実は、アメリカのペンシルベニア大学の日本学のウィリアム・ラフルア William LaFleur 教授も同意見であることを知って嬉しく思いました。(5)

それでは『今昔物語』のなかのひとつの話を紹介します（巻第十九、第十一「信濃国王藤観音出家語」）。

ある薬湯の出る温泉のある村に住む人が次のような夢を見ました。誰かが「明日の午後二時頃に観音様がこの温泉に来る」と言う。驚いてどのような姿で来られるかと問うと、四十歳くらいの武士が馬に乗ってくると、その容貌や衣装などを詳しく教えてくれ、そこで目が覚めました。早速、そのことを周囲の人に告げると、皆はその時刻に温泉に集り、そこらを掃除などして観音様を待つことになりました。午後二時が過ぎ、四時になった頃、夢で聞いていたとおりの姿の武士が現われました。一同が拝むと武士は驚いて、これはいったいどうなっているかといぶかります。一人の僧が、ある人の見た夢のことを話すと、武士は自分は狩をしていて馬から落ち、傷を負ったのでこの温泉に来たと言います。それでも皆がひたすら拝んでいると、武士は、「自分はそうすると観音なのだ」と言って、そこで出家をします。彼は出家して、その後に京都の比叡山に行き僧となったということです。

この話で印象的なところは、一人の武士が他人の見た夢に基づいて、「自分は観音なのだ」と確信するところです。四十年にわたって生きてきた武士としての経歴を棄てて、それまで会ったことのない人の夢によって、自分自身を「観音である」と信じて出家するのです。この人の行動を、デカルトの「我思う故に我あり」にならって表現すると、「誰かが私の夢を見た、故に我あり」ということとなります。

こんなのはまったく馬鹿げていると思う人もあるでしょう。しかし、ユング派の人であれば、次のようなユングの夢を思い出した人も多いのではないでしょうか。彼は晩年に見た夢について、彼の『自伝』のなかで次のように語っています(『自伝』、「死後の生命」の章)[6]。

「私はハイキングをしていた。丘陵の風景の中の小道を私は歩いていた。太陽は輝き、私は四方を広々と見渡すことができた。そのうち、道端に小さい礼拝堂のあるところに来た。戸が少し開いていたので、私は中にはいった。驚いたことに、祭壇には聖母の像も、十字架もなくて、その代りに素晴らしい花が活けてあるだけであった。しかし、祭壇の前の床の上に、私の方に向かってひとりのヨガ行者が結跏趺坐《けっかふざ》し、深い黙想にふけっているのを見た。近づいてよく見ると、彼が私の顔をしていることに気がついた。私は深いおそれのためにはっとして目覚め、考えた。「あー、彼が私について黙想している人間だ。彼は夢をみ、私は彼の夢なのだ」。彼が目覚めるとき、私は此の世に存在しなくなるのだと私には解っていた。」

これを読むと、ユングも自分とは何ものであるかに答えるために「他人の夢」を用いていることがわかります。ヨガの行者が夢を見、ユングはその夢によって支えられています。ここでも先に示した「誰かが私の夢を見た、故に我あり」という文が当てはまるように思われます。しかし、ユングの場合と、中世の日本の武士の場合との間には決定的な差があります。ユングの場合はそもそもヨガの行者はユングの見た夢に出てくる人物で、しかも、その顔はユングの顔をしていたと言います。それに、ユングは「これはひとつのたとえ話である」と言っています。これに対して、日本の中世の話では、夢は他人の見た夢であるし、夢に登場した人物はその内容を文字どおり現実として受けとめています。

ユング自身はこの夢に対するコメントのなかで次のように述べています。このような「夢の目的は、自我―意識と無意識との関係の逆転をもたらし、無意識を現実の経験をしている人格の発生源として示すことにある。この逆転は「あちら側」の意見によると、無意識的存在が本当のもので、われわれの意識の世界は一種の幻想であり、夢のなかでは夢が現実であるように、特殊な目的に従って作りあげられた見せかけの現実なのではないかと、示唆している。このような状態は、東洋人のマヤの概念と非常に近似したものであることは明らかである」。

ここでユングは自らの夢の体験を東洋に近似するものとして認めています。これらのことから考えると、西洋近代と日本の中世の両方にまたがってユングの「私」が存在しているような感じを受けます。「私」とは何かを考えるとき、西洋の近代においては、西洋人の ego を「私」と同定するほどに考えていました。それに疑問を感じたユングは、ego から出発して、もっと心の深みに降りてゆこうとしました。これに対して、日本の中世の人の「私」は、他との区別もほとんどなく、自も他も融合しているほどの存在として受けとめられていたのですが、現代の日本人——たとえば私のような——が、そこから、もっと個別性を感じさせる「私」を求めて上昇してきたとき、ユング心理学という領域において、西洋と出会ったのです。ユング心理学はきわめて深く広いものですが、それを受けとめる際に、西洋人が自我との関連において理解しようとするのに対して、日本人(あるいは東洋人)は、自他分離以前の存在との関連において理解しようとする、と私は感じています。

3　夢のなかの「私」

「私」とは何かを考える上で、夢のなかで行動する私は非常に大切で、考慮するに値するものです。しかし、すでに述べたことからもわかるとおり、それは私の夢の中の私のみならず、他人の夢の中の私をも考慮すべきことは明らかであります。したがって、私は自分の夢を大切にしていることは当然ですが、私の被分析者の夢に現われる私をも非常に大切にしています。それらは、多くの点で私が「私とは何か」を考える上で示唆を与えてくれました。そのなかのひとつを紹介します。

これは学校恐怖症の男子の高校生が治療の終結近くなって見た夢です。

夢 先生(治療者)の家にくるが返事がないので裏にまわる。裏庭では人が半円形に坐っている。石の地蔵さんみたい。前は子どもで、後ろは大人。よくみると座敷にも同じように人がいて、中央に先生が横たわっている。(人のつくる半円は明と暗の対比がある。)後ろから大きい声で、今きましたとか、時間どおりきましたというが返事がない。そのうち、先生が立ち上って何か言おうとするが声にならない。皆がおしとどめて横にならせる。涅槃図のようであった。

クライアントはこの夢は治療者の死の夢であり、「不吉である」と思い、言うのをためらいながらも語ったものです。私はクライアントの夢のなかで「死ぬ」ことを、何回か経験しています。そのほとんどが治療の終結に近いときです。ユング派の分析家として、死の夢が「不吉である」などと私が思っていないことは、皆さん了解して下さることでしょう。治療の過程において「死と再生」の体験はクライアントにも分析家にも生じ、それは夢のなかに顕われるのです。この夢は、治療の終結が近づくなかで、クライアントにとっての治療者像が変容することを示すと共に、私にとっても、相当な変容が生じている、あるいは、生じるべきことを示しています。

夢分析において初回夢の重要性がつとに指摘されていますが、終結夢ということも考えていいと私は思っています。実際この夢においては、治療者がその役割を終えて去ってゆくことを示している、とクライアントと共に話し合い、彼もそこで治療が終りに近づいていることを納得したのです。この際われわれが二人とも、非常に興味深く感じたことは、両者共にまったく仏教に無関心でありながら、「涅槃図」などという極めて仏教的な表現が出現してきたことでした。

当時、私はそれ以上に深く考えてみませんでした。そして、この夢をクライアントにとっての治療者像の変化ということに重点を置いて考えていました。しかし、今になって考えてみると、この夢は私の現実についても語っていたのです。私が自分の心理療法を行なってゆく上において、仏教がどれほど大きい重みをもつものであるかを、この夢は示していると思いますが、当時の私はそれを受けとめる意識的な準備ができていませんでした。夢の中で私を取りまく人々が、半分は明るく、半分は暗い場所にいたことを、私はこのクライアントが「影」の問題に取り組んできたことを反映しているものと当時は考えていましたが、むしろ、私自身の仏教に対する半意識的な状態を示しているとして見ることもできると思います。

夢の中の私は覚醒時の私にはまったく思いがけないことをします。それは覚醒時の判断からみると「私」であることを承認し難いほどのこともあります。夢のなかで時に私は自分ではない他人になったり、時に動物や植物、きわめて稀には無生物になることさえあります。夢の中で、動物になった話が、先に引用した『今昔物語』にありますので、それをひとつ要約して示します(巻第十九、第八「西京仕鷹者、見夢出家語」)。

一人の鷹を使う男(鷹を使って鳥をとる職業)がいました。妻と子ども三人と共に住んでいました。鷹と犬を沢山飼い、それらを使って鳥をとって暮らしていました。大分年老いてきたある日、風邪で気分が悪く、夜は眠れなかったが暁方になって寝つき、夢を見ました。夢のなかで、彼は妻子と共に鴙《きじ》になって、野原に住んでいました。そこに犬と鷹を引き連れた人たちがやってきて、彼らは追われて逃げまどい、彼の目の前で三人の息子と妻は無惨にも鷹に殺されてしまいます。次は自分の番だと思ったときに目が覚めます。

彼は自分はこれまで沢山の鴇を殺してきたが、鴇はさぞかし自分が夢のなかで感じたように悲しく思ったことだろう、と思います。そこで、すぐに飼っていた鷹や犬を放し、妻子に泣く泣く、夢のことを語って、自分はすぐに出家をしました。

ここに要約して示しましたが、原話では鷹匠が夢の中で、自分の妻と三人の息子である鴇が犬や鷹に無惨に殺されてゆくのを目のあたりにしておびえる様が、詳細に生き生きと描かれていて、この鷹匠がどれほど鴇の悲しみを追体験できたかをよくわからせてくれます。

この話で特徴的なことは、夢を見た人が夢のなかで、人間以外の生物(ここでは鴇)になり、それによって鴇に対して共感する体験をしていること、夢のなかの「私」の経験が、目覚めてからの「私」の行動の原動力となっている(この際は出家する)ことです。このようなことは、私が現在行なっている分析においても、ある程度起こっていることです。夢のなかで動物になるという例は、日本では私の夢分析のなかでも稀ではありますが存在します。欧米の方が少ないのではないか、と思いますがどうでしょうか。

夢のなかで行為している自分の姿を時に見ることがあります。たとえば、高所から落下してゆく自分の姿など。ところが、夢のなかで、はっきりとした「二重身」の体験をすることがあります。夢のなかで、私がもう一人の私に出会うのです。「二重身」の現象は、ゲーテや詩人のミュッセなどが経験したことがあり、病理的な現象と考えられています。しかし、夢のなかではもちろんそれほどよく生じるものではありませんが、病理的とは考えられません。

この現象も「私」を考える上で興味深いので、私はそれまでの例を集めて学会に発表したり、論文として発表しようかと思っていました。そうしているうちに、私自身が「二重身」の夢を見たのです。(7)それは非常に短いものでしたが、強い印象を受けました。

夢　病院の精神科の横の廊下のようなところを歩いてゆく。すると、診察を待っているような感じで、ケシ色のスェーター(今よく着ているもの)を着た私が坐っているのをはっきりと見た。通りすぎてから、これは二重身の夢ではないかという驚きの感情が起こり、目が覚める。目覚めながら、歩いていた方の私は紺色のスェーターを着ていたなと思っている。

二重身の夢を「研究」しようと思うと、それは何となく他人事のようになってきますが、自分自身がそのような夢を見たこと、その上、私の見た「もう一人の私」は明らかに「患者」として診察を待っていたこと、この事実が強く私の心を打ちました。廊下を歩いている私は「治療者」としての役割で、そこにいます。治療者である私の片方は「患者」であり、その両者がここに出会ったのです。

アドルフ・グッゲンビュールは、その著書のなかで、治療者《ヒーラー》元型について論じています。(8)元型というのは、そもそもその性格上、対極的な要素を共に包含しているもので、治療者—患者、癒す人と癒される人という対極的な存在は、治療者元型に包含されている、というのが彼の考えであります。にもかかわらず、分析家が自分自身を「健康で病むところのないもの」と決めつけてしまうと、治療者元型が分裂的にはたらき、治療者は治療者、患者はあくまでも患者となってしまい、患者が実際は患者自身の治療者元型のはたらきによって自ら治ってゆく、ということがなくなってしまう。このようなことが生じないようにするためには、まず治療者が自分のなかに存在する患者を認識することが必要であります。

このように考えますと、私が患者としての私に出会ったことは、心理療法家という仕事をやり抜いてゆくために意味あることだったのです。患者としての自覚をもつ体験として、夢のなかで自分が患者になっているということもあります。事実、そのような夢も見ましたが、治療者としての自分が患者としての自分に「会う」という体験は、両者の共存ということが強く意識される意味があったと思います。

Who am I? に対する答としては、「私は心理療法家です」と言えるでしょうが、What is "I"? に対する答としては、「私は治療者であると同時に患者である」ということになるのです。このことをはっきりと実感を通じて知ることができるのが、夢の素晴らしいところであります。

4　華厳の世界

「私」は治療者であると同時に患者である、と言いました。これまでに述べた夢のことを思い浮かべると、その上に、「私」は動物でもあるし観音でもあると言えるのではないでしょうか。実際に、私は心理療法の場において、「治療者」としてよりは、患者や観音や、時には石として坐っていることの方が多いように思いますし、その方が効果があがるのです。「私」がそのように何でもかでもあるとして、ここにあらたに「私」とはなにか」と問いかけるならば、何と答えるべきでしょうか。そんなことを考えていた頃、私は華厳経の世界に触れることになりました。

先にも述べましたが、華厳経を読むことは大変難しいことなので、半分眠ったり、斜めに読んだりして読みすすんでゆきます。しかし、そのようにしてその世界のなかにはいってゆくと、個々の意味とか関連などが把握されないままでも、光のなかに包みこまれているような感じになります。そのような感じに溺れそうになっていると、ときに驚くべき言葉に出会いますが、うっかりするとそれさえ当然のこととして読みすごしそうになります。たとえば、「諸行は空にして実無きに、凡夫は真実なりと謂《おも》ふ、一切自性無く、皆悉く空に等し」というような言葉があります（「菩薩霊集妙勝殿上説偈品第十」）。

それまでに説かれているところから見ても「自性が無い」ということは、華厳経の説くなかでも重要なことと思われました。「自性」とは仏教の辞典によりますと、「それ自体の定まった本質、ものをしてそのものたらしめるゆえんのもの」であります。これまで私は「私とは何か」という問いにずっとこだわってきたのですが、華厳経によれば、「私の本質」、「私の固有性」などは無いのですから、このような質問自体がナンセンスということになります。これは極めてラディカルな考え方であります。

大変なことになったと思って華厳経を読んでゆくと、やはり茫漠として捉えどころはありませんが、「私の本質」などないとは思えないにしても、それは大海のなかの一雫の水というほどの感じにはなってきます。ただ、これを西洋の人々にどう説明するかは難しい、と思いましたが、有難いことに、日本の哲学者、井筒俊彦博士が書かれた、華厳経に関する論文があります。[9] それに従って、華厳経の考えを簡単に説明します。

華厳経では、普通の現実の世界を「事法界」と呼んでいます。それはわれわれが普通に体験しているように、A、Bと異なるものがあれば「AにはAの本性があり、BにはB独自の性格があって、AとBとはそれによってはっきりと区別され、混同を許されない」という状態です。それに対して、このように事物を区別している境界線を取りはずして、世界を見るということをします。このような境界線を取りはずすことは、華厳のみならず仏教、あるいはその他の東洋的思惟に特徴的なことであります。そうすると「限りなく細分されていった存在の差別相が、一挙にして茫々たる無差別性の空間に転成」します。このような世界を華厳では「理法界」と言います。

ここでは事物間の差異が消えてしまい、自性も否定されます。このような状態を禅では「無」と言いますし、華厳では「一切皆空」とも表現されます。すべてのものが「無自性」(nihsvabhāva)であるわけです。「無」とか「空」とかの表現は、何もないことを示しているのではなく、むしろ無限に「有」の可能性を秘めているものです。「理法界」の「空」は、無と有の微妙な両義性をはらんでいます。

このような存在の空化が起こるためには、それを見る主体としての意識の側にも「空」化が起こらねばならない、と井筒博士は述べています。つまり仏教で言う「分別心」すなわち、事物のひとつひとつを区別し、その差異を見ようとするような日常の意識を「空化」することが必要です。「意識の「空」化が、存在の「空」化の前提条件なのであります」。

このように絶対的に空化された「理」の世界は、われわれが通常「現実」と呼んでいる世界に無数の現象的形態に自己分節してゆきます。「理」が「事」に顕現してきます。このことを華厳では「性起」と言います。華厳における「性起」の一番大切なところは、それは「挙体性起」であるということです。井筒博士の言葉を引用します。

「「理」は、いかなる場合でも、常に必ず、その全体を挙げて「事」的に顕現する、ということ。だから、およそ我々の経験世界にあるといわれる一切の事物、そのひとつ一つが「理」をそっくりそのまま体現している、ということになります。どんな小さなもの、それがたとえ野に咲く一輪の花であっても、いや、空中に浮遊する一微塵であっても、「理」の存在エネルギーの全投入である、と考える。これが華厳哲学の特徴的な考え方であります。」

現象世界にはいろいろな差別があります。すべてのものが異なるものとして見えます。しかし、一度「空」を識った人は、その差別の背後に一切無差別の世界を見ます。すべてのものは理の挙体性起として存在しているのです。「「理」はなんの障礙《さまたげ》もなしに「事」のなかに進入して、結局は「事」そのものであり、反対に「事」はなんの障礙もなしに「理」を体現し、結局は「理」そのものである、と。「理」と「事」とは、互いに交徹し深融して、自在無礙。この「理」「事」関係の実相を、華厳哲学は「理事無礙」という術語で表わすのです」。

以上の説明によって華厳思想において大切な、「事法界」、「理法界」、「理事無礙法界」について、極めて簡単な説明を終りました。続いて「事事無礙法界」について説明します。この「事事無礙法界」の考えによって、華厳存在論の展開は、その究極に達することになります。

5 縁起

理の挙体性起により個々のものが存在すると述べましたが、その個々のものには差異が存在します。ところが、理は一切無差別です。ここのところは、華厳ではどのように説明されるのでしょうか。A、B、C……と異なるものがあり、そのA、B、C……はすべて「無自性」であるなどということが可能なのでしょうか。これに対して、華厳は二つの説明方法を考えています。

まずはじめに、華厳哲学における存在論的関係性という考えを紹介しましょう。A、B、C、D……の個々の

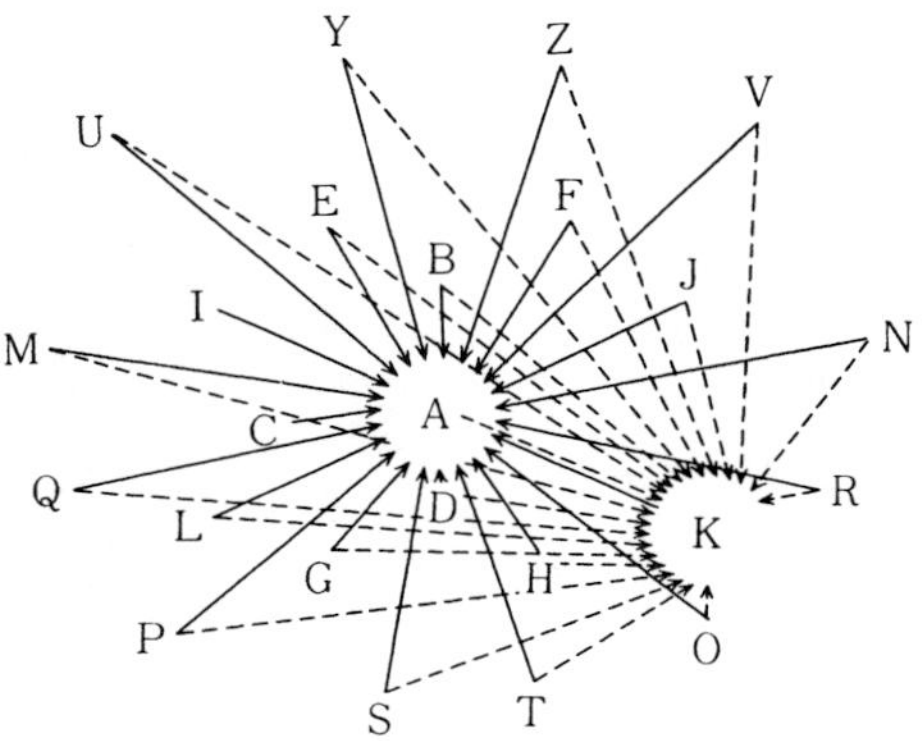

図 27　縁起の図(井筒俊彦による)

ものは自性はなくとも関係はあります。したがって、Aというものの存立にはB、C、D……とすべてのものがかかわっているわけです。つまり、それぞれが互いに関係しており、その全体関連性を無視しては何ものも存在し得ないのです。それを井筒博士は、図27に示すように、うまく視覚化して明らかにしています。これは、あくまである一瞬の図で、時間と共に何かが動けば、その関連によって、すべてが変ることになります。

このように考えると、Aというものは自性をもたなくとも、他の一切のものとの相互関連においてAであるわけです。つまり、Aの内的構造に他の一切のものが隠れた形で含まれている、ということができます。そして、そのような関連性によって、AはAであり、BでもCでもない、ということになります。「ある一物の現起は、すなわち、一切万法の現起。ある特定のものが、それだけで個的に現起するということは、絶対にあり得ない。常にすべてのものが、同時に、全体的に現起するのです。事物のこのような存在実相を、華厳哲学は「縁起」といいます。「縁起」は「性起」とならんで、華厳哲学の中枢的概念であります」。

「縁起を見る者は空を見る」とは龍樹《りゅうじゅ》(Nāgārjuna)の言葉であります。個々のものがそれだけでは存在できず、それらは自分以外の一切のものによりかかって存在しています。そして、それらすべてのものを通じて唯一不可分の「理」が遍在しています。つまり「事事無礙」と言えるのです。

ここに示した「縁起」という考え方は、事物にかかわる現象を原因・結果の関係で説明するアリストテレス的な思惟パターンとは、まったく性質を異にしています。もっとも、原因・結果で現象を見る近代科学が、きわめて有効なものであることは立証ずみでありますが、だからと言って、人間の営むすべての現象をまでその見方によって見ようとしたところに現代の問題があることを考えると、ここに「縁起」的な見方の重要性を認める必要性が感じられます。ユングの提唱した「共時性」(synchronicity)の考えは、この縁起の思考パターンに属するものと言うことができるでしょう。

「事事無礙法界」を説明する、もうひとつの考えとして、「主伴」的存在論理というのがあります。それを短く要約して紹介します。ここにA、B、Cという異なったものがあるとします。これは華厳の考えによると、それは一応「違うもの」でありながら、互いに相通じ理の分節的性起の形をとっています。したがって、ABCは、いずれもまったく同様の無限数の存在論的構成要素(ａｂｃｄｅ……)から成っていると考えられます。記号論の考えを用いると、シニフィエの方は(ａｂｃｄｅ……)と同じであるのに、シニフィアンはAであったりBであったり、Cであったり、と異なってくることになります。この不可解なことを説明するために、華厳では「有力」、「無力」という概念を導入します。有力とは積極的、顕現的、自己主張的、支配的で、無力はその逆に、消極的、隠退的、自己否定的、被支配的であります。無限の要素ａｂｃ……のなかのいずれかが有力になり、他は無力になることによって、それは、A、B、C、と日常世界では異なるものとして認識される、というのが「主伴」の論であります。この際、有力となる要素はひとつとは限らず、それも全体との関係のなかで時間と共に変化する、と考えます。

このように説明しますと、A、B、Cはそれぞれ異なるものとして認められますが、それは構成要素の「有力」「無力」関係によるものであり、構成要素の方に注目するならばすべてのものは互いに融通無礙であり、「事事無礙」である、と言うことができます。日常生活においては、「有力」な要素のみが前面に出ているので、人間は個々のものの差に注目するわけですが、「無力」な要素がないのではなく、それは深層構造としては、ちゃんと存在しているのです。

以上が華厳による「事事無礙」の考えでありますが、このような考えを知った上で「私」のことをふりかえってみると、理解が深まってゆくと思われます。

6 意識の水準

華厳の考えに従うと、「私」は本来空であり、私の自性、つまり私の本質などは無いということになります。私は他人とどころか、動植物やその他のすべてのものと「同じ」ということになります。しかし、そのような存在の空化が起こるためには、それを見る主体としての意識の側にも「空」化が起こらねばならない、とすでに述べました。ここで、人間の意識の在り方ということが深く関係してきます。「私」とは何かを考える上で、私の意識ということが重要な課題となってきます。

仏教はしたがって、人間の意識ということに早くから関心を持っていました。そして、その修行の方法として瞑想ということを行なっていましたので、瞑想中の意識の変化ということに対して注意深い自己観察を行なってきたと思われます。このような傾向は先にも少し触れましたが、華厳に限らず、他の仏教の宗派、それに道教やシャーマニズムなど、東南アジアあるいは、極東のアジアの諸宗教に共通のことであると思います。

日常の意識においては、ものの差を見ることが大切で、それによって、いろいろなものが弁別されます。そのような区別をより細かく、より精密に行うことによって、自然科学が発展します。日常の意識をより洗練することが、自然科学においては必要であり、自然科学とテクノロジーの発展によって、人間は自分の周囲のものを相当自分の欲するままに操作できるようになりました。これに対して、仏教においては、意識のあり方を自然科学とは異なる方向に向かって洗練させようとしてきたと言えます。それはものごとの区別をなくする方向へと意識を変えてゆくのです。これをイメージ的に表現すると、意識のレベルをだんだんと下降させる、とも言うことができます。そして、それを極端に下降させたとき、つまり、意識の空化が生じたときに見た世界が、華厳経のなかに描かれていることはすでに述べたとおりです。

意識のレベルの降下ということは「無意識」ではないかと言われるかもしれません。しかし、ユング自身も言っているとおり「無意識の特徴は意識できないことである」のですから、われわれが普通、「無意識」と呼んでいることも、それについて語られる限りは意識されているわけであります。これは、近代の西洋においては、自我を「私」と同定するほどに、自我を重視したので、近代西洋の自我にとって理解できない「意識」などと言うことはできないので、「無意識」と命名せざるを得なかったのではないか、と東洋人である私は推察しています。

意識水準の下降について認識しておかねばならない非常に重要な点があります。それは意識水準は下降しても、そのときに意識的な判断力、注意力、観察力などが必ずしも低下するとは限らない、ということです。西洋近代においては、そのことが理解されていなかったことと、自我の重視ということがあったので、意識水準の下降はすべて「異常」とか「病的」と考えられたのだと思います。このような考えを是正するのに、もっとも力をつくしたのがユングであると言えます。彼は早くから退行が病的な側面のみでなく、建設的で創造的な役割をもつことを指摘しています。彼が自伝に記載している「無意識との対決」の経験は、まさに十分な判断力、注意力、観察力をそなえての意識水準の下降に他なりません。彼の開発した「能動的想像」(active imagination)は、ここに述べたような意識水準の下降を建設的に行うための、ひとつの有力な方法と言えます。

ユングが個人的無意識、普遍的無意識として分けた層も、仏教的に表現すると、それぞれ、だんだんと深まる意識のレベルということになります。そして、仏教で説く、意識の「空」のレベルについては、ユングは言及しないのです。ユングの「心(psyche)は「世界の軸(world pivot)」なのである」[10]という言葉は、そのレベルを表わしているとも、とることができますが。

このような差が生じてきたことの大きい理由は、ユングが自分の「心理学者」としての立場を守る姿勢によるところと、これと関連することですが、「自我」を大切にした、というところにある、と私は思います。ここで私は、ユングが常に自分は神そのものについて語るのではなく、あくまで心理学者として、人間の心の中の神のイメージについて語るのだと強調していることを想起します。ユングは心理学者として、自我によって把握し言語化できることについて語ることに自分の仕事を限定し、自我の側から表現していったので、個人的無意識、普遍的無意識の層について語ることになり、仏教の方はそのあたりを一挙に通過して、空の意識のレベルに達して、むしろ、そちら側から意識の記述を行なっている、と感じられます。

仏教では、このような意識のレベルの下降を、注意力や観察力を失うことなく気力を充実したままで行う方法を、瞑想、読経、坐禅などの修行として開発してきました。そして、それらの結果は多くの経典に述べられています。そして、その修行の際に、禅を例にとれば、「無」の意識にいたるまでの中間地帯に対して注意を払わない、あるいは注意を向けることを拒否する、と言えるのではないでしょうか。それに対して、ユングの心理学は、言うなれば禅の修行者が素通りしてゆくあたりを、イメージとして捉え、それを自我との関連において「解釈」することを行なっている、と考えられます。

それではこのような差に対して、私自身はどのように考え、どのように心理療法を行なっているかについて述べたいと思います。私はユング派の分析家としての訓練を受けましたので、全般的に言えばユングの考えに従っていると思います。そして、これまで述べてきました「空」の意識と呼べるような体験をこれまで一度もしたことがないことも、明らかにしておきたいと思います。将来のことはわかりませんが。そして、今のところ、そのような体験をするために、すぐにでも禅の修行をすべきであるとも思っていません。

にもかかわらず仏教に関心をもたざるを得なくなってきたのは、私自身はユングの考えに基づいて心理療法をしているつもりでも、おそらくそれを行なっている私の「自我」が欧米の人のそれと異なっているために、そこに変化が生じ、それが仏教的考え方の方に接近するところがあると思うからです。私の自我を欧米の人のそれと比較すると、華厳について述べたように、はるかに私は全体との関係性のなかに生きていると思います。自我の独立性、統合性を主張する前に、縁起的世界のなかに生きている存在であると思います。正直なところ、ユング派の分析家で、人間の心のことについて極めて明確に知り、すべてを「分析」したり「解釈」したりする人にお会いすると、私は自分はほんとうは知っているわけでもないのに「一切空」と言いたくなったりするのです。

大分あいまいな生き方をしていますが、結果的には心理療法としては、ともかく日本においては相当に成果をあげていると思います。そして、私のしていますことは、「日本」と限定することなく、他の文化圏においてもある程度参考になるのではないか、とも思っています。それは現代という時代が、文化の衝突する時代であり、誰も自分の受けついだ文化的伝統のなかに安住しておられないのではないか、と思うからです。

7 個性とは何か

人間は一人一人が自分は他人と異なる独自(unique)な存在だと思っています。その独自性に高い価値を見出すようになったのも、やはりヨーロッパの近代においてであります。そこでは、人間の個性(individuality)を伸ばすことが、非常に大切と考えられ、そのような考えは日本にも伝わってきて日本の現代人はそれに同意していますす。しかし、ここでこれまで「私」について検討を加えてきたように、個人の独自性ということについても、それは何かをあらたに問い直してみたいと思います。

そもそも一人の人が独自であるということを、英語で individuality と表現するという事実に、すでにヨーロッパ近代の考えがはいっていると思うのです。このことを英語で論じるときに individuality という語を用いると、皆さんは知らず知らずのうちにヨーロッパ近代の個人主義の考えに影響されてしまうと思います。したがって以降は個人主義に基づくものを個人性(individuality)と呼び、それに対して、仏教的な考えによるものを個別性(eachness)と仮に呼ぶことにして区別することにします。

individual という言葉は divide(分ける)という語の否定形で、「分けられない」ことを示しています。つまり、ものごとを分けられる限りは分けてゆき、それ以上分けられない最終単位が individual(分けられないもの＝個人)という考えです。つまり、この発想の根本に「分ける」ということがあります。ここで、先に述べた意識の水準のことを思い出していただきたいのです。つまり、ヨーロッパの近代では、ものごとを「分ける」意識の作用を評価しそれを洗練させていったのに対して、仏教ではむしろ逆に、ものごとの区分を取り払う意識を洗練させる方向に努力しました。したがって、人間の独自性を考える際に、西洋における個性というのとは異なる考えが仏教においてはあるべきです。しかし、それは individuality という単語では表わせません。

西洋近代の個性は、まず ego を確立することがその前提となります。他から自立し主体性と統合性をそなえた存在としての ego を青年期に確立する。大人になるときとは、自分のアイデンティティが確立できたときである、と考えます。そのようにして確立された ego は、自分の主体的判断と責任によって、その欲求に従いながら個性を伸ばしてゆく、ということになります。これに対してユングの個性化の過程(process of individuation)という考えが生まれてきたことは、まったく画期的なことであるのは、皆さん御承知のとおりです。しかし、ユングにしても、最初に強い ego を確立することが、その前提条件であることを強調しています。したがって、欧米では子どものときから、自立した ego をつくりあげるように教育が行われます。

仏教における人間は、華厳の考えに従いますと、あくまで関係のなかに存在しており、それのみを取り出すときは「自性」はないのです。「自性」がないのになぜそれが個別性(eachness)を持ち得るかは、「性起」や「縁起」の考えによって説明しました。この考えに従って、ある人が自分の個別性を大切にしようとするならば、その人は「自立」などということを考える前に、他との関係の方に気を配ることになるでしょう。このような態度は個人主義の考えからみれば、極めて依存的とか、他人志向的とか批判されることになるでしょう。しかし、実際は、そのような関係そのものにこそ個別性が見出されると考えるのですから、発想がまったく異なることに注意していただきたいのです。

先に述べたことが日常生活に反映されている例として、日本語では一人称単数の呼称が沢山あり、その場における人間関係によって使いわける、という事実があります。英語では、「I」だけでありますが、日本人は家庭にいるとき、同性の友人と話すとき、公的な場などで話すとき、異なる「I」を用います。そして、その「I」の使い方によって、その人がその人間関係をどのように認識しているかが伝えられます。これは二人称の場合も同様です。もちろん、ドイツ語では Sie と du の使いわけがありますし、英語の場合でも代名詞ではなく相手を呼ぶときには、ファーストネームで呼ぶかどうかなどのこともあります。しかし、「I」の種類が多いということはヨーロッパにないでしょう。

個人主義に基づく個人は、その在り方があまりにも明確ですので、私が申しあげているような個人主義に基づかない人間の独自性などということは、あいまいであるし、あまり価値がないように思われるかも知れません。しかし、私自身はどちらの考えも一長一短ではないかと思っています。仏教的な考えに依ると、常に全体の関係について心を配り、しかも積極的に「自性」を打ち出していけないのなら、結局のところ独自性などないし、そもそも主体性がないではないか、と言いたくなります。この点を先に述べました「主伴」の考えに基づいて考えてみましょう。「私」はａｂｃ……という無限の要素から成立っているとして、そのなかの例えば、ｂｆｋという要素が有力である点で、その独自性を示しているとしましょう。そこで、私がその有力な要素を積極的に打ち出してゆけば、私の存在を他に対して際立たせ、それによって他を支配してゆくことも可能かも知れません。しかし、よく考えてみると、実のところ私がもっている「無力」な他の無限の要素に気づかず死んでゆくことになります。もし私が私の独自性をもっと豊かに生きようとすると、もっと受動的に、隠退的にして待ち受けていると、私のまったく気づかなかった、私の「無力」的要素が動きはじめ、私の個別性は私のはじめに思っていたのと異なり、私はそれを「発見する」という感じになるでしょう。つまり独自性の自然発生を驚きつつ味わうのであって、自分の力で自分の個人性をつくり出す感じとは異なったものになります。

個人主義による個人性は、その個人が自らの欲するところに従って個人性を伸ばしてゆけるので、極めて妥当に思われますが、先に「無力」に関連して説明したように、自分自身のまったく思いがけない方向に発展してゆく可能性が少ないのではないかと思います。それは積極的・能動的ではありますが、自我の判断によって相当に限定されている、と言えます。それに対して、仏教的な考えの方は、自分にも思いがけない方に道が開け、うまくゆくと、大変豊かになると言えますが、一見すると、周囲の動きに従って振りまわされているだけで、それが果たして、その人の独自性などといえるのかという疑問が生じてきます。

西洋の個人主義による考えも、仏教的な考えも一長一短と言ったのは以上のためです。どちらに従うとしても、その欠点を補うためには、仏教的な考えに従っている人は、常に全体の縁起のなかに生きながら、そこに生きている「これが私だ」という意識をしっかり持とうとすることでしょうし、個人主義の考えに従って生きる人は、時に自我の判断を放棄する勇気を持つことが必要であろうと思われます。それなりの私のアイデンティティということは言えるでしょうが、アイデンティティを確立することなどは、深く考える限り不可能であり、「私とは何か」という問いに対しては、私の一生がその答の発見の過程である、と言うのが適切と思います。

8　自　殺

「私」について考える最後の項目として、私は私を殺し得る、あるいは、殺すことがあるということ、つまり自殺を取りあげます。このことは心理療法家にとって、実際的にも極めて関係の深いことであります。心理療法家としては、自殺未遂をした人や、自殺傾向の強い人に会わねばならぬこともよくあるし、心理療法の過程において、クライアントが「死にたい」とか「自殺する」ということも生じます。

心理療法の過程においては、象徴的な「死と再生」の体験が生じるので、人格変容の過程で、不思議な「死」のコンステレーションが生じることが多いのです。それは肉親や知人の死、思いがけない事故、夢のなかの死の体験などとして生じます。それらの現象の全体的なコンステレーションとその意味について、注意深くあらねばなりません。そのようななかで、クライアントの「自殺」ということが、重要な課題となるのも当然であります。自殺を企図する人もありますが、「死にたい」、「生きていても仕方がない」、「私さえいなくなれば、すべてうまくゆくはず」というようなことを、クライアントが表現することもあります。「×月×日に自殺する」と予告をした人もあります。

特に、抑うつ症の人の場合は自殺のことが特徴的に出てきます。そのときに、私はクライアントの象徴的な死と再生の体験を大切に考えるので、実際的な死を避けつつ、象徴的な死の体験の成就を願う、という立場をとって接してきました。したがって、「死にたい」と言われても反対せず、話を聞ける限り聞く、という態度をとり、どうしてもそれが実際的な死と結びつくと感じる限り、反対することにしてきました。このような苦しい過程のなかで、クライアントの死と再生の体験に接して感激することも多くありました。自殺未遂をした人が、その後で話し合ったとき、「死ぬ程のところをくぐらなかったら」自分は変わらなかったと言われたのが印象的でした。

この講義の第Ⅰ章の原稿を書いているときに、ローゼン博士の *Transforming Depression*[11] を読み、そこで、ローゼン博士も私と同様の考えを、より詳細に検討して述べるだけでなく、そこに egocide（自我殺し）という鍵概念を導入することで、問題の本質を端的に明らかにされているのを知り、非常に嬉しく思いました。自殺は本当は自我殺し（egocide）が意図されているのだが、クライアントはそれに気づかず、自分自身の命を断とうとしている。そのことを明らかにするのが治療者の役割である、という論であります。そして、それをより具体的に示すための事例が、四例提示されています。

私は統計的な研究をしたわけでもなく、そのような研究論文を見たこともありませんが、欧米のクライアントに比して、日本のクライアントの方が多く、自殺を企図したり、その意志を表明したりするのではないか、と思っています。この点について論じるに当り、ローゼン博士の「自我殺し」の考えは非常に役立つのではないかと思います。

日本人の場合でも「自殺」は「自我殺し」であることが多いと思います。そのとき、日本人の自我は欧米人のそれに対して「弱い」ので、自殺をしてしまうことが多いのではないか、というのがまず考えられる仮説であります。しかし、たとえば今回の地震(阪神大震災)のように大災害が起きても、略奪などが生じず、少ない物資しかないときでも人々が秩序を守っているのを見ると、そう簡単に自我が「弱い」などと言えないのではないかと思います。地震の後にやってきた欧米の専門家は、日本人の「耐える力」の強さに感心したと言っています。このように一見矛盾するような事実を、「自我殺し」という概念によってどう説明できるのでしょうか。

ここでも、日本人の自我の在り方が問題となってきます。その自我は他とのつながりを前提としています。すでに述べたことの繰り返しになりますが、それは個として確立した自我が他とどうつながるかという関係ではなく、深い「空」の世界の共有をつながりとしているとも言うべき、つながりの方が自我よりも先行するという形のものです。日本のある個人がこのような「つながり」の感覚をもっている限り、それは「強く」ものごとに「耐える力」をもっているのではないでしょうか。ところが、その「つながり」感を失うとき、まったくの弱さを示してしまうのです。

ここで実に大きい問題は、この「つながり」の基礎とも言える存在の世界は「空」とか「無」とか呼ばれているように、限りない「有」の世界でありながら、文字どおりの「無」としても感じられる傾向をもっています。日本人にとって、「自我」はそれを超える何ものかに従属するべきだという感覚は、一般的傾向――それが相当無意識的にしろ――であると思います。どうしても、自我を「何ものか」のために犠牲にしようとする傾向があるうえに、その「何ものか」が「無」であるとすると、「自我殺し」が容易に「自殺」に結びついてしまう、と考えられます。

このようなことを考える根拠となったひとつの体験を話したいと思います。日本では多くのクライアントが「死にたい」と言います。その衝迫は相当に強く、しかも、繰り返されます。あまりのことに耐えられなくなって、治療者も「それほど死にたいのだったら、好きなようにしたらいいでしょう」と思わず言いそうになったり、「死にたい」というクライアントを支えているうちに、そのために疲労し切って、治療者が死んでしまうのではないかと思ったりするほどだ、と言えば、ある程度それが理解されると思います。あるいは、治療者がクライアントの気持にあまりに共感していると、クライアントが死んでもどうということはないではないか、という気持になることさえあります。こんな苦しみを共にしつつ、だんだんと生きる力を回復された人が、数年後に以前のことを思い返して、「死にたい」という言葉でしか自分の「生きたい」気持を表現できなかった、と言われ、この一言で私は大いに教えられたのです。

言語の表現も表現する人とそれを聞く人の「関係」の在り方によって変化します。そのクライアントは私との関係のなかで、「生きたい」ということを表わすのに「死にたい」という言葉しか使えなかったのです。私の理解度が深かったら、ひょっとして異なる表現が可能だったかも知れません。「死にたい」ということによって、

「無」の世界へ近接し「自我殺し」をはかることの苦しみを訴えるより他に方法はなかったのだと思います。日本的「つながり」が何となく他の人たちとの間にあると感じられている間は、生きてゆくことができます。ところが、日本人にとって「自我殺し」は必然的に他との「つながり」を急激に変えることになるので、それは「つながり」が喪失されたこととして感じられ、自殺として決行されることになります。

私はそれらのことがわからず、西洋流に「自我」と「自我」のつながりによって、クライアントの自殺をとめようとしたので、過度にエネルギーを消耗させながら、なかなか成果をあげられない状態にあったと言えます。私とクライアントとの自我の横の関係よりも自分の「自我」と「空」の世界との縦の関係の方に力をつくすべきだったのです。今は、これらの経験のおかげで、大分私の態度も変化したと思っています。

自殺の問題で、もっとも論議を呼ぶ点は、個性化の過程の終着点として、人間は自らその死を選び得るか、ということであります。残念ながら、私は経験的にこの点について答えることはできません。ある個人の個性化の過程につき合い、その人が最後に死を選ぶのを、私も心から納得した、という経験を私はもっておりません。ただ、私は直接に会ったことはなく、間接的に聞くだけですが、私が尊敬していた禅の山本玄峰《げんぽう》老師が、九十六歳になったとき、「そろそろわしも浮世狂言の幕をひきとうなった」と述べ、三日間の絶食の後に息を引きとったことは、個性化の過程の終りとして、人間が自らの死を選び得ることの可能性を感じさせます。しかし、私はこの点については否定も肯定も明確なことを言えないままで本章を終ることにします。

(1) 高倉輝『印度童話集』日本児童文庫、アルス、一九二九年。
(2) ジークムント・フロイト著、懸岡克躬・高橋義孝訳『続 精神分析入門』人文書院、一九七一年。
(3) ブルーノ・ベッテルハイム著、藤瀬恭子訳『フロイトと人間の魂』法政大学出版局、一九八九年。

(4) 『今昔物語集』一—五、日本古典文学大系二二—二六、岩波書店、一九七五年。

(5) William R. LaFleur, *The Karma of Words: Buddhism and the Literary Arts in Medieval Japan*, University of California Press, 1983.

(6) C・G・ユング著、河合・藤縄・出井訳『ユング自伝』2、みすず書房、一九七三年。

(7) 河合隼雄「夢のなかのクライエント像(1)」山中康裕・斎藤久美子編『臨床的知の探求』上、創元社、一九八八年。〔第Ⅰ期著作集第三巻所収〕

(8) アドルフ・グッゲンビュール著、樋口和彦・安溪真一郎訳『心理療法の光と影』創元社、一九八一年。

(9) 井筒俊彦「事事無礙・理理無礙」『コスモスとアンチコスモス』岩波書店、一九八九年、所収。以下の引用は同書による。

(10) C. G. Jung, "On the Nature of the Psyche," in *The Collected Works of C. G. Jung*, vol. 8, Pantheon Books, 1960.

(11) David H. Rosen, *Transforming Depression: A Jungian Approach Using Creative Arts*, G. T. Putnam's Sons, 1993.

Ⅳ　心理療法における個人的・非個人的関係

心理療法の根本は、クライアントの自己治癒力に頼ることだ、と私は考えています。とは言うものの、クライアントの自己治癒力によるのだったら、本人にまかせておけばよいと簡単には言えない、多くの難しさがそこに存在しています。まず、自己治癒力という表現をしましたが、その背後にはユングの言う個性化の過程があり、個性化の過程にはたらいてくる力の方向は、一般的な社会的規範や、その当人の自我にとって簡単には受け入れ難いことがあります。次に、そもそも心理療法に来談するという事実は、本人の自己治癒力がうまくはたらいていないことを意味しているのだから、そのような状況をどう判断し、どのようにすればいいのか、ということが問題になります。これらの困難な点を解決してゆくために、クライアントの自己治癒力に頼ると言いつつ、心理療法家が必要になってきます。このことをよく認識していなくてはなりません。

心理療法家の仕事は場合によって、相当に異なった様相を呈します。この点に関して、ユングは心理療法の仕事を、告白、解明(elucidation)、教育、変容(transformation)の四つに分類しています。この第四番目が、もっともユングらしい考えを示しています。そして、このような仕事に関しては、「治療者は、もはや患者にまさる賢者として、判定したり相談したりするのではなく、まさに一個の協同者として、個性発展の過程のなかに、患者と共に深く関与してゆくものである」(1)と述べています。あるいは、「治療は、患者と治療者の全人格が演ずる相互作用以外の何ものでもない」(2)とも言っています。つまり、治療者とクライアントとの関係がいかに大切であるかを、はっきりと指摘しつつもその「関係」の在り方が、一般的に考えられている「治療する人」と、「治療される人」との関係とは異なることを明確にしています。ユングが随分以前に、このように言明していることは、極めて印象的であります。

ユングの述べていることに、私も基本的に賛成であり、それを実際にどのように行うかに努力を続けてきたと言えます。そのことが仏教とどのように関連して考えられるかですが、その前に少し自分の個人的体験を述べてみたいと思います。

1 「易行」としての訓練

先に引用したユングの言葉は、一九三〇年代の前半に書かれた論文によっています。心理療法や、そこにおける人間関係の本質について、ユングがいかに早い時期に認識していたかには驚かされますが、私が心理療法を日本においてはじめた一九五〇年の頃は、そんなことはまったく知りませんでした。当時、日本の心理療法やカウンセリングの領域で、もっとも影響力のあったのが、アメリカの臨床心理学者、C・A・ロジャーズでした。私も彼の本を熱心に読みました。ユング研究所で学んで帰国するとき、日本中に広がっているロジャリアンの人たちにユングの考えをどう伝えるかが課題であると感じたものです。

日本でロジャーズがなぜこれほどまでに影響力をもったかについて、私は次のように考えています。それは日本の芸能の世界に重んじられてきた、「型」、「易行《いぎょう》」という考えと結びついたために、(3)日本人に受け入れられやすかったのだと思います。もっとも、このような日本的な理解は、ロジャーズ自身の考えとは異なるものになったと思われますが。このような「型」とか「易行」について説明しますが、その背後に仏教的な世界観があることは、第Ⅲ章に述べた仏教の考えを想起していただくとおわかりいただけるでしょう。

芸能を学ぶにしても、個性の存在は前提にはならず、誰もが出発点においては平等と考えられます。しかし、よき芸能者となるためには、それにふさわしい「型」を身につけねばなりません。しかし、「型」を身につけさえすればどんな人でも上手になれるわけですから、それは「易行」と呼ばれます。たとえば、日本の「茶」の場合を考えてみると、よく理解できるでしょう。茶席における動作は、実にこと細かく規定されています。それを何度も何度も繰り返すことによって、その「型」を身につけてゆくと、その人の個性、素質などを不問にして、茶の宗匠になってゆけるのです。ここに言う「易行」とは、誰でもなれるという意味であり、それを達成するためには型を身につける「苦行」が必要と考えられている点を見逃してはなりません。

もちろん、日本の芸能がこのような考えだけに終るのではないことも、少しつけ加えておきます。真の名人となるためには、このような型を破る「ゆらめき」が必要になる。極めて厳密な「型」を身につけた果てに、わかるかわからぬ程度のずれが生じ、そのずれのなかに差を見出そうとします。この点についてはまた後に触れるとして、「易行」のことで話を続けることにしましょう。

出発点においては皆平等であり、素質、あるいは個性を問題にしない、ただ、それが芸として鑑賞されるものになるためには、ある「型」にはめられて表現されねばならない、このような考えの基礎に、先に述べた華厳の、すべてのものに自性がないが、そのような存在は個々のものとして自己分節化されるという「性起」の考えがある、と私は考えます。そのような「型」を身につけるためには「苦行」が必要と考える点については、ここでは不問にしておきます。そして、これを超える「ゆらめき」のところにおいて、はじめて、その人物の独自性が生まれてきますが、このことは極めて困難なので、ほとんどの人は「易行」にのみ専念することになります。

ロジャーズの考えは、私が心理療法をはじめた頃、「非指示的《ノンディレクティブ》カウンセリング」として提示されたので、これは日本人の心性にぴったりと合うものとして受けとめられました。「非指示」という「型」さえ身につければ誰でもがよいカウンセラーになれる。そこで非指示的という「型」を身につけさせるために、指導者が厳しい指示を与える、というような涙ぐましい努力が続けられたのです。

ロジャーズの考えはその後発展してゆき、日本人もそれに従いました。彼の主張する心理療法における基本的態度は、先に引用したユングの言葉に示されているところと、あまり変るところがない、と私は思っています。ユングはそのようなことを行うためには、教育分析が必要であること、また先に示したように心理療法の場面によっては、治療者の役割も異なってくることなどを指摘していますが、それはロジャーズにはありません。したがって、日本では、ロジャーズの考えの発展に従いつつも、「易行」としてそれを受けとめる点で変りはありませんでした。アメリカにおいては、「近代の自我」をもった人が、ロジャーズの考えを実行しようとしているのに対し、日本では「易行」としての「型」を身につけるために、自我を否定する方向へと努力を重ねていました。このことによっても、ある程度の成果をあげることができたが、うまくゆかぬことがあったのも当然であります。

当時、私もこのような日本人の傾向に従いながら、どうもおかしいと感じていました。おそらく、日本人にしては私は西洋的な自我に魅力を感じていたからでしょう。このようにしていたのでは、クライアントはよくなるかもしれないが「私が死んでしまう」というのが実感でした。自分自身が頼りとし得る考えや理論をもち、なぜよくなっていったのかがよく理解できるようにならなくては駄目だと思ったのです。そのためにはアメリカで学ぶことが必要であると思い、留学しましたが、それがユング心理学を学ぶ道につながっていったことはすでに述べたとおりであります。

2 関係のレベル

ユング研究所に留学し、私が強いインパクトを受けたのは、むしろ西洋の「意識」でありました。そして、西洋的な強い自我をつくりあげることをしつつ——それは決して西洋人と同じものになったとは思いませんが——、他方では、ユングの言う自己(Self)の重視ということを通じて、自我を第一義とはしないことも認識する、という仕事に力をつくしました。

帰国後すぐに心理療法をはじめました。日本でユング派の人間は文字どおり唯一人でしたが、心理療法そのものも、またユング派の心理療法を日本にひろめることも順調にできたと思います。最初に、日本において心理療法を行なってゆく上で、まず痛感させられたのは、母元型の強さ、ということでありました。日本におけるあらゆる人間関係の背後に、母元型の力がはたらいており、それは治療者とクライアントの間においても、例外ではありませんでした。

日本における母元型の優位は、仏教との関連で言えば、日本で浄土真宗という新しい仏教の派を興し、今も多くの信者を持つ、親鸞(一一七三—一二六二)の有名な夢の体験(4)に、それは端的に示されています。仏教においては僧が女性と関係をもつのを禁じる戒が厳しく設定されています。しかし、日本ではその戒が容易に破られ、当時の書物には「隠すは上人、せぬは仏」という言葉があるが「今の世には、かくす上人猶すくなく、せぬ仏いよいよ希なりけり」と書かれているほどの状態でありました。親鸞はそのような状況のなかで、ただ一人、戒は守るべきだとは思うものの、女性に対する自分の欲求をおさえることも出来ず、強い葛藤に悩んでいました。かれは三十歳の頃、この葛藤の解決のための夢告を得ようとして、百日の参籠をし、九十五日目に次のような夢を見ました。

お堂に祀られている救世観音大菩薩が夢にあらわれ、

行者宿報にて設《たと》ひ女犯すとも
我れ玉女の身と成りて犯せられむ
一生の間、能く荘厳して
臨終に引導して極楽に生ぜしむ

と言い、このことを「一切群生に説き聞かすべし」と告命された。

この夢は、性の問題に悩む親鸞に対して、救世観音が、自分自身が女性となり犯される側になって、臨終の際には極楽に導いてやろう、と言われたのだから、大変な母性原理の強調であります。一般に、日本のクライアントはどこかでこのような救世観音の姿を治療者に投影してくる、と言ってもいい。そして、治療者の方も意識的、無意識的に救世観音の役割を演じようとするのです。

ここでは肯定的に描かれている母性も、もちろん否定的な面をもっています。日本人が欧米の文化の影響を受け、自我の自立を意図しようとすると、にわかに母性の否定的な面が意識されるようになり、母元型の否定的な面を示すイメージを、クライアントの夢に見出すことも多くありました。そのような例を第I章に述べました。

このようにして、日本人の人間関係のあらゆるところに母元型のはたらきを見出し、それを個人的なレベルと、元型的なレベルとに分けて考えることによって、クライアントの多くの問題も明らかになるし、治療者とクライアントの関係の理解にも大いに役立つことがわかりました。しかし、ここで大きい問題となることは、日本人の自我の在り方の特徴のために、心の現象を「対象化」して言語化することの困難さが生じることです。この点については、後に、言語のことを論じる際に述べますが、ここでは言語化以前の関係の在り方に焦点を当てて論じてみます。

治療者がクライアントとの関係を明確な言語で表現することは、それを対象化したことになり、それは関係が「切断」されたものとクライアントに受けとられることが、往々にして生じます。欧米の、自立した自我と自我との関係では、そもそも「関係」と呼べるのか疑わしいほどの、底の方での一体感を基礎とする関係なので、意識化ということが非常に困難になってきます。クライアントが元型的な母に取りこまれていることを言語化する以前に、治療者は知らず知らずのうちに元型的な母を生きることになってしまう。それを拒否すると治療関係も切れてしまう、ということになるのです。

日本で分析をはじめ、最初の頃はよかったのですが、だんだんと困難なクライアントに会っているうちに、私もだんだんと前記のような状態に陥っていたと思います。そして、その本質が明らかにならないまま、苦しい努力を続けていました。ユングの言うように、「まさに一個の協同者として、個性発展の過程のなかに、患者と共に深く関与してゆく」(5) ことによって、クライアントのなかに生じてくる個性化の過程に従うはずのところ、それはあまりにも破壊的であったり、耐え難い重圧として感じられたり、と言ってそれを回避するときはクライアントの自殺が容易に推察される、というような状況になりました。このまま続けていると、私が疲労のために死ぬのではないか、と本気に思ったこともあります。そして、このような状況で生きている私を支えてくれた周囲の人たちも、実に大変だったことと思います。

そのうちに、クライアントが必要としている関係のレベルと、治療者の私が努力している関係のレベルが異なっている、ということに気がつきはじめました。クライアントのなかで動いている元型的なレベルのはたらきに対して、私はどうしても表層のレベルで応えようとしている。たとえば、私が私の表層の部分で救世観音になろうとしても、それは不可能であり、それを意図してもクライアントを満足させることができないのは当然であります。表層のレベルでの私の努力にクライアントが感謝するとしても、クライアントはそこに感じる不満を、自分自身でも明確にできないままに言語化するならば「死にたい」とでも言うより仕方がないし、一般に行動化(acting out)と呼ばれているような行動をとらざるを得なくなります。そうなると、私の表層での努力にますます拍車がかかったり、あるいは、もう駄目と思って断念したり、ということが生じてきます。

このようなことがわかってくると、私はむしろ、私自身の意識のレベルを必要に応じて深くすることを心がけるようにしはじめました。このようなことを心がけるのに、第Ⅲ章で述べた仏教の考えが大いに役立ちました。華厳の説く縁起の教えが、治療者とクライアントの関係に深い示唆を与えてくれたのです。私が一人の人にお会いするとき、そこには茫々とした世界がひろがり、そこに展開する関係と共に私は浮遊しているようなことになってきました。その関係は日常的な人間関係と異なり、極めて非個人的(impersonal)なものになります。そのような関係を維持することが可能になってきますと、と言っても理想的な状態にはほど遠いので、自殺したいという人や行動化をする人は今でもありますが、その数は非常に少なくなりましたし、何よりも私の疲労感が減少してきました。そのために、一般に困難なケースと呼ばれる人にも、割に多くお会いできるようになりました。ですから今考えますと、以前は大変な努力をして、その努力があまり実を結ばなかったことがよく理解できるのです。

非個人的関係の重要性を強調すると、これを以前から言われている心理療法家の中立性と誤解されると困りますので、もう少しこの点についてつけ加えておきたいと思います。前述したような態度が身についてくるにつれ、私は治療の場面で、以前より喜怒哀楽の感情を表わすことが増えていることに気がつきました。おそらくこれは、これまでは相手を受容するとか、あるいはクライアントの深い心的内容を自分の浅い意識のレベルで受けとめようとするために、自分の個人的感情が抑圧されていたのが、非個人的関係のレベルまで拡がってきて、かえって個人的な感情も自由になってきたのかと思います。つまり、必要に応じて、関係のレベルが移動すると言っていいのでしょう。

私はもともと怒りの感情を表現するのに抵抗がありましたが、最近ではクライアントに対しても、まっすぐに怒りの感情を表現できるようになったと思っています。それに、感情というものは他に表現する上において、自我が関与していることは明らかではありますが、その根は非個人的なものと感じられるものがあり、それらを表現することは、人間関係を深める上で意味がある、と私は思っています。ともかく、心理療法の場面でおさえこんだ感情を歪んだ形で家族や知人に分配することは少なくなりましたし、疲労が後に残らなくなりました。

3　大乗起信論

前述のような治療関係をもつようになり、私の仕事は以前より随分としやすくなりましたが、自分でそれを行いながら、そこに多くの矛盾をかかえていることに気づきました。それは、あるいは意識の分裂と呼んでもいい状態と言えるでしょう。私は仏教の教えによって得るところがあったと述べましたが、悟りを体験したわけでもなく、「存在」のもっとも深いレベルへと意識が到達したという体験をしたわけでもありません。心理療法の場面で、個人的、非個人的レベルの間を私の意識は同時的に体験したりあちこちにさまよっているようなのが実態であります。それは言語化することはほとんど不可能ではないかと思いますが、あえて言語化するならば、たとえば死に急ぐ人に対して、私の意識は「絶対に駄目」、「その気持はわかる」、「それではお先にどうぞ」などというのを同時に経験しているのです。そして、それらは「統合」することなどは不可能であります。しかし、そのような矛盾をできる限りかかえて待つ姿勢を保つことが、解決が生まれてくるのにはもっとも有効であると経験的に知るようになりました。

　このような自分の心理療法の実際を証明してくれるものとして、仏教の『大乗起信論』[6]が役立つことを最近になって知りました。それは、華厳の際にも引用した、井筒俊彦先生の『意識の形而上学――「大乗起信論」の哲学』[7]によって知ることを得たものです。残念ながらこれは先生の遺著として出版されたものです。以後、井筒先生の考えに従って『大乗起信論』(以下『起信論』と略称)の説くところを述べることにします。この書物は、いつどこで誰が書いたかも不明のものですが、「六世紀以後の仏教思想史の流れを大きく動かしつつ今日に至った」ものであります。

　『起信論』の特徴は、(1)思想の空間的構造化、(2)思惟が至るところでは双面的・背反的に展開すること、であります。(1)は「心《しん》」とか意識などを扱いながら、それを空間的・領域的に構想してゆくこと。これはまさにフロイトやユングなど深層心理学が行なっていることであります。したがって、注目すべきなのは、(2)になります。そして私が『起信論』に心を惹かれたのもこのためであります。(2)は『起信論』の議論において、矛盾を解決して統合に向かう方向をとらず、できるだけ矛盾をかかえこみながら、「双面的、背反的、二岐分離的」に論を展開してゆくので、論理が直線的に進行せず、微妙な蛇行性を示すことです。これは「もし我々が一方向的な直線に引き伸ばして読むとすれば、『起信論』の思想は自己矛盾だらけの思想、ということにもなりかねないだろう」ということになります。

『起信論』の思想をごく要約して示すために、まずそこでは存在論と意識論が密接不離にからみ合っていることを結論しておきたいと思います。まず、存在論から説き起こしますが、それはとりも直さず意識論になっているので、そのからみ合いにも言及しつつ論をすすめることにします。

『起信論』で大切な言葉は「真如《しんにょ》」です。これは「第一義的には、無限宇宙に充溢する存在エネルギー、存在発現力、の無分割・不可分の全一体であって、本質的には絶対の「無」であり「空」(非顕現)である」。しかし、それは同時に「有的・現象的自己顕現」であると考えます。それは二重構造をなしていて、無分別の全一体としての真如はあらゆる言語を超越しているので「離言真如」と呼ばれ、それが無限の意味分節を許容し、したがって言語化されうる真如は「依言真如」と呼ばれます。この両方を全体として見てこそ真如なのだということを忘れてはなりません。

ここに存在論の用語として述べた「真如」は、『起信論』においては、「心」のこととして用いられます。つまり、「離言真如」は意識の絶対無分節であり非顕現態ということになります。これは「無」の意識とも言えますが、これを消極的否定的にのみ理解するのは誤りです。「現象的「有」意識への限りなき可能態としての「無」意識、すなわち、「有」の分節に向う内的衝迫の緊張に満ちた意識の「無」分節態なので」あります。これに対して「依言真如」は、現象界の分節的次元にはたらきつつある意識で、これがわれわれが通常に言っている意識

（とある部分のいわゆる無意識の）領域である、と言えます。ここで「ある部分の、いわゆる無意識」などというあいまいな表現をしたのは、深層心理学では自我の方を発想の起点においているので、どうしてもその領域外を全体として無意識と呼んでしまいますが、すでに述べたように、それらを水準の異なる「意識」として捉えるのが仏教的な考え方なので、どうしても両者を完全に平行的に論じ難いのです。ここにあげている『起信論』による「心の構造」のなかに、自我を定位することがないのを見ても、それが了解されるでしょう。

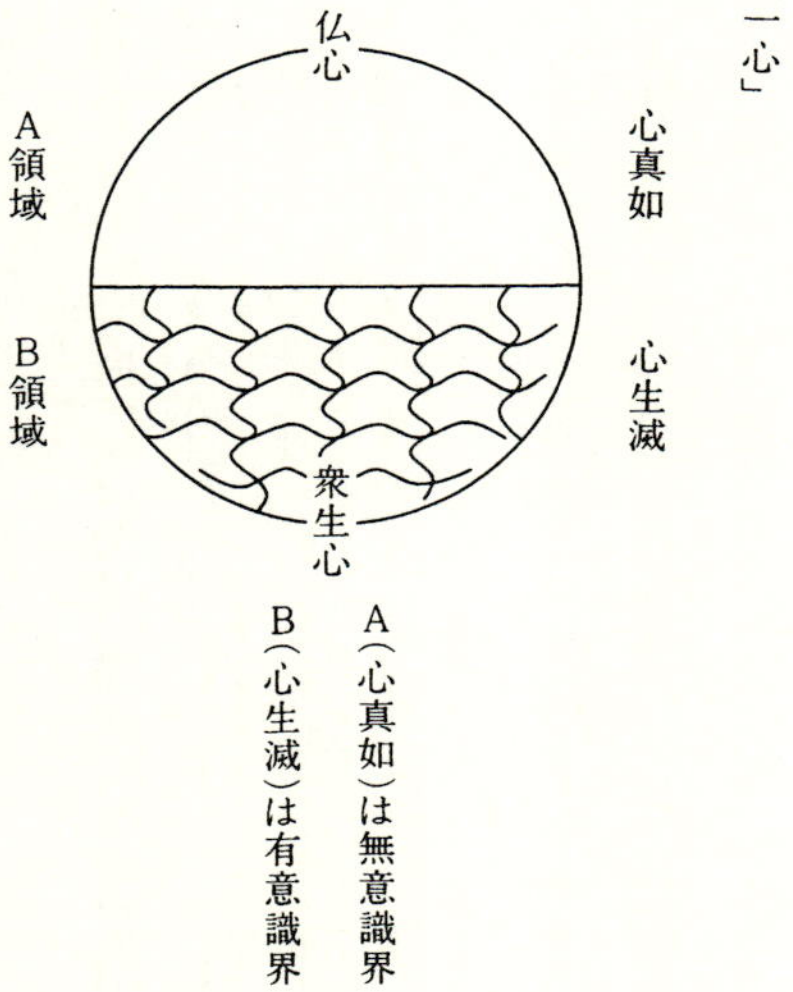

図 28　心の構造（井筒俊彦による）

図28に従って説明します。ここでA、B領域として分けてあるのは、これがもし存在論の図であっても同様で、それぞれ言語化不能の無分節態、および、無数の有意味的存在原理からなる分節態を示すことになります。それが、ここではそのまま「心」のこととして用いられますが、A領域は「心真如」と名づけられすでに説明したような、「無」の意識界であり、B領域は分節された現象界の意識であり、「心生滅《しんしょうめつ》」と名づけられます。この「心真如」は宗教的意味合いをもつと「仏心」とも呼ばれます。

B領域は西洋の考えによる自我＝意識とは異なるので、特に説明を要すると思います。ここで意識と呼んでいるのは、個人の意識ではなく、意識の超個的性格の方に注目しています。ここで井筒先生は、ユングの考えを参考にして、彼の言う普遍的無意識という意識を考え合わせるといいと述べています。つまり、ユングの言う普遍的無意識も、自我の方から出発していったのでそのような呼称をもつわけですが、むしろ、逆に一切無分節の心真如の方から出発してゆくと、そこは意識(と言っても極めて深い水準にある)と言ってよく、それは超個的で全人類にまで広げられると考えられるのは、ユングの説くとおりです。このような超個的、全一的な意識フィールドを『起信論』では、「衆生心《しゆじようしん》」と呼びます。

衆生心という術語も双面性をもっています。それは、あらゆる存在するものを包摂するほどの覚知の全一的な拡がりとして、ユングの言う普遍的無意識をすべて含むほどの意識であると共に、普通のわれわれの日常の意識でもあります。つまり、それは常に動揺している経験的意識なのですが、超個的・宇宙的な覚知と深いところで融合しているのです。『起信論』には「この心(衆生心)は、則ち一切の世間法と出世間法を攝す」と述べられています。「世間法」は日常的な事象であり、「出世間法」は超経験的・形而上的世界であります。

この衆生心の言わば矛盾した性格は、この現象的世界(西洋で「現実」と呼ばれている)をどう見るかということに関連してきます。つまり、この現象界は、心真如の世界を大切に考える限り「妄念」の世界にすぎないのです。下手をすると現代人はこの妄念の世界に取りつかれ、一生の間無益な努力を続けるということになります。このように言われてもすぐには納得し難いのですが、やはりそうなのかと思うと、実はこの現象界は真如の顕われであり、いかに変転極まりない様相を呈するとしても、本来の仏心は何ら損なわれることなくそこに存在していると『起信論』は告げるのです。つまり、衆生心は矛盾的に仏心と合一すると考えられます。

『起信論』を読んでいると、右を向かされたり左を向かされたり、いったいどちらの方向が正しいのか、と言いたくなってきますが、そのようなところが私の臨床経験と一致するのです。仏教の教えを説く人は、仏心の素晴らしさを強調するあまり、それと対立するものとして現象界の妄念を攻撃しすぎるように私は思います。単純に言えば、「自我を無くする」努力を重ねることによって「真如」の存在を知ることができる、と主張しているように聞こえます。これはユング派分析家で仏教の僧でもある目幸黙僊氏も主張しているように[8]、仏教の誤解によるものなのでしょう。ともかく、私は『起信論』によって、意識の表層にも深層にも同時にかかわり、外的現実のこまごまとしたことをすべて大切にしつつ、同時にそれら一切にあまり価値をおかないような、矛盾をかかえこんだ、私の心理療法の態度を、支えられたように感じたのです。

4 アラヤ識

今まで述べてきたことからわかるように、心真如(図のA領域)と心生滅(図のB領域)との関係は微妙であり、両者の関係は図のように明確に区別できるものでないことは、あきらかであります。BはAの自己分節態であるわけなので、Aは本来的な現象志向性によってBへと転位し、またBは逆に本源であるAに還起しようとします。このようなAとBの相互転換の場を『起信論』は「アラヤ識」と呼びます。この「アラヤ識」という用語は仏教の唯識論においても重要なものでありますが、それとは異なる意味をもって『起信論』においては論じられますので、その点ご注意願います。

アラヤ識は現象以前の「心真如」(A領域)と現象的「心生滅」(B領域)との両域にまたがる柔軟な複合体で、『起信論』ではそれを「不生滅と生滅と和合して、一に非ず異にあらず」と述べています。アラヤ識はこのように双面的であります。アラヤ識はそのはたらきがA方向に向かうときと、B方向に向かうときがあり、前者の場合を「覚」、後者を「不覚」と言います。『起信論』の考えに従うと、アラヤ識がA方向のことを忘れ、あるいは気づかず、ひたすらこの世の現象にかかわってゆくとき、それは「不覚」としか言いようのないことになります。そこには、「不覚」の方向にはまり込んでゆく過程も詳しく記述されていますが、それを読みながら私は思わず笑ってしまいました。と言うのは、その「不覚」の過程が西洋で言う、「自我形成」の過程と相当に似通っている、と思ったからです。東西で評価が逆転しているとさえ言えます。

それともうひとつ気づいたことは、ここにいたって『起信論』のなかに、個人ということがかかわってくる、ということでした。アラヤ識のはたらきはA、Bの両方にかかわるもので、それをどのように「和合」させるかというところで、人間の個別的な在り方がかかわってくると思ったのです。西洋の深層心理学が、まず個人の自我ということを立て、そこから論を発展させ、ユングの場合は普遍的無意識という層にまで至るのですが、『起信論』の場合は、超個的で無分節の世界を先に立て、ここまできてやっと「個」ということが、――それも潜在的に――語られるのです。しかし、このように考えてみると、東洋と西洋の思惟が一見したところほどは異なっていないと言えるでしょう。

『起信論』によれば、アラヤ識はA方向に向かってはたらくことが「覚」にいたる道であります。しかし、それだけでは「覚」は完成するのではなく、ひたすらA方向に進みその極限に達した上でひるがえってB方向に進み、ABの両方向を無差別に全一的に見る境地に達することが「覚」であるとされます。「と言うよりも、むしろ、Aの道の究極に達することが、同時にそのままBへの道を極め、Bの真相を覚知することになるのでなければならない。そのような意識状態が実存的に現成したとき、それを「覚」という」となります。とは言うものの、このように「Aの道の究極に達すること」などわれわれ普通の人間には出来そうもなく、「不覚」の世界をさまようことになります。

以上のような『起信論』の双面的な論述を私は好きですが、結論のあたりを私は私なりに変化させて受けとめています。なぜそのようなことを勝手にするのかという問いに対しては、私は心理療法家であって宗教家ではないと言いたいと思います。それに仏教の考えのなかで、たとえばアラヤ識がA方向とB方向とを和合させることが重要なことと考えているときに、B方向の先端に西洋近代の自我というような王国ができることは予想していなかったでしょう。私はもちろん西洋に生まれた自我を唯一もっとも大切とは思わないにしても、その価値と強さを認めないものではありません。それに、東洋の国日本でも、西洋の自我の生み出した恩恵を多く受けています。このことは忘れてはならないと思います。A方向に向かってひたすら修行し、究極点に達した後にひるがえってB方向に向かうとき、冗談めかして申し訳ありませんが、「無我」の修行をしすぎたために「自我」に対する免疫がなく、悟りを啓いたはずだのに現代の豊富な物に溺れてしまうようなことはしたくないと思うのです。

そこで私の考えたことは、凡人として、たといB方向に向かっての努力をしているとしても、それが「不覚」であることを「自覚」し、A方向への裏付けが必要であることを忘れない。もっと積極的に言えば、Aを窮めてBにかえる人にとって、ABの和合が可能であるなら、究極点に達したことがないにしても、B方向への歩みが本人の自覚次第でA方向の歩みであると考えることが可能ではないか、と思っています。あるいは、B方向に向かっての努力もするが、そのこと自体に第一義的価値をおかない、とも言えるでしょう。

「牛にひかれて善光寺参り」の話をした女性の例を皆さん覚えて下さっているでしょう。あの方は嫁のことを問題にして来談されましたが、だんだんと宗教的な世界に関心をもたれ、宗教書を読んだり、高名な宗教家の話を聴きにいったりされます。そこで多くを学ぶことが出来ましたが、今ひとつ完全にピッタリと感じられない、そんなときに次のような夢を見られました。

夢　近所に徳の高い僧が来られ講話をされる。それを知って私は大急ぎで講演会場に行ったが、すでに講話は終わっていた。私は非常にがっかりして帰ろうとすると、その高僧が現われ、あなたには特別に大切なことを教えてあげますと言う。大喜びでいると、一枚の雑巾を手渡され、あっけにとられているうちに目が覚める。

これは、この女性にとって不可解というより、ほとんどノンセンスな夢と思われましたが、話し合っているうちに、「有難い話を聴くよりも、雑巾がけをすることが私にとっては大切である」と気づかれます。使用人もいてそんなことをする必要がなかったのですが、この方はそれ以後、家の廊下の雑巾がけをするようになられます。私はこの仕事はB方向でもありA方向でもあるように思われました。それと感心したことは、夢のなかの高僧が多くの人に通じる講話としてではなく、この人に個別的に意味あることとして雑巾を渡したことであり、それを受けて本人も「私にとっては大切なこと」と感じ実行されたことです。私はこの例によって、たといA領域の究極に達しなくとも、ＡＢ両方向に向かうことは可能であることを教えられたと思いました。しかし、これによってその日から雑巾がけによる修行を他の人にすすめたわけでもありませんし、私もしているわけではありません。ＡＢ和合の道は極めて個別的だと思います。

5 訴え

禅について、私は参禅の経験もありませんし、それに関する書物もそんなに読んだわけでもありません。しかし、幸いにも参禅の経験をもった知人（それらの人の何人かの名前はこれまでの話に出てきましたが）から、禅について話を聞かせてもらうことはあります。それは直接の話であり、私も無遠慮な質問をして答えていただくので、それによって学ぶところが大であったと思います。そのような話を聞いていますと、心理療法家として私のしていることが、あんがい禅と似ているところがあると感じます。

禅には曹洞宗と臨済宗があります。どちらも坐禅を重視するのは当然ですが、前者はひたすら坐禅をし続けるのに対し、後者は「公案」を老師によって与えられて坐禅をする、という差があります。私は心理療法でクライアントと向き合っているとき、曹洞宗の僧が強調する「只管打坐」という言葉を想起するときがあります。「治療」とか「解決」ということにとらわれず、ただ坐っている。そのように感じるときがあります。これはそうなっているときがある、というのであって、それを目標にしているのではありません。クライアントの状況によっては、まったく日常的なことにかかわって話し合っています。ただ、時と場合によって、「只管打坐」に近い状況が起こるし、それはそれで必要なことと思います。

「公案」という点で言えば、私はクライアントの訴えを禅の「公案」によく似ているなと感じることがよくあります。禅の「公案」の有名なのに「両手を打ち合わせると音がするが、片手の音はどんな音か」というのがあります。素人判断で考えても、これは合理的思考によって答が出ないことは明らかです。つまり、これは表層の意識による思考に頼らず、より深層の意識へと全人的にかかわってゆくための一つの契機として「公案」が与えられていると考えられます。

クライアントの訴える症状を例として考えましょう。クライアントにとって、それは合理的思考によって解決が得られないものです。それに対して、心理療法家がクライアントに自由連想を求めたり、夢に注目することをすすめたりするのは、意識の表層による解答を放棄すること、答を深層に求めている、という点で、「公案」と症状の類似性が感じられます。

しかし、軽いケース、ヒステリーなどの場合、クライアントの無意識内に存在する葛藤やコンプレックスなどが意識化されて、治癒に至ります。そのとき禅の「公案」やすでに述べてきた仏教的な考えに従うと、そのクライアントはせっかく「公案」(つまり症状)を与えられたのに、心の深くへ進んでゆくのを放棄して途中で引き返してきたことになるのでしょうか。そして、治療者はそれを援助したことになるのでしょうか。つまり、心理療法家は、クライアントのまたとない悟りの体験を奪うことに力をつくしたことになるのでしょうか。

私はこのような考え方も好きです。つまり、クライアントが症状に悩むとき、それを解消することも意味があるし、解消せずにいるのも意味があると思っています。そして、おそらくそのどちらを選ぶかは、クライアントの個性化の過程に従うということになると思います。私は心理療法の場面においては、極めて慎重にならざるを得ません。クライアントの最初の意識的な訴えは、症状を早くなくしたいということだし、そのことも決して忘れてはなりませんが、私の相手をしているのは、クライアントの全存在であり、それがどのように進んでゆくかは、よほど慎重に、そして、私の態度を柔軟にしていないとわからないと思います。自分の意識を表層から深層まで、できる限り可動の状態にしていることによって、クライアントと共に自分の行く方向が見えてくるのです。

私はいわゆるボーダーラインの人たちは、通常の人よりも、A領域に向かう傾向を強くもつ人ではないかと思います。したがって、ボーダーラインの人の治療において、B領域においての仕事がすすむ、たとえば、日常生活が規則正しくなったとか、パートタイムの仕事ができるようになったとか、のときに、治療者が喜ぶと、それは治療者が、人間にとって重要なA領域の仕事を無視したり、拒絶したりしようとしていると受け取られ、治療者にとっては思いがけない怒りがクライアントによって表明されたり、いわゆる行動化が生じたりします。私はこんなときに、禅の公案に対してさんざん努力して答を見出したつもりでいるとき、老師に「喝」と痛棒を喰らわされるのに、よく似ているなと思います。もっとも、われわれの老師、つまりクライアント自身は答を知らずにいるという点で、禅の老師とは異なると言えます。しかし、前もって正しい答を知らなくとも、われわれのすることが適切か適切でないかを確実に判断できることは事実であります。私は参禅の経験をもちませんが、このような優秀な「老師」たちには、相当に鍛えられてきたと思っています。有難いことです。

このようにして鍛えられてきたので、私は今はクライアントの症状がなくなったり、問題が解消したりしたとき、やはり喜びますが、根本的には、解消するもよく、解消せぬもよし、という態度を崩さずにおれるようになりました。それにひとつの「公案」が解けたにしても、つぎの「公案」がありますし、実のところ自分の周囲に無数にあるとさえ言うことができます。しかし、A領域とB領域の微妙な結びつきということに考え及びますと、A領域にのみとらわれて、日常生活で何もできなくなる、という状態もあまり感心したものではないと思います。

日本の青年たちを襲った極端な無気力状態の多くは、A領域に向かう心を「公案」としてもらっていながら、それにまったく気づかず、ともかくあらゆるB領域のことがらを無価値なこととして感じてしまうので無為になる状態である、と私は考えました。そのような無気力な青年に、仕事をすることの意味や、社会に活躍することの価値を説くよりも、その人に与えられた「公案」がどのようなものかを探しだすことに、共に努力するという態度で会ってきました。もっとも「公案」が見つかってもその後長期間を要しますが、私のとった態度は適切だったのではないか、と思っています。

6　解釈と言語

心理療法においては言語が非常に重要な役割をもっています。ほとんどの心理療法は言語を用いてなされる、と言っていいでしょう。ユング派の心理療法においては、夢、絵画、箱庭、粘土などのイメージを大切にします。しかし、夢は言語によって報告されますし、イメージの解釈は言語によってなされます。これに比して、仏教では根本的に言語に対する不信感をもつ傾向がある、と感じられます。何度も繰り返し述べてきましたように、存在の究極は「言語以前」と考えられています。離言真如などという用語が、それを示しています。自ら禅体験をもつ宗教学者、上田閑照は「禅と言葉」という論文の冒頭に、「禅は言語を極端に嫌うように見える[9]」と述べています。「不立文字《ふりゅうもんじ》」は禅のモットーであります。

ところで、上田閑照は前記の文のすぐ後に「他面しかし禅はほとんど無数の言葉を生み出している」とつけ加えています。確かに本屋に行けば禅に関する書物が数多く並んでいて、どうしてこれが「不立文字」なのかと思われます。おそらくこれは、禅の悟りそのものは言語化不能であり、ただそれについて説明するとなると、百万言を費しても未だ足りない、ということになるのでしょう。このように書物は多くあるとしても、根源的体験をもたずに多言を費しても無意味である、という考えがその基本にあると思います。

他方、西洋に生まれた心理療法においては、言語が重視されます。たとえば、夢でライオンに追いかけられ、必死になって逃げ切ったという「体験」をしたとしても、その意味を解釈して言語で表現することが必要と考えられます。ところで、ここに言う「意味」とはどういうことでしょうか。それは夢を見た本人の意識体系のなかに、夢の内容がうまく関連づけられるということでしょう。それができないときは、こんな夢はまったく意味がないということになります。このとき、こんな夢を見たのは寝る前に主人公がライオンに追いかけられるＴＶ映画を見たからだ、というのも一種の意味づけでありますし、ライオンは父親を表わしていて、自分は父親が恐ろしくて逃げてばかりいたのだとか、ともかくライオンに喰われなくてよかったとか、せっかくライオンが出てきたのだから、逃げてばかりいずに、ライオンに向かってゆけばよかったとか、いろいろな意味づけが可能でありましょう。そして、そのうちのどれが正しいかということが問題なのではなく、そのような「解釈」によって、何を見出し、自分の生きる方向づけとして何を得たかが大切になると思われます。

ここで、第4節に述べた『起信論』のアラヤ識のはたらきのことを思い起こしますと、夢は言語的に記述し得るものとしてすでに分節化され、心生滅の方に向かっているわけですが、それをその方向において意味づけるのではなく、心真如の方に向かって意味づけるとすると、その夢が夢として分節する以前の「！」として表現するより仕方のないような心のはたらきがあると思われます。心真如における「！」体験がライオンの夢として分節化し顕在化されていると考えると、その「解釈」は言葉を失うことになります。

ユングもこのようなことを相当に認識していたのだと思われます。彼が象徴と記号を区別し、象徴は簡単に既知の内容に置きかえられない内容であること、それが一番適切な表現でそれ以外のものに代えられないことを強調している点に彼の解釈に対する考えが示されていると思います。このことを忘れて、夢の内容をおきまりの理論や、既知の考えと関連づけて解釈することを、彼は嫌ったのです。彼の警句、分析家は「何をしてもいいが、夢を理解しようとだけはしてはならない[10]」という言葉が、そのことをよく示しています。

このユングの警句に基づいて言うと、夢の解釈には、夢を理解する方向と、理解しない方向とがあり、ユングは後者の方が大切だと言っていることになります。これを仏教のアラヤ識の機能に基づいて言うと、それが心生滅のはたらきをするときが、夢を理解する方向であり、心真如のはたらきをするときが、夢を理解しない方向である、と言えるのではないでしょうか。

もちろん、われわれはユングがこの言葉を彼特有の逆説的表現として言っていることを知っていますし、すでに繰り返し申しあげていますように、西洋の自我も大事、東洋の真如も大事という態度をとるならば、夢を理解することも理解しないことも共に大事にしなければならないと思います。あるいは、夢を理解することに全力をつくしながらも、それが第一義的なことではないことを認識しているべきである、とも言っていいでしょう。ユングが創始した夢内容に関する拡充(amplification)ということは有効な方法であります。夢を考えるときに、そこに用いられる拡充の内容も、夢を理解する方向と理解しない方向と両方あり、その両者が共に大切であることを忘れてはならないと思います。夢を理解しない拡充法によって、われわれはあらたな発見の道へとひらかれることになるのです。

あるクライアントが、「夢というのは、先生の本に書いてあるほどわかるものではありませんね」と嘆息されたことがあります。私は、夢というのはわかるのもわからぬのも共に大切だが、書物にはわかったことしか書けない、わからない方を体験するために、わざわざ分析家に会うことが必要なのだ、と説明しました。それにしても、私は日本人として、夢のわからない方をやや大切にしすぎる傾向がある、と反省しています。西洋の皆さんは夢を理解する努力に傾きすぎてはいないか、と思いますが、いかがでしょうか。私が先ほど、西洋の自我と東洋の真如と言って、ユング派の人なら皆知っている、自我と自己という表現を避けたのも、自己を大切にするにしろ、自我―自己の軸に沿って夢を「理解する」と簡単に思って欲しくなかったからであります。

離言真如がもっとも大切となると、われわれは心理療法の場で沈黙を守るしかない、ということになります。夢の報告を聞いた後、ひたすら黙っていては、おそらく関係が切れてしまうでしょう。そんなこともあって、私も何か話すことになります。しかし、心のなかで時に思い浮かべるのは、華厳経において、大日如来は一言も話さず、彼の周囲にいる菩薩たちが大日如来の意を推しはかって説法をする事実です。つまり、心理療法の場で、私は大日如来を中心におき、その意を推しはかる気持で発言してはどうかと考えるのです。言わば中心に沈黙があり、その沈黙の顕れとして言葉があるのです。

次に言語化することは現象を対象化することになり、クライアントが治療者との「関係」を、底の方での一体感を重視する感じで受けとめているときは、言語化を関係の「切断」と感じることが、日本では起こりやすいという問題があります。このことのためにも、先に述べたような、沈黙を中心におくような言語表現が非常に大切になってきます。ただ、日本語は日本人の考え方を反映して、主客未分化な表現が相当に可能なので、そのような表現法を用いることによって、この問題を解決していると思います。日本語の会話では主語や目的語を明らかにせずに話をすることが多いのです。このことは日本語の具体的な例をあげて説明すると長くなりすぎますので省略します。イメージで表現すると、治療者がクライアントに対面して、言語を差し出す、解釈を与える、というのではなく、二人が同一方向に向かい、大日如来の意向に従おうとして言語を発する、という状態ということができます。

7　かなしみ

人間関係を個人的な水準のみではなく、非個人的な水準にまでひろげて持つようになると、その底に流れている感情は、感情とさえ呼べないものではありますが、「かなしみ」というのが適切と感じられます。もっとも、日本語の古語では「かなし」に「いとしい」という意味があり、そのような感情も混じったものと言うべきでしょう。

このようなことを痛切に感じさせられた箱庭の作品があります(図29)。これは、三十歳代の女性がつくったものです。この作品で極めて印象的なのは、箱庭のなかに箱庭が置かれていることです。そして、なかの小さい箱には、男、女、子ども、家と木、猫などの日常的な光景が見られます。その箱の背後の山は霞に包まれているようですが、山の穴から蛇が顔を出しているのが見られます。山からこぼれ落ちているようなガラス玉などは何かわからなかったのですが、作者は「涙」であると言いました。箱の下は川の流れで、そこを透明な魚が一方向に向かって泳いでいます。この女性は自分でもなぜそんなのを作ったのか、ほとんど説明できないと言いました。

私はこれを見て、これまでお話ししてきた仏教の世界観を想起しました。つまり、この小さい箱の中の世界がわれわれの住んでいる現象世界である。その世界の背後に、蛇や川の流れなどに示されているような、巨大なエネルギーの流れがある、と感じたのです。そして、そのときに特に心を打たれたのが、この「涙」でした。それは誰の涙というのではなく、非個人的な涙とでも呼びたいものです。そこに、深いかなしみの感情が流れているように思うのです。それによって、日常生活が支えられています。この小さい方の箱庭に示されているように、

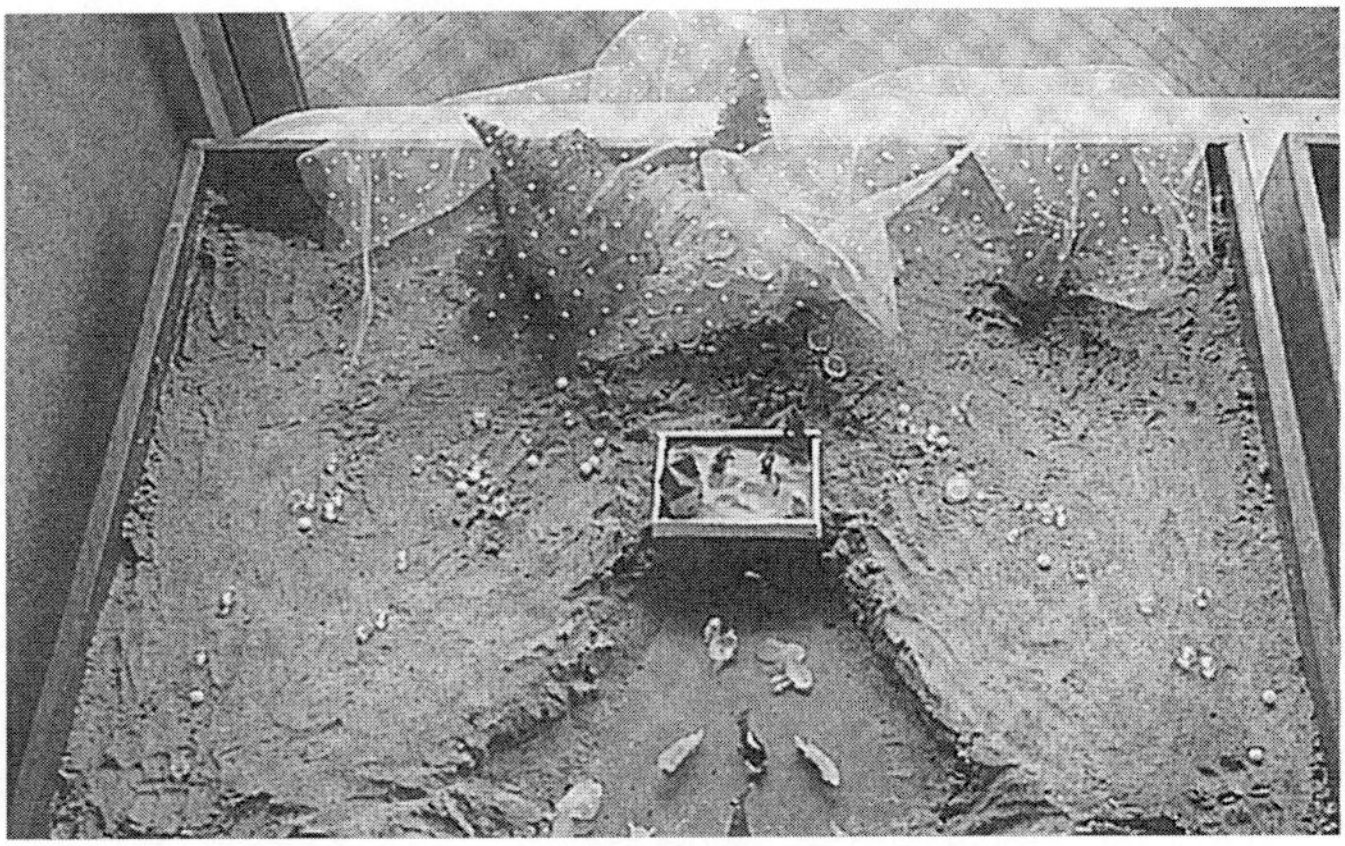

図29

それは楽しい、愉快なものかも知れません。しかし、それは悲しみとも名づけられないような深いかなしみを支えとしていると思われます。

今申しあげたことを、少し違った形で示している、もうひとつの箱庭(図30)をお見せします。これは、私が箱庭療法をはじめて最初の事例で忘れ難いものであります。赤面恐怖のために家の外に出るのが不安で家に閉じこもってばかりいた、二十歳近くの青年男子の作品です。長い治療期間の間に彼もだんだんと元気になり、何とかして大学にも行けるようになりました。それでも時に不安や苦しみが大きくなって、家に引き込んでしまうときがありました。当時の私は、「治す」ために一生懸命に努力していましたので、彼に対して弱気にならずに現実と戦うように励まし続けました。そんなときに、彼がこれを置いたのです。

中央に男の子を砂に埋め、顔だけ出して、そのまわりに火を置きました。男の子は火に顔を焼かれています。そして、そのまわりを恐ろしい怪物が取り囲んでいます。彼の不安や苦しみがそのまま伝わってきて、砂に埋っている少年は泣いているようにも感じられました。怪物が取り囲んでいる背後には、花壇があったり、女性がいたり楽しそうな風景が見られます。しかし、両者はあまりに隔絶していて救いがないように見えました。そのとき、クライアントが二人の人を手前の方に置きました。説明を受けるまでもなく、それが治療者(私)とクライアントを示していることがわかりました。彼は箱庭をつくった後で、自分がどんなに今苦しいかを示そうとして作ったのだが、置いているうちに、自分の一部分はすでに治療者の導きで、相当に楽しい世界に近づきつつある、と説明しました。私は嬉しくて、これからも共に、この楽しい世界にはいってゆけるように努力しよう、と言い、もっぱらそちらの方に自分の注意を向けました。幸いにもこの人はよくなりましたし、私も喜んでこの箱庭(この他に彼は興味深い作品を十回ほど作っています)を研究会で見せたりしました。ところが、説明しているうちにクライアントの言ったのと異なる考えが浮かんできました。

図 30

それは、先の箱庭のことを思いだしていただくと類似性がわかると思いますが、この外側に置かれている楽しい世界は、この苦しさとかなしさに満ちている中心によって支えられているのだ、と思ったのです。そして、中心に一人の人しか置かれていないのは、ここは主客分離以前の世界なので、一人で表わしているのであり、日常のレベルに近づくと分離が行われ、治療者とクライアントの二人の像として表わされていると思いました。当時は、そのような理解ができなかったので、中央は症状に苦しんでいるクライアントであり、それが治療者の助けによって、健康な部分を生み出してきたと思い、治療者の役割をここに示されている人物の方にのみで考えたので、クライアントの苦しみは簡単には減少せず、治療も長びいたと思われます。

治療者の本来の役割は、この中心に位置を占めることではないでしょうか。クライアントと分離し難いほどの深いレベルにおける、苦しみとかなしみのなかに身を置いていると、自然に日常の世界がひらけてきて、そこではもちろん楽しく愉快な経験も沢山できるのです。わたしが「かなしみ」を強調するからと言って、私が毎日を憂うつに涙を流してすごしているのではありません。むしろ、逆に愉快なことが多いといってもいいかも知れません。クライアントにそのような楽しい世界のよさを教えたりするよりも、心理療法を行うとき、私はかなしみの中心に自分を置こうと心がけている、と言えます。その場にずっといると、楽しい世界が自然にひらかれてきます。

8　人間の科学

これまで、随分と古い仏教の話をしてきましたが、最後のところで、今まで述べてきたことは実は「新しい科学」の発展につながるのではないかということを話したいと思います。近代科学は「もの」に対して、機械的なメカニズムをもったものに対して有効でありますが、それは生命あるものを全体として捉えるのには適切ではありません。そこで、われわれとしては、人間を全体として理解するための新しい科学が必要だと考えます。ただし近代科学とは方法論を異にしており、研究者と現象との関係の存在を前提にしています。そしてそのような「関係」の在り方をいろいろと探る間に、近代科学の研究に用いた「意識」とは異なる意識水準によって体験される現象を考慮にいれようとします。このような意識によって、ものごとの関係を見てゆくとき、それは仏教でいう「縁起」の考えが重要になってきます。つまり、因果関係のみではなく、共時的な関係にも注目することになります。そして、そこで獲得する知識は、本人の何らかの体験を必要とする点でも近代科学とは異なっています。近代科学においては、個々人の体験と関係なく「普遍的な知」が与えられるからです。

以上に述べたようなことは、「人間」を全体的に研究しようとする限り必要なことだと私は考えています。これが近代科学と大変異なるにもかかわらず、それを「科学」と私が呼ぼうとするのは、このような現象の説明として「絶対者」とか、「ドグマ」を用いない、という点にあります。あくまで人間の経験を基にしており、このような研究によって何らかの法則を見出したり、理論を構築するとしても、それは絶対的なものではなく、経験的事実に照らしていつでも棄却可能なものとして、それを取り扱おうとします。このような点で、それを「科学」と呼んでいいと思います。しかし、それが近代科学と異なることをよく認識していないと、その成果は魔術と結び付く可能性が高いのです。

現代の物理学を直接に語り得るほどに私の知識は十分ではありませんので、この点について多くを申しあげることはできません。しかし、近代物理学と異なり、現代においては、観察者と現象との関係を抜きにしては研究ができないと考えられていることは、皆さんもご存知のとおりです。私は自分の考えていることを「人間の科学」として提示しましたが、あんがい、人間も物も区別することなく、全体をカバーする新しい科学が生まれ、それは限りなく宗教に接近してゆく、そして、その際に私が述べました華厳などの仏教の考えが役立つのではないか、と予感しています。

次に最近の免疫学の研究の発展について考えたことを述べさせていただきます。免疫学の研究によれば、人体のなかの、神経系、内分泌系、免疫系の各システムは、それぞれが独立して機能しつつ、しかもお互いがうまく調和的にはたらいておりますが、これら三者を統合する中枢は存在しない、とのことであります。三つのシステムがそれぞれそれなりの統合性をもってはたらいていて、しかも、全体としてうまく機能していますが、それはひとつの中心によって統合されてはいないのです。私の友人の有名な免疫学者である多田富雄は、したがって人体というのは「スーパーシステム」であると言っています。[11]

ここからヒントを得て私が今考えていますのは、人間の心もスーパーシステムとして見るべきではないか、ということです。これまで何度も意識のレベルの違いについて述べてきました。そして、論理的には矛盾することも、一人の人間の心のなかでは共存し、むしろ、その共存に価値がある、という考えも示してきました。私は人間の心は、意識の異なるレベルでそれぞれの統合性をもちつつ、全体的には中心をもたずにスーパーシステムとしてうまく機能しているのではないか、と考えようとしています。つまり、心全体としてうまくはたらいているとき、そこに敢て統合の中心を求める必要はない、と考えるのです。

通常の意識の中心をユングは自我と呼びましたが、西洋の近代が自我をもっとも大切と考えていたとき、自己の重要性を指摘したことは、ユングの偉大な功績であります。しかし、ユングが自己に対して極めて逆説的な性格を与えていることを、われわれは忘れていないでしょうか。ユングは自己が「中心」であると言うと共に「全体」であることも強調しています。私はユングが「自己」とは何か具体的に示して欲しいという質問に対して、「すべての皆さん」(all of you) と答えたという逸話が好きであります。[12] それは簡単に「統合」などできないのではないでしょうか。

全体としてうまくいっていることを「統合」と呼ぶのだという人があるかも知れません。しかし、どうしても「統合」というと、中心となるべき原理や法則などが存在する、と考えがちになるのではないでしょうか。人間が考えだすような中心や原理を超えて、ものごとは——人間のことも含めて——うまくはたらいていると私は思うのです。

私はこの講義を私の個人的体験を語ることからはじめ、西洋と東洋の文化の間に立って、私が大いに苦労したことを述べました。そのような苦労の間に私は両者の統合ということを考えたり、気軽にそのようなことを口にしたこともありました。しかし、いろいろと努力を重ねてくるにつれて、その「統合」などは不可能と思い知りましたし、「統合」を性急に図ることは危険でもあると思うようになりました。統合を焦る人は、都合の悪いことを無視しがちであることに気づいたからであります。おそらく「新しい科学」は論理的整合性をもった知識体系をもとうと努力しないのではないか、と思ったりしています。

最後になって、皆様を混乱させたり、あるいは、まったく無意味と思わせるようなことを申しあげたのではないか、と思います。しかし、ここまで矛盾を大切にするのなら、統合は不可能と言い切った後で、統合は可能であるとつけ加えねばならぬわけですので、それほど皆様をおびやかすことなく、ともかく、われわれは今後「人間の科学」の発展のためには、相当に思い切った発想の転換をしなくてはならないし、その努力を続けるべきである、というのを最後のしめくくりの言葉にさせていただきます。

(1) C. G. Jung, "Principles of Practical Psychotherapy," in *The Collected Works of C. G. Jung*, vol. 16, Pantheon Books, 1954.

(2) Ibid.

(3) 熊倉功夫「型の厳密性とゆらぎ」源了圓編『型と日本文化』晶文社、一九九二年。

(4) この親鸞の夢については、河合隼雄『明恵 夢を生きる』京都松柏社、一九八七年に論じている。〔第Ⅰ期著作集第九巻所収〕

(5) 注(1)に同じ。

(6) 宇井伯寿・高崎直道訳注『大乗起信論』岩波書店、一九九四年。

(7) 井筒俊彦『意識の形而上学――「大乗起信論」の哲学』中央公論社、一九九三年。

(8) 日幸黙僊、第Ⅰ章注(1)に同じ。

(9) 上田閑照「禅と言葉」『禅仏教』岩波書店、一九九三年。

(10) C. G. Jung, "Specific Problems of Psychotherapy," in *The Collected Works of C. G. Jung*, vol. 16, Pantheon Books, 1954, p. 148.

(11) 多田富雄『免疫の意味論』青土社、一九九三年。

(12) 筆者がユング研究所に留学中(一九六二―六五)に、フォン・フランツ女史が講義の際に語った話。

エピローグ

C・G・ユングは『心理学と転移』のなかで興味深いエピソードを語っています[1]。

「フロイトが転移に実に大きい重要性を付与していることが、一九〇七年のわれわれの最初の話合いの際にはっきりとした。長時間にわたる会話の後、少しの沈黙があった。まったく思いがけなく突然に、彼は「それで転移についてどう思っていますか」と問いかけた。私は深い確信をもって、それは分析におけるアルファでありオメガであると答えた。それに対して彼は即座に「あなたは大切なことをつかんでいる」と言った。」

それ以後、転移／逆転移は心理療法の領域でもっとも重要な問題のひとつとなってきました。

ここに二人の禅僧の話があります。それは私にとって転移について考えるためのヒントを提供してくれます。二人の僧が旅に出て、川に行きあたります。その川は誰も歩いて渡るほかはありません。そこに美しい女性がきて、川の中にはいるのを嫌がっているように見えます。すぐさま、一人の僧は彼女を抱いてその川を渡りました。向こう岸で彼らは別れ、二人の僧は旅を続けました。しばらく黙って歩き続けましたが、一人の僧が口を開きました。「お前は僧としてあの若い女性を抱いてよかったのかと、俺は考え続けてきた。あの女性が助けを必要としていたのは明らかにしてもだ」。もう一人の僧は答えました。「確かに俺はあの女を抱いて川を渡った。しかし川を渡った後で、彼女をそこに置いてきた。しかし、お前はまだあの女を抱いているのか」と。

この話にはパラドックスがあります。女性に触れてはならぬという戒を守ることに心を使った僧は、女性に対する個人的なエロティックな感情につかまってしまっています。実に自由だったもう一人の僧は、私に風のイメージを想い起こさせます。人や物に触れ、連れ運び、時には打ったりしながら、一カ所に長く留まることのない風の姿です。この僧はただ単に女性を抱きあげ、対岸についたときはそれをおろしています。彼の彼女に対する関係は個人的ではなく、トランスパーソナルなのです。

われわれが転移と逆転移について考えるとき、親子、愛人、兄弟、友人などの関係について考えてみることが役立つときがあります。しかし、われわれがそのような方法でばかり考えていると、転移と逆転移をまったく個人的なレベルで理解し、たましいのレベルを忘れがちになります。たましいのレベルでは、われわれは転移／逆転移を人間と、石、木、川そして風などとの関係をモデルとして考えることができます。そのような観点を導入するなら、心理療法の仕事のレベルはより深くなることでしょう。

ローゼン博士がその序文を日本の有名な作家の俳句ではじめられたので、私はこのエピローグを作者不詳の西洋人の詩でしめくくろうと思います。(2)

一〇〇〇の風

私の墓石の前に立って
涙を流さないでください。
私はそこにはいません。

眠ってなんかいません。
私は一〇〇〇の風になって
吹きぬけています。
私はダイアモンドのように
雪の上で輝いています。
私は陽の光になって
熟した穀物にふりそそいでいます。
秋には
やさしい雨になります。

朝の静けさのなかで
あなたが目ざめるとき
私はすばやい流れとなって
駆けあがり
鳥たちを
空でくるくる舞わせています。
夜は星になり、

私は、そっと光っています。
どうか、その墓石の前で
泣かないでください。
私はそこにはいません。
私は死んでないのです。

（作者不詳）

（1） C. G. Jung, "Psychology of the Transference," in *The Collected Works of C. G. Jung*, vol. 16, Pantheon Books, 1954, p. 172.
（2） 南風椎訳『あとに残された人へ　一〇〇〇の風　ポケット・オラクル 6』三五館、一九九五年。

フェイ・レクチャー紀行
——日本の読者のために

1　フェイ・レクチャーの招待

一九九三年の一月末、私はそれまでまったく面識のなかった、デイヴィッド・ローゼン博士から手紙を貰った。それは、第六回フェイ・レクチャー・シリーズに講義をするつもりはないか、というものであった。私はそれまで、フェイ・レクチャーについてはまったく知らなかった。同封の説明書によると、次のようなことがわかった。

これはイェール大学のテリー・レクチャーにならってつくられたもので、分析心理学（ユングの創始した心理学）に関する学問的な研究成果を分ち合うためのものである。そして、その記録はテキサス州A＆M大学出版局より書物として出版されるとあって、これまでに講義をした四人の講師と演題が示されている。なお、講義は四回だけだが、その他にしなくてはならぬ講演のことなどが、アメリカらしく、事細かに記されている。

これを見て、私は驚いてしまった。テリー・レクチャーと言えば、ユングが一九三七年に「心理学と宗教」の連続講義をしたので有名である。この講演は一般にはここに記した標題で知られているが、この講義はもともと英文で書かれ、「科学と哲学としての宗教についての講義」(Lectures on Religion in the Light of Science and

Philosophy)として行われた。ここに「科学」という語がはいってくるところがユングの宗教に対する特徴をよく示している。私も宗教と科学の問題にこだわり続けてきたので、ユングのテリー・レクチャーは常に念頭にある。ところが、テリー・レクチャーになぞらえたという、フェイ・レクチャーからの招待があったので、「えっ、どうして」というのが私の正直な反応であった。ローゼン博士はユング派の分析家で、医学博士。しかし、私のこれまでの交友関係には、まったくはいっていないし、そもそも、フェイ・レクチャーのことを私は知らなかった。

どうして私を講師に決定したかを訊くことは、結局できなかったが、私のこれまでに出した二冊の英文の著書や、ユング派の人たちのなかでの評判などによったのであろう。現在の日本の若い人たちには理解できないかも知れないが、私のような年輩で、特に文科系の学問をしているものは、外国から講義に招待されたりすると、ついほんとうかなと感じてしまうところがある。もちろん、日本の文化のエクスパートでそれについて講義をするのなら別ではあるが。

私の場合は、臨床心理学、心理療法などが専門なので、この領域は欧米が圧倒的に進んでおり、日本人で今この領域で活躍している指導者は、そのほとんどが欧米に学び、それを持ち帰ってきたものと言っていいと思う。私も例外ではなく、スイスのユング研究所で学び、一九六五(昭和四十)年に帰国した。以後、日本で研究と実践を続けてきたが、当初は、自分が欧米から学ぶことはあっても、教えることなどあり得ないと思っていた。それがこのようになったのは、私の能力というよりも、世界全体、そしてそのなかにおける日本の位置が大きく変ってきたことが大きい、と思っている。

フェイ・レクチャーについて

ここで、話を進めてゆく前に、フェイ・レクチャーとか、その舞台となっているテキサス州A&M大学などについて、少し紹介しておこう。

フェイ・レクチャーは、カロリン・グラント・フェイ夫人が、夫のエルネスト・ベルの死後、一九八八年に財団を設立し、それによって、このレクチャー・シリーズがテキサスのA&M大学の心理学科の分析心理学の講座と協力して行われることになった。欧米の財産家のなかには、このようにして自分の資産を社会的なことに使おうとする人がよくある。カロリン・フェイ夫人もそのような立派な人である。

ここでまた説明が必要である。この企画の重要な地位を占めるローゼン博士は、A&M大学の教授なのであるが、実はこれは非常に珍しい。ユング派の分析家で、大学の正教授というのは極めて稀である。アメリカ全体でも十指を屈しないと思われる。これはユング心理学の性格が、いわゆるアカデミズムに乗りにくく、また、ユング派の分析家になる人が、そのような性格をもった人が多い、ということもあって、このような結果になっている。とすると、テキサスの大学において、なぜユング派の教授がいるのか、ということになるが、この説明のためには、もう一人のお金持の話が必要である。

フランク・マクミリアンというテキサスの石油工業の企業家が、テキサスA&M大学(彼の母校)に寄付をし、フランク・マクミリアン分析心理学講座を一九八五年に開くことにした。マクミリアンはユング心理学に傾倒しており、先に紹介したカロリン・フェイも彼の友人の一人である。テキサスに来て、ユング心理学の愛好者が多いのに驚いたが、その理由のひとつは、テキサスが「真のフロンティア」だからだと言われ、なるほどと思った。

フランク・マクミリアンの「フロンティア・スピリット」が、他に先がけて大学に分析心理学の寄付講座を思いつかせたのである。マクミリアンは一九八八年に死亡した。

このような「フロンティア・スピリット」が集って、フェイ・レクチャー・シリーズの企画が成立し、カロリン・フェイ夫人とデイヴィッド・ローゼン博士を中心として、それが運営されることになった。その第一回は、一九九〇年になされたが、行われた講義の講師とその演題を次に示す。

第一回　ヴェネラ・カスト(スイス)「歓喜・インスピレーション・希望と個性化の過程」(Joy, Inspiration, and Hope, and the Individuation Process)、一九九〇年。

第二回　ジョン・ビビ(アメリカ)「深層における統合性」(Integrity in Depth)、一九九一年。

第三回　アンソニー・スティーヴンス(イギリス)「夢見る人の自然の世界」(The Natural World of the Dreamer)、一九九二年。(これは出版されたときに、タイトルを、"The Two-Million-Year-Old Self" に変更。)

第四回　マリオン・ウッドマン(カナダ)「変革か解決か」(Revolution or Resolution?)、一九九三年。

第五回　ジョアン・コドロウ(アメリカ)「能動的想像法」(Active Imagination)、一九九四年。

これを見ると、ユング派でも著名な分析家で活躍をしている人ばかり。しかし、このあたりで東洋からも一人ということもあったのだろうとも思い、ともかく、せっかく与えられた機会を逃すことはなかろう、とお引受けすることにした。演題や内容については後に話し合うということになった。

私は仏教徒であった!

一九九三年九月にアメリカのニューメキシコ州アルバカーキで、国際箱庭療法学会が開かれ、私はその会の会長をしているので参加した。このときに、ローゼン博士と電話で、フェイ・レクチャーについての打合せをすることになった。

学会に参加する前に、アメリカのロサンゼルスやサンディエゴなどに立寄り、箱庭療法のワークショップを行なった。私が欧米人に教えることなどあるはずがないと思っていたことは、先に述べたが、私も「欧米人に教えられる」と実感した最初が、この箱庭療法である。もういつだったか覚えていないが、この箱庭療法の創始者、ドラ・カルフさんのお宅に関心のある者が世界中から集って研究会をしていた。一九八五年頃か、まだ学会も設立されていなかった。そのとき、私もいろいろ発言していたが、会が終ると、アメリカの分析家が二人来て、自分たちの治療している事例について指導を受けたい、と言って来た(われわれは、これをスーパーバイズと言っている)。アメリカのベテランの分析家にスーパーバイズを依頼され驚いたが、ともかく箱庭療法なら、欧米の人たちに教えることになるかも知れぬ、とそのときに思った。

事実、その後はいろいろな所から指導や、ワークショップも依頼されるし、カルフさんの亡き後は、国際学会の会長も引き受ける、ということになった。指導をしていていつも感じるのは、欧米人はわれわれ日本人に比して、明確な理解を急ぎすぎることである。治療者とクライアントの関係の在りようが、どのような性質のものであるかを治療者が意識するかは、治療をすすめる上で非常に大切なことだが、それをすぐに「父—息子」とか、「母—息子」あるいは、友人、恋人、などときめつけて考えすぎる。それに関係が「深く」なると、私の考えでは、それは単純に人間関係に置きかえられないものだ。

こんなことを考えていたので、ローゼン博士からアルバカーキに電話がかかってきたとき、私は「心理療法における非個人的関係《インパーソナル》」について話をしたい、と言った。これは意外だったらしく、しばらくの沈黙があって、

「それはどういうことか」と質問があった。私は本書の第Ⅳ章に述べたようなことを述べた。そうすると、ローゼン博士はそのアイデアをぱっと理解し、「それは非常に面白い。それを話してくれるといい」と言ったのはいいが、タイトルもうきまった、それは「禅心理療法」(Zen Psychotherapy)だと言う。これには、こちらが絶句した。相手が日本人なら「私はゼンには関係ない。アクなら少しぐらいはやっている」などと切りかえすのだが、アメリカ人では仕方がない。私は禅のプラクシスなど一度もしたことがない、とくどくど言い訳をした。すると、その件については考えてみる、ということになった。

次の日にまた電話で話し合っていると、ローゼン博士が、タイトルはきまった、"Buddhist Psychotherapy"にしようという。仏教徒心理療法というわけで、これも断ろうと思ったが、言われてみると私はともかく仏教徒であり、私の話を聞いていてアメリカ人が「仏教徒だな」と感じるのだったら、それもよかろうという気になった。そこで、「あなたに言われて、私は仏教徒なのだ、とあらたに意識させられた」と言うと、ローゼン博士は喜んで、これでいこうと言った。その後、話し合っているうちに、結局のところ、タイトルは「仏教とユング」(Buddhism and Jung)、ということになった。

アルバカーキから帰国してしばらくすると、仏教に関係する仕事が不思議につぎつぎとあり、「仏教徒」であることをますます意識することになった。対談や原稿依頼などに応じながら、仏教について私が考えてみなくてはならない機が熟しているのを感じた。本文中にも述べているので繰り返さないが、自分がここまで仏教に関心をもつようになるとは、まったく思いがけないことであった。

それにしても、仏教の説くところは、西洋近代の思考法とあまりにも異なっている。まったく逆の方向に発展した二つの考え方と言ってもいいほどである。これがどのようにして西洋人に了解されるように伝えることが可能となるだろうか。フェイ・レクチャーをどのように構成し、どのように話すのかは、それ以後、ずっと私の心を占め続けることになった。

一九九四年には二カ月間プリンストン大学に研究員として滞在。その間にアメリカ各地に講演やワークショップに出かけた。それらの経験によって、私が仏教との関連において考えていることは、相当にアメリカ人たちにも通じることがわかった。しかし、これはやはり近代文明の行きづまりについて考えている人や、日本や東洋全般に関心をもっている人で、一般的に言えば、まだまだ西洋近代の思考法が強いことも実感された。また、アメリカにおいては、日本人が経済力にものを言わせて、日本の文化の売り込みに来る、という危惧を強く感じている人が相当にいることもわかってきた。うっかりものを言うと、西洋に対する日本(東洋)の優位を誇ろうとしているように受けとめられ、それだけで全否定されるほどの勢いである。

本文を見ていただくとわかるとおり、私は仏教的世界観を唯一の正しいものと思っているわけではない。西洋のよさも痛いほどわかる。したがって話をするとなると、あちらもいいがこちらもいい、あちらも悪いがこちらも悪い、ということになって、歯切れの悪いことおびただしい。しかし、どう考えてみてもそれが事実なのだから仕方がない。いろいろと心理療法の経験を重ねてきて、生きている人を相手にしてくると、私の優柔不断も大分磨かれてきて、言うならば、自信のある優柔不断さになってきたように思う。このような観点からものを言うためには、論理の積み重ねによるのは非常に難しい。そこで、アメリカ人の好みということも考えて、本文の第I章に示したように、自分の個人的な体験を基にして話すことにした。後から考えてみて、この試みは成功したと思う。

2 ロサンゼルス

一九九五年三月十九日に大阪関西空港を出発し、テキサスに行く前に、ロサンゼルスに二泊することにした。ここで、ジロー・リース夫妻に会うためである。ジローさんは、Gerow というスペルで、れっきとした白人なのだが、名前からまったく日本的な感じを受けるとおり、日本人の心の通じる人である。私が紹介した、ある日本人の話によると、ジローさんがある日彼と一緒に遊びにゆきましょうとドライブに誘い、「友人のところにゆきましょう」と、どんどん山をあがってゆく。山の上に行って見回してもどこにも家がない。不思議に思っていると、山の上に立っている素晴らしい松の木のところに連れていき、「これが私の友人です」と紹介された、と言う。ちなみに、ジローさんは仏教徒である。

奥さんの幸子さんは日本人で、ユング派の分析家である。ロサンゼルス近郊には、もう一人、ユング派の分析家、目幸黙僊さんがおられる。われわれはもちろん親しい友人で、ロサンゼルスに立寄って、このお二人に会わずに帰ることはないのだが、今度は何しろ時間がなくて、目幸さんにはお会いせずに、ロスを離れねばならなかった。

翻訳

この際にロスに立寄ったのは、実は私の講義をリース夫妻に英訳してもらったためである。私はこれまで、英語で話をしたり、原稿を書いたりしたことがあるが、それらは、すべて最初から英語でする。つまり、日本語で書いたのを訳すことはない。それは、日本語と英語とでは、発想法があまりにも異なるので、はじめから英語でする方が、はるかに楽である。もちろん、あとで英語を専門家にチェックしてもらうのは言うまでもない。そして、これまでに、自分が日本語で書いたのを英訳してもらったのは、最初から、日本文も英文も入用なので、そのようにしたというような特別な場合である(書物を訳してもらったのは別である)。

しかし、大変な問題は、日本にいて英語でものを書く難しさである。日本にいると、すべてのことがあまりにも日本的に流れているので、急に英語を書く態度になれないのである。英語がよほどできる人は別だが、私くらいの能力では、それが実に難しい。そのため、私は英語で原稿を書く必要のあるときは、早めに外国に行ってそこで書くようにしてきた。そうなると、あんがい英語が出てくる。これはまったく不思議である。

講演は、日本でするときは一発勝負で、壇上にあがって聴衆の顔を見ながら、その場で思いついたことを話すようにしている。ところが、その癖が英語の方にも移ってきて、英語の講演も——堅い講義の場合は別だが——、大体のことを考えておいて、ぶっつけ本番でやることが増えてきた。英語は全然上達しないが、英語の心臓が成長してきたのである。つまりながらやっているが通じているようである。

今回も原稿は自分で書くつもりであった。ところが、ローゼン博士から早くに連絡があって、日本語で原稿を書き、英訳してもらえば、フェイ財団の方も、私の英語のチェックなどしなくてすむし、それを日本ではそのまま出版できるという利点があるので、そのようにしてはと言ってきた。それに私も日程がつまってきて、早めにアメリカに行って原稿を書けそうもない。これらのことが重なってローゼン博士の提案に従うことになったが、博士も「これはよい翻訳者を見つけられることが前提だ」と言っているように、確かにそれは大変重要である。訳によって相当に原文の意味が変ってしまうことさえある。ただ、私はリース夫妻のことをすぐに思い浮かべ、彼らなら安心してまかせられる、と思った。

ジローさんは英語の教師で、仏教にも詳しい。それに、かつて私が自分の著書『昔話と日本人の心』を英訳したとき、その英文をチェックしてくれたので、お互いの気心が通じている。それに夫人の幸子さんはユング派なので、すべて条件がそろっていると言っていい。一番大きい問題は、私が忙しいので、なかなか原稿が完成せずに、短期間に翻訳をして貰わねばならなかったのだが、これはお二人の力で何とかしていただいた。今度こそ余裕をもって仕事をしようと思いつつ、結局は同じことの繰返しをしている。余裕をもって仕事をしたからといって、よい仕事ができるとは限らないと思っているものの、どうも他人に迷惑をかけるのはよくない。「訳することは面白かったけれど、またこんな機会があるときは、もう少し時間を下さい」とリースさんに言われる。こちらは恐縮するのみである。

ところで、講演の原稿であるが、これは実のところ非常に書きにくいものであった。聴衆としてアメリカ人を想定しているので、発想がそのように動く。しかし、日本で日本語で書いているので、何だか体が金縛りになったようで、ぎごちなくなってくる。普通の日本語なら主語をいれないところにも、主語をいれたり、英語の直訳のような日本語になったり、ともかく、いつもの私の文体とは異なるものになってしまった、と思う。それと、もうひとつの困難な点は、仏教的な考えを述べる際の表現であった。日本の読者のことを考えると、華厳経や、井筒俊彦先生の文などをもっと引用したくなる。しかし翻訳の労を考えると、少なくした方がいいとも思う。日本語でなら、さっとわかった気になるところも、英語にするとなると難しい。それができないときは、ほんとうにわかっていないとも言える。やっぱり下手でもまず自分が英語で書くべきであったと思った。

二日間の滞在の間、われわれは訳文の検討をした。訳を読んで私の意図がうまく伝わっていないと思うところとか、逆にリースさん夫妻が、これではアメリカ人に通じないと思うところとか、を検討し、変更すべきところは変更した。二日間では正直のところ十分と言えなかったが、ともかくひととおり目を通し、私が出発した後で清書し、それをテキサスのローゼン博士のところにFAXで送っていただくことにした。

せっかくアメリカで講義をするのだから、もっと時間をかけてやれ、と言われそうだし、私もそう思うが、いろいろと考えてみて、まあ、こんなところだろうと思う。時間をかけたからと言って、そんなにいいものができるとは限らない。当時、私は国際日本文化研究センターを退職し、五月二十一日付で所長に就任するまで「浪人」をしていたので、どうしても心理療法のための時間が増え、多いときは一週二十時間ほどを費やしていた。所長になるとぐんとへらしてしまう必要があるので、どうしてもそうなって、アメリカに出発する前日も、帰国の翌日も面接をした。私はこのような経験によって学んだことを発表しているのだから、それを止めて時間を多くとってみても、あまり書くものの質はあがらないだろう。国際日本文化研究センターの所長になった今は、全体のバランスについて大いに考えねばならないが、それは今回には関係のないことである。

地震

阪神大震災が起こったのは一月十七日。私にとっては記憶はまだなまなましく、その後の心のケアの問題などにかかわっていることもあって、訳文検討の間に、つい昨年のロサンゼルスの震災(アメリカでは、ノースリッジの震災と言っている)との比較などが話題になる。リース幸子さんは心理療法家として、PTSD(災害後ストレス障害)の治療にもかかわっていて、阪神大震災の直後に、心のケアについて参考になる文献をどんどんFAXで送って下さって、われわれは随分と参考にさせていただいた。そんなこともあって、訳文検討の間を縫って、震災に関することも話し合った。

やはり話題になったのは、日本では災害後に暴動や略奪が起こらなかったことである。ロサンゼルスの人たちは身近に体験していることだけに、まだ記憶はなまなましい。この点はロサンゼルスでもよく話題になったらしい。これは日本人として嬉しいことだが、日本政府の対応の遅さにはあきれてしまったとか。私はこれらの現象が同じ根、つまり、日本人の人間関係の在り方からでてきていると考えているので、それについて話したが、リースさん夫妻も賛成であった。（この点については「震災と「一体感的人間関係」」『世界』一九九五年七月号に論じたので省略する〔本著作集第一一巻所収〕）。このような日米の比較は、私にとって実に重要なことなので、フェイ・レクチャーのためのオープニング・レセプションのときに、他のエピソードを使って述べた。その内容は本書のプロローグに書いたとおりである。

ＰＴＳＤの子どもを、リース幸子さんが箱庭療法で治療した体験も聞かせてもらい、実に興味深かった。これについては彼女が他に発表すると思うので、このことについても省略する。いろいろと話し合っていて、アメリカに比べるとＰＴＳＤは日本の方がおそらく少ないだろう、という点でわれわれの意見は一致した。やはり、日本人は震災のショックを人々が全体として受けとめているので、孤独を感じる度合は、アメリカほど強くはないと思われるからである。もちろん、これは今後の実際の状況を見てゆかないと断定はできないが、われわれとしてはそのように予想したのである。そして、他のことも考えるならば、このことだけから日本的人間関係の方がアメリカのそれより「よい」などとも思っていないことでも意見は一致している。

じゃあどう考えるのか、という点については、レクチャーのなかで私の考えを述べている。本文を見て下さるとわかることである。

3　テキサス

テキサスと言うと、私はまず砂漠のイメージをもってしまう。アメリカの西部劇映画によく出てくる景色を思い浮かべてしまうのだ。ところが、飛行機でヒューストンに着いてみると、まったく異なるので驚いてしまった。こんなのは、日本に来るとどこでもフジ山とサクラが見られると思うのと同じくらいの認識不足だと思われる。私などはこのような勝手な思いこみをよくやっているので、外国に行くことは意味がある。行ってみて、なるほどと思うことが多い。テキサス州などといっても、べらぼうに広いのだから、全部が砂漠と思う方がどうかしている。ヒューストンは緑の多い美しい町である。これだけ緑の多い都会は少ないかも知れない。郊外に出ると、野原に咲き乱れる野の花《ワイルド・フラワー》が実に美しい。日本の初夏に田舎に行くと野の花が咲いて、さわやかな感じがするが、あれとそっくりである。もっとも花の種類は異なるが。ローゼン博士は、日本の俳句が好きというだけあって、このような感じが好きらしく、ドライブの途中で、ワイルド・フラワーの群を見るとしばしば車をとめ、われわれはそのあたりを散策して楽しんだ。この景色を味わうために、テキサスにはまた来たいと思うほどであった。

ユング教育センター

ヒューストン空港から、まず「ヒューストン・C・G・ユング教育センター」(C. G. Jung Educational Center of Houston)に向かった。その前、空港で思いがけないことがあった。荷物の出てくるのを待っているときに、年輩の上品な女性が、「河合さんですか」と言う。そして「私はカロリン・フェイで、同じ飛行機に乗っていました」と言うので驚いてしまった。ハワイで会議があり、その帰りに私の乗るのと同じ飛行機になったとのこと。おそらく八十歳近い年齢と思うが、元気なものである。彼女は私が同じ飛行機に乗ることを知っていたので、見当をつけて声をかけたらしい。思いがけないところで会えて嬉しかった。

ユング教育センターは近代美術館の近くにあり、立派な建物である。この建物もカロリン・フェイ夫人の寄贈と聞かされて驚く。このセンターが設立されたのは一九五八年で、ユング派のこのような組織としては歴史の古いものである。私が一九五九年に渡米したときは、ユング派はまだまだマイノリティであった。それにこのような組織ができあがったのは、すでに述べたようにテキサス人の「フロンティア精神」と女性の力が大きかったと思われる。センターの設立にもっとも力をつくしたのは、カロリン・フェイを含む四人の女性であった。ユングの心理学はその学問の性格上——特に初期の頃は——アカデミズムに乗りにくく、男性には敬遠されがちなところがある。それも一九七〇年以後は急激に理解が広がるのだが、当時だとよほど本質的なことに、すっと心を開き、自分の社会的地位のことなどあまり考えず、それにとび込んでゆける人でないと、ユング心理学にコミットするのは難しかったと思われる。それが出来るのは、やはり男性よりは女性ということになる。

このセンターの特徴は芸術的表現活動、ダンス、絵画、粘土細工、箱庭や瞑想、身体的な訓練などが非常に盛んなことである。講義室の他に、前記の活動をするための部屋が多く用意されている。これらの作品の陳列も多い。全体として非常に自由な雰囲気が感じられる。これもテキサスという土地柄が作用しているのだろうか。

エールワード神父

翌日、昼に三十分間ほどの短い講演をする。これはフェイ・レクチャー・シリーズを担当するときからの約束であった。これはユング教育センターを支援している人たちの年一回の集りで、ゲスト・スピーカー(今回は私)の話を聴き、昼食をとる。このときの会費をセンターの維持に役立てるようになっている。

このとき私が非常に驚いたのは、このセンターの元所長として、ジェイムズ・エールワード神父が登場し、私の前に短いスピーチをしたことであった。彼は一九七八—八一年の間に、このセンターの所長となり、その後もこの地方のユング派の指導者として、多くの人の敬愛の的になっているとか。ところで、どうしてこの人の登場が、私にとって驚きであったかというと、この人の名は私にとって忘れ難い思い出とつながっているからである。

一九五九年にはじめてアメリカに来たときに、私はロサンゼルスで、マーヴィン・シュピーゲルマン博士に分析を受けた。そのときのエピソードである。私は当時アルバイトとして、精神病院に入院中の患者さんを、移動式ベッドで日光浴に連れ出し、そこで一時間ほど雑談をするという仕事をしていた。どのくらいの報酬だったか忘れてしまったが、私にとっては、アメリカの患者さんと話合いをするだけでも意味があった。

ある中年の男性の患者を担当したが、どうしてもその人の診断がわからない。精神病ではないのじゃないかと思ったりするが、精神病院の入院患者である。ともかく、毎週通っているうちにわれわれはだんだん親しくなった。あるとき、彼はすごく真剣な顔をして、自分の病気の診断名を知っているかと言う。知らないというと、医者はそれを隠しているが自分はそっとカルテを見て知った。それは「多発性硬化症《マルテイプル・スクレロシス》」で不治の病であり、死を待つのみである、と言う。当時のアメリカでは「病気の告知」をせずに患者には秘しておく医療の方法をとっていた。

私は帰宅後、多発性硬化症について調べたが、実態がわかるとあまりにも心が重くて、アルバイトをやめさせて貰おうと思った。「日光浴をして雑談」などと言っておられない。そのことを分析家に話すと、「それだったら、彼とはっきりと多発性硬化症について話し合い、死の準備のための話合いをすればよい」と言う。私はこのときはじめて「死の準備のための話合い」という言葉を聞き、強いショックを受けた。今ならともかく、一九五九年の頃である。彼は続けて、「自分の友人のユング派分析家で、カトリックの神父でもある、ジェイムズ・エールワードは、専ら死んでゆく人の心の準備のため分析をしている」と言った。

私はそのとき自分が選ぼうとしている分析家の道が、どれほど厳しいものであるかを痛感した。そして、幼少の頃から常に「死」のことを考え続けてきた自分が、その問題と取組むのにふさわしい道を知らず知らず選んだことにも気づいた。（私はユング派がどのような学派であるかをはっきり知らないまま、それに入り込んだのだった。）

分析家の話にショックを受けると共に、嬉しくも思ったが、当時の私としては到底そんなことはできないと言うと、決してできないのにする必要はない、事情を話して止めさせてもらうといいだろう、と言った。それ以後、自分のできないことを可能としている大先輩としてエールワード神父の名は、ずっと私の心にきざみこまれたままであった。それが、まったくはからずもこんなところでお会いできることになった。当時、まったく自分の手のとどかないところにいる人として感じたのだったが、三十数年の間に私も分析家として随分と鍛えられてきて、このような人と普通に話し合えるようになったかと思う。

エールワード神父はやや肥り気味の見るからに暖かい感じのする人である。死や自殺などに関心を示す臨床家で、その人自身にも死神がついているのではないかと感じさせるタイプの人がいるが、それとはまったく異なる感じである。死んでゆく多くの人の傍に坐り続けることのできた人であろうと思う。彼の短い話の間にも、敬虔なクリスチャンであり、かつ、宗教や信仰に対して相当自由な考えをもっている人であることがうかがわれる。

後でエールワード神父に、私がシュピーゲルマンに分析を受けていたときの前記のエピソードを話すと、「マーヴィンにはしばらく会ってないが」と実に懐しそうな表情を見せた。彼らはチューリッヒのユング研究所で学んだ「同級生」で、日本でもよく知られているジェイムズ・ヒルマンなど、有能な人たちがよくそろった時代だったようだ。「あなたの講義を聴くのを楽しみにしている」と言ったが、後に聴講に来て、面白かったと喜んで下さった。仏教的な考えに対して相当に深い理解をされ、クリスチャンでもそのようなことが可能であることを示されたのは、ありがたいことであった。

原罪

私はこの時の話としては、かつてエラノス会議で発表したことのある「隠れキリシタンにおける神話の変容過程」について話をした。今回は時間も短いので細部は省略してエッセンスのみを示した。何と言っても大切なことは、キリスト教において中核とも言える「原罪」ということが、隠れキリシタンのなかで無くなることである。詳細は他に発表している(1)のでそちらを参考にしていただくとよいが、隠れキリシタンの神話では、イヴとアダムが禁断の果実を食べた後に、神に許しを乞うと、神はそれをききとどけてしまうのである。これは旧約の神とまったく異質の神である。宣教師から聞いた話を口伝で伝えている間に、話が日本的変容を遂げたものと思われる。

この点について話をするとき、私は聴衆の反応に注目した。もし、彼らがキリスト教の教えにカタイ信念をもっていると、日本人のこのような御都合主義とも思える変化のさせ方には冷笑、あるいは失笑をもって反応することであろう。そして、おそらく今から二十年ほど以前であれば、それはひょっとして一般的な反応だったかも知れない。ところが、実際にはそんな人はまったくないと言ってよかった。笑顔の反応が多いが好意的であった。真剣に考えこんでいる人もあった。驚いたことに、小さく拍手する人さえあった。講義の後で、「われわれは原罪の重荷に喘いできたのです」と言う人もあった。

このことを見ても、アメリカも大きく変ろうとしていることがわかる。しかし、またそれでいいのかという反省もすぐに生じる。「進歩」を求めてひたすら進んできた欧米近代のカルチャーにおいて、「原罪」はよい意味の歯止めとしての役割をもっていたのではなかろうか。科学やテクノロジーを気軽に受けとめて、なさずもがなの「進歩」や「改変」をするのは、欧米人よりもむしろ日本人の方がひどいとも言えるが、それは日本人が有効な歯止めをもっていなかったからだと言えるのではなかろうか。

近代科学というものは、キリスト教を根としてもっている、と私は思っている。ガリレオの宗教裁判などを単純に受けとめて、キリスト教と科学の対立の方ばかり意識する人が多すぎる。確かに対立的な面をもっているけれど、世界のなかで近代科学の思想がキリスト教文化圏にのみ生じたこと、つまり、それはキリスト教の申し子である面に、もっと注目してもいいと思う。「唯一の普遍的な真理が存在する」という近代科学者の信念は唯一神を奉じるキリスト教から生じている。そして、そのような真理を追い求めて科学者はひたすら努力するとしても、それを行なっている自分が背負っている「原罪」を意識する限り「手放し」になれないはずだ。欧米の科学者で、もうキリスト教の教えなどナンセンスと思っている人もいるだろう。しかし、伝統の重みというものは思いがけず作用するものだ。

何によらず「手放し」ということは怖い。キリスト教と切り離して自然科学を取り入れた日本では、テクノロジーが「手放し」で横行したようなところがある。日本人は「自然を愛する」国民だなどと偉そうに言いながら、自然破壊の程度では世界有数の列強国になっている事実を、どう説明するのか。「仏教」「神道」あるいは「日本教」を背景として自然科学を取り入れることは、どのような結果をもたらすのかについて、日本の自然科学者の発言は皆無に近いのではないか。そして、日本の宗教家は科学に関してほとんど無関心である。あるいは、無知と言ってもいいだろう。二十一世紀の日本を考えていく上で、このことは私は非常に重要なことと思っている。今後も止まるところを知らず発展していく自然科学とテクノロジー。それの裏打ちとなる宗教はどうあるべきかを、われわれは真剣に考える必要がある。実は私の仏教に対する関心はそんなところに根ざしている。

4　カレッジステーション

カレッジステーションと聞いて読者は何と思われるだろうか。実はこれはテキサス州A&M大学のある町の名である。ヒューストンの北西、車で二時間足らずのところにある。A&M大学は最初、農業と工業とを中心とする大学として一八七六年に設立され、現在は、五二〇〇エーカーのアメリカの大学では第一の敷地と、四万五千人の学生をもつ、アメリカ人好みの大きい大学である。カレッジステーションは大学町で、周囲をワイルド・フラワーの咲き乱れる野原に囲まれた美しい町である。カレッジステーションでは、ローゼン博士宅に宿泊させていただくことになる。美しい気持のいいお宅である。

講義の前に

講義は三月二十五、二十六日に四回に分けて行われる。その前に、これも前からの約束であるが、ローゼン博士の授業で「宗教と心理学」の時間に仏教について話をすることになっている。先のユング教育センターでの話もともに、ともかく人前で英語で話す機会があって、講義のためのウォーミング・アップとして役立つので嬉しい。ローゼン博士のそのあたりのことを配慮しての計画とも受けとれる。彼の話によると、私が話をする前に彼が仏教の概観を話したところ、「それはほんとうに宗教なのか」という反応が、学生の方から出た、と言う。どうしてもキリスト教の考えが強いので、唯一の神をもたない宗教というのは考えにくいようである。アメリカの南部の大学生に、どのようにして仏教の話をしようかと思う。

例の如く、その場で出まかせに話をしたのでどんな話をしたのか、自分でもはっきり覚えていないが、学生たちは興味をもって聞いてくれた。熱心に質問したりした学生は、実は「仏教など宗教ではない」と強硬に主張した学生だった、と後でローゼン博士が教えてくれた。これらの学生のなかには、フェイ・レクチャーの方も聴講に来た者もあった。

私がここで一番強調したのは、近代科学が人間の意識を洗練させていったのと逆の方向に仏教の思惟が発展していったということであった。すべての現象やもの事を区別してゆくこと、それが自然科学の方法論であるが、仏教はその逆に、すべてのもの事を区別しない、融合させるような意識の状態を大切にする。後者のような状態は近代の意識の方から見れば「病的」とか「異常」とか見なされることだが、実はそのような意識をあくまで鮮明に保つことは可能であり、そのような意識によって捉えられた世界観が仏教の経典に語られている、ということであった。そして、そのような世界観が、現在においていかに意味をもつかという点について述べた。ローゼン博士も後で言っていたように、「仏教」の一般的解説とは大分異なる切り口であるが、学生たちの知的好奇心に訴える形で話ができたと思う。

ところで、この時に地下鉄サリン事件が生じ、アメリカでも大々的に報じられた。オウム真理教のやったことらしいぐらいはわかっても、事件の全貌はわからない。ローゼン博士をはじめ、フェイ・レクチャー関係の人たちは、「馬鹿げたテロ集団の仕業」という受けとめ方で、このようなテロが起こるのには怒りを覚えるが、それは世界中のことだ、という考えを示し、あえてそれを「日本のこと」として私と論じようとはしなかった。講師に対する礼儀ということもあったであろう。しかし、私自身はこれを特異で馬鹿げたこととして棄て去ることはできず、日本人の心や宗教性について考えさせられるべき事件として、一人でいろいろと考えていた。ともかく、事件の全容がわからないので何とも仕方がなかったが、帰国してだんだんと事実がわかるにつれ、アメリカでこれは日本人全体として真剣に考えるべきことと思ったことは間違いでなかったと感じた。このことについても他に論じているので省略する。

フェイ・レクチャーの行われる前夜はレセプションがあった。それにヒューストンの日本の総領事、佐々木伸太郎氏夫妻が出席されていて驚いた。私の経験では、このような学術的な集りに日本の総領事が出席するのは珍しいからである。A&M大学がテキサスにおいて相当な勢力をもっているからなのか、と思ったりしたがそうでもなかったらしい。総領事が私にこれまでに会ったことがある、と言われ、またまた驚いてしまった。それは一九八四年、中曾根内閣のときに、サミット参加国の代表の学者が箱根に集り「生命科学と人間の会議」というのを開き、私もそれに参加したことがあった。そのときに、佐々木氏は外務省からの世話係として参加しておられ、私の世話もいろいろとして下さったらしい。私は残念ながら忘れていたが、それをよく覚えておられ、会議の際の私の発言なども印象に残っているとか、そんなこともあってこのレセプションに多忙のなかを出席して下さったらしい。

レセプションでの私の挨拶の一部は、プロローグのなかで述べているが、このときの私のスピーチにも佐々木総領事は興味を示されて、ヒューストンで日米文化交流のことで会をするときはぜひ参加して欲しいと言われた。大変光栄なことで私は喜んでお受けしたが、実際、来年にはまたヒューストンに行くことになりそうである。私は日本のことを英語で話すことによって、出来る限り日米の相互理解を深めることに役立ちたい、と思っているので、このような機会を与えられるのを大変ありがたく思っている。これまではどうしてもユング心理学関係の場合が多かったが、このようにして、もっと一般の場で話ができるのは意義深いことと思う。

真如と自己

講義はどれだけの人が来るのかと心配だったが、八十人くらいは来ただろうか。これだけ来れば大成功とのことである。サンフランシスコやシカゴから来た人もある。ユング派の分析家がアメリカの各地から相当参加されていて、ありがたく思った。仏教に対する関心が高まっていると考えていいだろう。

聴衆の反応から考えて、講義は成功だったと言える。参加者は極めて熱心で、つぎつぎと質問もあった。ちょうど今年(一九九五年)出版された私の書物、*Dreams, Myths & Fairy Tales in Japan* をスイスの出版社ダイモンがここで売るように何冊か送ってきていたのがすぐ売り切れてしまった。と言ってもともと少ししか送ってきていなかったのだろうとは思うが。

聴衆の反応がよくて私は嬉しく思っていたが、終る頃になって何だか心配になってきた。こんなにわかられていいのだろうか、と思い出したのである。その一番のポイントを言うなら、仏教で言う「真如」とユング派の人たちの強調する「自己」(Self)の比較ということになるだろう。

真如とは何か。これは日本人でもなかなかわかるのが難しい。以前に他にも書いたことがあるが、仏教の教えをほんとうにわかろうと思うと、戒定慧《かいじょうえ》という言葉があるように、戒律を守り禅定《ぜんじょう》に入るという修行をしなかったら駄目なのではないかと思う。戒も守らず禅定にもはいらず、お経を読んでもまずわからないのではないかと思う。それは身体の在り方と切り離してわかるような類の知ではないと思う。それではお前はどうかと言われるだろう。本文にも述べているように、私はもともと仏教に関心はなかった。わかるはずもないし、わかろうとする気もなかった。にもかかわらず、仏教に関係するこのような講義をするようになった。これはまったく思いもよらないことであった。

どうしてこうなったかを自分で考えてみると、心理療法の体験が私にとっては、仏道の修行に類似のものとなっていたのではないかと思う。苦悩して時には死を願うほどの人を前にして、何もせずに坐っているのは、本文中に述べているように、公案をもらって坐禅をしている人と極めて類似するように思われる。心理療法家にも守るべき規約があり、それは戒に相当するとも言える。このようにして体験を重ねているうちに、自分は意識しなかったが、仏教をある程度理解できるようになってきたのだろう。しかし、まったく自己流の勝手な考えによっているのは言うまでもない。

ところで、真如の話をするとユング派の人たちは「それは自己のことだ」として理解するようだ。私の仏教理解もそんなところかなと思ったりもするが、やはり気になる。ユングの言う自己の考えは、西洋人にしては珍しく東洋的な考えに近い。したがって、逆にユングの自己を仏教で言う真如とか、あるいは禅家で言う「真の自己」に同定して考える日本人も多い。そのときも、それは違うと言いたくなる。これは、両者が異なるというよりもそのような理解に達する過程が異なると言っていいだろうか。やはり、西洋の場合は、自我の確立が先行し、自我から出発してものごとを考える。えらく西洋の自我にこだわるようだが、こだわらざるを得ない。このことによって、常に日本人と欧米人の間に誤解が生じると思うからである。

自我から自己へという線で真如を理解されると、ややもすると直線的な筋道が見えてきて、真如の考えのもっている矛盾をかかえこみながら、あれも駄目これも駄目と進んでゆく感じがわからなくなるように思う。ともかく欧米でこのような講義をしていると、結局はわからないだろうなという気がしてきて、まったくやるせない気持に襲われるときがある。いったい、自分は何をしているのだろうと思う。何度もそういう思いをしながら、性こりもなく続けてやっているのは、どうしてだろう。仏教的に表現すると、これが業《ごう》というものなのだろう。

スーパーシステム

自分の生きている姿を考えると、どう考えても「統合」されているとは思わない。というよりは矛盾に満ちていると思う。そんなときに、講義の最後に語っているようなスーパーシステムという考えを、免疫学の多田富雄教授よりお聞きして、感激してしまった。人間の身体はひとつの中枢によって「統合」されているのではない。これは凄いことである。免疫系と神経系がそれぞれ独立に、しかし一人の人間の身体のなかで調和的に存在している。

おそらく、これと同様に人間の心もいろいろな独立系が調和的に存在する、というようになっているのではないか。いや、何がその調和を保とうとしているのか、それこそが「中心」ではないかと言われそうだが、中心がなく調和しているのだ。この考えは素晴らしいことだとは思うが、実のところ、未だ私の心にピッタリ収まっているわけではない。したがって講義の際にも最後にヒントとして述べるような形にした。これがどれほどの意味をもって聴衆に伝わったかどうかはわからない。

このことは、人間の心理ということだけにとどまらず、宗教と科学の今後を考える上においても非常に大切なことではないかと思っている。この講義で話をした華厳の考えでは「中心」というものは存在しない。このように考えてくると、仏教の説は今後の科学における新しいパラダイムを考える上でも大いに役立つのではないかと思っている。

アメリカで行なった四回の講義は、私にとって新しいパラダイムを探し求めてゆくための出発点となるものであって欲しいと願っている。いつか、仏教をもっと新しい未来の展望と結びつけて語ることができると嬉しいと思っている。

(1) 第Ⅱ章注(17)に同じ。

II

仏教の現代的意義

はじめに

世紀の変り目ということと重なって、世界は重要な転換期を迎えようとしている。今世紀の特徴としてまず第一に、ヨーロッパ近代に生まれた文明が、全世界を掩《おお》ってしまった事実がある。もちろんそこには、いわゆる「開発途上国」が存在する。しかし、そのような表現そのものが示すように、そこも出来るだけ早くヨーロッパ化されるのが望ましい、と考えられている。われわれ日本人にしても、衣食住すべてにわたってヨーロッパ近代、およびその発展の延長上にあるアメリカ文化を驚くほど多く取り入れている。現在ではそれを他の文化からの借り物とは考えられないほどになっている。

ヨーロッパ近代の文明がこれほどまでに世界に受けいれられたのは、便利で効率が高いからであろう。より多く、より速く、より安く、ということが予想をこえた程度で可能になる。自然科学とテクノロジーが結びついて、これまで不可能と思っていた多くのことを可能にしてしまった。欧米の人間のなかには、このような点を嘆き「原始」の文化に憧れる人もいるが、そこに住んでいる人たちは、何とかして早く近代化したいと思っていることも事実である。

このようなヨーロッパ化が急激に進んだ背景には、ヨーロッパの国々の間の植民地獲得競争や、アメリカ大陸のなかの白人支配が強力な武器によって行われた事実があることを忘れてはならない。日本まで最後にその尻馬に乗ろうとして失敗したことも、日本人としては忘れてならないことである。欧米のこのような帝国主義について論じるのが、ここでは目的ではなく、そのような態度の背後にあるキリスト教について、しばらく考えてみたい。キリスト教は一神教なので、神の創られたこの世界には、まったき秩序があるはずであるし、人間が争いを繰り返すにしろ、結局は神の目から見て正しい者が勝利するだろうと考える。公平な戦いによって一番強い者を見出すのは、一番正しい者を見出すことになる、という前提がある。

人間の心は複雑だから、大航海時代にヨーロッパを根拠地として世界に乗り出していった人間や、アメリカの東部から西へ西へと「開拓」を続けた人間は、もちろんいろいろな野望も持っていただろう。しかし、心の底のどこかでは、自分たちの「正しい」考えや、生き方によって世界をよくする、というイメージを持っていたことであろう。そして、その成功の程度は自分たちの正しさを、つまり神の意志を証明するものとして受けとめられたであろう。

このような考えに立つと、未開拓の地や、端的に言えば「悪」が自分たちの住む世界の外に存在することがわかっているとき、その人たちは人生の生甲斐を見出すことが容易である。悪を駆逐するために、あるいは、未開拓の地に文化をもたらすために努力すればいいのである。このような傾向は人間誰しもあるが、一神教による場合はその傾向は顕著になる。ヨーロッパの場合は長い歴史をもつので屈折した部分が認められるが、アメリカの場合は、特にこのような傾向が強いのではなかろうか。世界に正義をもたらさねば、という意気込みが、強く感じられる。

この考えも冷戦の終結と共に、明確な形をとれなくなった。もちろん、アメリカは世界のあちこちに「悪」を発見して、それと戦うことを試みているが、大勢としては地球全体が、ひとつとして考えられ、しかもそのなかに多様性を認めようとする考え方に変りつつある。こうなると単純な一神教の教えでは、世界全体のことを見るのが難しくなるのではなかろうか。そのためにキリスト教の内部においても、いろいろと改変の努力がなされつつある。(1) しかし、われわれ日本人としては、西洋の文化を大いに取り込みつつ、もしキリスト教に依らないのであれば、自分はどのような世界観、人生観によって現代を生きようとするのかについて考えてみる必要がある、と思われる。

近代自我と現代

ヨーロッパの近代文明が全世界に拡がる強さを見せた背後に、ヨーロッパ近代が成し遂げた近代自我の確立、ということがあるのを忘れてはなるまい。深く考えはじめると、「私とは何か」というのは容易に答えられない困難な課題であるが、西洋近代においては、私はすなわち「自我」(ego)と考え、それは他と独立し、それ自身の主体性と統合性をそなえていると考えた。

現代で言えば当然のようなことであるが、人間の歴史を見ると、人々の「私」というものは、王や部族や家などのなかに包摂され、その部分として生きることをもってよしとする、長い伝統があった。あるいは、むしろ、絶対者としての神や仏その他の意志のままに生きるのこそ当然で、一個人の意志などを強調するのは、もっての外と考えられた。たとえば、現代ではむしろ、個人の強い参加の意志を示すものとして、英語のコミットメントという語は肯定的に使われるが、英語の歴史のなかで近代までは、それは否定的な言葉であった。犯罪を犯す

(commit crime)とか、自殺する(commit suicide)のように負の価値をもったものにしか使われなかった。これは近代に至るまでは、ヨーロッパにおいても人間は神の意志にこそ従うべきであり、自らの意志で何事かをするのはよいことではない、と考えられていたことを示している。

そのような中から、他と独立した自我の主体性を認める考えが生じる。そして、このことは自然科学の方法論が確立していくのと軌を一にしていることがわかる。つまり、他と独立した自我の存在を前提とすることにより、その自我が己と切断された現象を客観的に研究する、という立場が確立されるのである。自然現象を研究するにしても、それは神の創られたものとしてすみずみまで神の意志が浸透しているはずなので、それを知ろうとするようなそれまでの学者とは異なり、明らかに「自我」が主体的に自然現象に存在する因果関係を明らかにしようとする。このような構図は、キリスト教における神と、神と一線を画して創られた被造物、という関係と類似していることに注目しなくてはならない。そして、その神の位置に、近代自我を置いた、と考えるとすべてがよく了解される。このような自然科学の出現を、村上陽一郎が「聖俗革命」と呼ぶのは、まったく当を得ている(2)。

「神の座」を占めることになった近代自我が強力なのも当然である。科学とテクノロジーの力によって、それまで不可能と考えられていた多くのことを、近代人は成し遂げることができた。そして、その「進歩」はとどまるところを知らないように感じられる。この二十年間にわれわれの生活がどれほど便利になり、快適になったかは測り知れぬものがある。

自我が他をすべてコントロールし、自分が中心に収まろうとすると、人間関係はどうなるのか。自我と他の自我(他人)との関係は、言語的な契約によって決められる。契約は両者の合意によって定められるので、問題は生じない。近代社会のなかで生きていくためには、自分にとって不利のない、そして無理のない契約を結び、それを遂行していくのに十分な自我の強さを持たねばならない。人間は生まれてから成人するまでに、他から自立した、強い自我を確立することに努めねばならない。

自我と自我の関係においては、公平な手段によって契約を結ぶが、強い方、能力のある方が大きい利益を受けることになる。そのような自由な競争によって勝つ者は、正しい者である、という前提に立つので、激しい競争に勝ち抜くことが大切になる。

もちろん、自我は競争ばかりしているのではなく協調し、また友情を結ぶこともある。しかし、基本的にはその成立に「切断」の機能がはたらき、自然科学とテクノロジーによる事物の支配による成功を知っているので、他人に対しても、事物に対するのと同様の方法でコントロールしようとする傾向が生じる。これが、近代自我の欠点である。このような傾向が強くなりすぎると、それは「関係性の喪失」に苦しまねばならない。

われわれ心理療法家のところに訪れる多くの人が「関係性の喪失」を病んでいる。子どもたちの多くは、両親は自分のためにいろいろなこと、たとえば、塾に行かせたり、書物を買ったり、食事のためにレストランに連れていってくれたり、をするが、それは結局は自分をコントロールして、親の欲する形に押しこもうとしているのだと感じる。一人の人間として自分の好きなように生きるのではなく、両親に操作されていると思うのである。つまり、そこには親子の間にある感情の交流、親子関係というものが失われているのである。このような例があまりにも多いので、心理療法家としては、関係性の回復ということを、現在の課題として強く意識することになる。

心理学としての仏教

近代自我の問題を考える上で、仏教における自我のことを考えてみよう。仏教の経典に接すると、それは近代自我の成立論とは、まったく逆の方向にものごとが見られ、説かれているのに驚いてしまう。たとえば、禅において坐禅の最中は、ものごとを認識しその内容を合理的、論理的に判断し体系化しようとするような自我のはたらきを停止するように要請される。そのような自我による思考は、坐禅の修行を妨害するものと見なされる。あるいは、華厳経を読むと、「自性《じしょう》なし」ということが、何度も強調される。そもそも、すべてのものについてその本来の性「自性」などないと考えるのだから、人間の個人についても同様の考えを当てはめるわけで、「自性がない」のだから個別的な自我の存在などは考えようもない。したがって、仏教を全般的に、自我を否定する教え、というように受けとめる傾向がある。確かに近代自我の問題点を認めるにしろ、自我の存在を否定されてしまっては、現代に生きる上で不都合である。この点をどう考えるか迷っていたら、井筒俊彦『意識の形而上学――「大乗起信論」の哲学』(3)に触れ、そこである種の解決策を見出したように感じた。これは、真に残念ながら井筒俊彦の遺作である。東洋と西洋の橋渡しの仕事をもっと続けていただきたかったが、この書物が残されたことだけでも感謝しなければならない。これは『大乗起信論』を井筒俊彦が「読みなおし、解体して、それの提出する哲学的問題を分析し、かつそこに含まれている哲学思想的可能性を主題的に追ってみた」ものである。この書のなかに、私は勝手に近代自我の問題を読みとったのであるが、それに触れる前に、井筒に沿って『大乗起信論』の基本的な考えを簡単に述べる。

『起信論』においては、存在論が意識論と重なる。これは『起信論』だけではなく仏教の特徴だと言えるが、西洋において、神学、哲学、心理学というように分化していったものが、すべて未分化のままで、かつ洗練された体系と言える。仏教の説くところは、現在西洋の深層心理学と共通するのが多いのもこのためである。唯識論はその最たるものと言えるが、今回は取りあげない。もっぱら『起信論』を中心として論じてみたい。井筒が「哲学」として読んだ『起信論』を深層心理学的な視点で読みなおすことになるだろう。

まず存在論的に『起信論』が最初に立てるのが「真如」である。これは大乗仏教全般を通じて枢要な位置を占めるが、井筒の言葉を借りると「第一義的には、無限宇宙に充溢する存在エネルギー、存在発現力、の無分割・不可分の全一態で、本源的には絶対の「無」であり「空」(非顕現)」である。この真如は双面的であり、それはこの世にそのままいろいろな事物として顕現している。つまり真如は「「無」的・「空」的な絶対的非顕現、他方においては「有」的・現象的自己顕現」である。この非顕現の真如は、言語による分節以前として「離言《りごん》真如」と呼ばれる。それに対して、無数の意味分節を許容するかぎりにおいて、それは「依言《いごん》真如」と呼ばれる。「真如」の真相を把握するためには、我々は「離言」「依言」両側面を、いわば両睨みにし、双方を同時に一つの全体として見なければならない」。

これが『起信論』における存在論的な基本の考えであるが、それがすぐに意識論につながるところにその特徴がある。意識論として『起信論』においては、真如に対応して「心」が立てられる。この「心」を井筒は「意識」として読みとっていくが、それによって「深層心理学」との接点が生じてくる。

ただし、ここで非常に大切なことは、この「心」すなわち「意識」は最初から「超個的性格」をもったものとして考えられていることである。深層心理学の出発点は、個人の意識である。あくまでも個人の意識について考え、その深層に至ることによって普遍へとつながっていく。それに対して『起信論』の意識は「個々人の個別的な心理機構ではなくて、超個人的・形而上学的意識一般」なのである。この点をよく弁《わきま》えていないと、仏教の考えが「唯心論」だというのを、自分の心のことを基にして「唯心」と考えるような誤解が生じる。仏教の「心」は西洋流の唯心論、唯物論、以前のものとして考えるべきだろう。

井筒はこのような仏教の意識の超個的性格を説明するために、「現代のユング心理学の語る集団無意識(Collective Unconscious)という意識(!)の「超個」性を考え合わせれば理解しやすいであろう」と述べている。つまり、西洋においては「自我」から立論されていくので、無意識という用語を用いるが、仏教的に考えると、意識も無意識もすべて含め、まったく超個的な「心」すなわち「意識」として把握される。

ここで前述した存在論を意識論に重ね合わせてくると、「心」は「真如」と平行的に次のように分けられる(井筒による)。

「心」＜
A「心真如」(絶対無分節的、未現象的意識)
B「心生滅」(瞬時も止まず起滅する有分節的、現象的意識)

これを図示すると、次頁のようになる。

ここに「心真如」は「本然的絶対無分節性の次元における全一的意識であって、一切の変化差別を超絶し、逆に一切の現象的意識態の形而上的本体をなす」。これは「仏心」「自性清浄心」などと呼ばれる。これに対して、「心生滅」は「現象界の分節的現実次元に働きつつある意識」である。この図にある「衆生心」は極めて双面的な性格をもっている。衆生心は既に述べたように超個的性格をもち、それを全人類共通にまで拡げた包摂的な意識のフィールドとして見ることができるが、それとまったく異なり「衆生心」を普通の平凡人のごく普通の日常意識として見なすこともできる。後の意味で言えば、それは「妄心」であり、その意味で図の最下位に示されている。ところが『起信論』の見地からすると、それは現象面でのことであり、本体そのものはあくまで清浄無垢である。つまり『起信論』の表現を用いると「この心(＝衆生心)は、則ち一切の世間法と出世間法を摂す」ということになる。ここにいう「世間法」とは「現象的「有」の動乱に湧きたち沸きかえる日常経験の事物事象のこと」であり、「出世間法」とは「不生不滅の(＝生れ出ることもなく、従って滅びることもない)超経験的・形而上的世界」である。

衆生心のこのような双面的性格を考慮すると、先にかかげた「一心」の構造図は、B領域の最下端がA領域の最上端と、自己矛盾的に合致する。つまり衆生心はすなわち仏心となり、A領域とB領域は合致し融合することになる。「普通の平凡な人間の、日常的経験の世界に起滅妄動する煩悩多重の「有」意識が、形而上的永遠不動の「無」意識と、「一にあらず異にあらず」という自己矛盾的関係で本体的に結ばれている」と『起信論』は主張する。

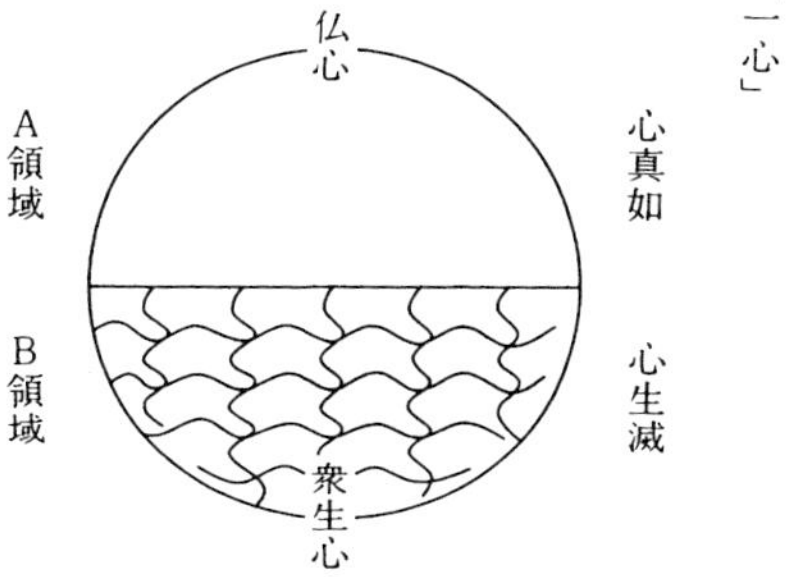

心の構造(井筒俊彦による)

このようにして「心」の矛盾的性格と、そのダイナミックな在り方が説かれるのだが、ここには個人の意識ということがまったく入らないままでの論議なのである。ここが仏教を「心理学」として読みとる際に注意しなくてはならないところである。西洋の心理学は個人の心理から出発するが、仏教において論じられる「意識」は、あくまでまず超個的意識から説かれている。したがって、論をここでストップすると、近代人が大切にしている自我のことはかかわりなくなってくる。そこのところを誤解すると、仏教は自我を否定するとか、自我という存在を仏教理解における「厄介者」と感じるようなことになる。では、その点をどう考えるかということになるが、これは次のような観点から論じられるのではないか、と思われる。

仏教における自我

仏教における自我を考えるために、井筒俊彦による『大乗起信論』の解読を続けていくことにしよう。既に述べたように、「心真如」と「心生滅」の相互関係は極めて微妙で「もともとBはAの自己分節態にほかならないのであるから、Aは構造的に、それ自体の本然的な現象志向性に促されてそのままBに転位し、また逆にBは、当然、己れの本源であるAに還帰しようとする」。そして、「A領域とB領域とのこの特異な結合、両者のこの本然的相互転換、の場所を『起信論』は思想構造的に措定して、それを「アラヤ識」と呼ぶ」。

ここに述べる「アラヤ識」は唯識論のそれとは異なるので注意を要する。『起信論』においては、アラヤ識は「心真如」と「心生滅」の両領域にわたる柔軟な複合体で、「和合識」と呼ばれている。アラヤ識はこのような双面性をもつところに、その特徴がある。アラヤ識はしたがって、「自性清浄心」の限りない創造の場所という意味と、限りない妄象発生の場所という意味とがあり、それが不即不離の関係にある。

このようなアラヤ識の存在を前提として、『起信論』はやっと「個体」の問題にかかわってくる。アラヤ識の双面性と関連して、『起信論』は「覚」と「不覚」というキータームを導入する。そして「覚」――「不覚」は、「心真如」――「心生滅」という意識の形而上学的構造上の区別を、個的実存意識の次元に反映し、個的実存意識の形で再現するところの「アラヤ識」の機能フィールドなのである」。つまり、個々人の主体的な心の在り方として、アラヤ識がA領域(心真如)の方に向かうはたらきをするときは「覚」であり、B領域(心生滅)の方に向かうはたらきをするときは「不覚」という。

ここに至って個人の主体的意識がかかわってくるのだが、それがAの方向に進んで極限に達し、「自性清浄心」そのものとの合一を体験し、そのままひるがえってBの方向に向かい、A・Bの両方向を全一的に綜合的に観ずる境地に達したときが「覚」であると考えられる。これに対して意識がひたすらBの方向に向かい、現象的現実のなかにとらわれているのが「不覚」である。

ここにおいて興味深いことに『起信論』は「不覚」の構造について、ながながと分析的に論じる。「不覚」はまず根源的なものとしての「根本不覚」と派生的・第二次的に生じてくる「枝末不覚」に分けられる。この「枝末不覚」とは「真如」について根本的に無知なために「真如」の覚知のなかに認識論的な主客の区別・対立をもちこみ、現象的事象を心の外に存在する客観的世界と考え、それを主体が認識しようとするものである。そして『起信論』はこの不覚をまた「三細六麁《そ》」に分類して論じていく。そして、驚くべきことに、この「不覚」のはたらきの詳細は、西洋流の「自我の形成」とほとんど同じものと言ってよいのである。西洋の「自我心理学」が肯定的に語る心のはたらきは、ここでは「枝末不覚」として語られている。

人間はとかく「枝末不覚」に陥りがちであるが、そのようなときにも、ふと何かの契機によって、自分の「不覚」に気づくことがある。そこで、その人は「覚」に向かうはたらきをはじめるが、それを「始覚」と呼ぶ。そして、人間がその方向へと歩むとき、その過程全体をも「始覚」と呼んでいる。このような始覚の修行の終局目標が「本覚」である。

このように『起信論』を理解してきて、単純に結論を出すと、「自我形成」はすなわち「不覚」の道である、などということになる。しかし、これまでの説明に繰り返してきた「双面性」を考慮すると、A領域の極みの後でB領域へと反転してきて、A・B両方向を全一的に観ずるのが「覚」であることとなって、B領域のはたらきそのものを「不覚」とは断定できない。つまり、Aの方から反転してきたはたらきとして「自我形成」を行うときは、それは「覚」のなかに含まれることになる。自我を唯一絶対と考えはじめると、それは「不覚」ということになるのだ。

現代と仏教

以上述べてきた点からわかるとおり、仏教はわれわれが「近代自我」を超えようとするときに、ひとつの理論を提供してくれるものである。ただ、われわれ近代人は「個人」から出発していく態度をあまりにも身につけているので、個人の意識から考えていく傾向から脱し難い。仏教のように普遍的意識から考えていくことに慣れる必要がある。

それと、『起信論』のなかではB領域に至る「不覚」として述べられていることは、近代における自我の形成に当ることに注目しなくてはならない。『起信論』の時代には、まったく予想もつかなかった強力な「自我」がB領域に出現し、それが途方もない仕事を成し遂げたのが二十世紀である。われわれはそのことをどうしても無視できないし、それを「不覚」として棄てておくことも出来ない。しかし、前節に述べたように『起信論』においても、AとBを分けてBを棄てるなどというのではなく、むしろ、A・B領域の相即的合一を目標としている。この考えを応用して、Aの極点に至ってBに反転してくるというのではなく、少しずつA・B両領域の相即性を感得する生き方はできないものかと思う。あるいは、現在において近代自我の形成を否定して生きることは不可能なので、それに努力を払いつつも、それが「不覚」であることを認識する、というのはどうであろうか。そのような不覚の認識は、少なくともA領域の重要性の認識を支えとしている。自我の形成も生半可な態度では出来るものではない。自我の形成に全力を傾けつつ、それが「不覚」であることを意識するのは困難ではあるが、可能なことと思う。自我に全力を傾けるにしても全身全霊を賭けるのではない、と表現したくなるような微妙な態度が必要ではなかろうか。

現代において仏教を重視するとしても、大きい問題がある。「戒定慧《かいじょうえ》」という言葉があるように、仏教の知恵をほんとうに身につけるためには、本来的には「戒」を守り「禅定」を重ねることが必要なのである。『大乗起信論』などに説かれている内容を、自分のものにするのは現代人にとっては不可能なのではないか、と思うこともある。戒も守らず禅定にもはいらず、仏教の知恵を生きることは可能であろうか。この点はもっと真剣に論じてみる必要があるだろう。仏教は既に述べたように、いろいろなジャンルの複合体である。それを知的に研究しても、その本質は把握できないのではないか。

仏僧であるとか、宗教家であるとか、ではなく、現代に生きる一人の個人として、仏教に意味を見出すとなると、どのようなことができるのだろうか。おそらく日常の生活をしつつ、「戒定」に相応する何らかの工夫が必要なのであろう。そこに個々人の固有の方法が生み出されるという点で、個人ということが関与してくるのではなかろうか。

日本の高名な仏教者が外国人に対して仏教の教えを説いた。これを聴講した筆者のアメリカの友人は、あの人が「宇宙意識《コスミックコンシャスネス》」にまで達する修行をしたことも事実だろうし、自分たち一般人の意識を超えた意識まで理解できるのだと思う、しかし、宇宙のことがわかる人がどうして聴衆の心がわからないのだろう。聴衆は話に退屈して眠っている人もあるのに、平気で同じことばかり繰り返している、と言った。これはなかなか考えさせられる話である。宇宙意識などという壮大なものは一般人に理解できるはずがないので、聴衆が眠くなるのも当然で、これは仕方がない、とも考えられるし、宇宙意識に達すると普通の人の心もわからなくなるのだったら、いったいそれが何なのか、という疑問も湧いてくる。もっとも、この人の説いている宇宙意識はほんものではない、という解釈もあることだろうが。

ここで筆者が述べたいことは、仏教を現代に生かしていくには相当な懐疑心が必要だということである。懐疑心という表現が気に入らぬのなら、極めて慎重な検討とでも言うべきだろう。それによってこそ、自分の生き方に深さが生じてくる。近代自我の発展の方向にプラスの価値を認めて、ひたすら「進歩」していくのもどうかと思うが、それを全否定して、仏教の世界に舞いあがるのもどうかと思う。しかし、現代に生きる上において、仏教が与えてくれる示唆は実に価値の高いものがある。個人個人の生き方を考える上で、確かに井筒の言うB領域において努力を払いつつも(それは世間一般の評価につながることであるが)、A領域への志向も忘れないことによって、その生き方がより豊かになるものと思われる。

(1) たとえば、アメリカの神学者、デイヴィッド・ミラーがキリスト教内において多神論的神学の必要性を主張しているのなどは、注目に値する。デイヴィッド・ミラー著、桑原知子・高石恭子訳『甦る神々――新しい多神論』春秋社、一九九一年。
(2) 村上陽一郎『近代科学と聖俗革命』新曜社、一九七六年。
(3) 井筒俊彦『意識の形而上学――「大乗起信論」の哲学』中央公論社、一九九三年。

開かれたアイデンティティ
――仏教の役割を求めて

自我の確立をめざして

ただ今ご紹介がありましたように、臨床心理学が私の専門です。この臨床心理学というのは、いろいろな悩みを持った人の相談をする仕事でございまして、いろいろな人の手助けをしている。そこが楽しみの始まりです。ですから、私は本来禅にも仏教にも関係がない。「先生は禅をやられますか」と聞かれると、「禅は全然知りません」とか、「悪はしてますけど、禅はだめです」とか言ってごまかしていたんです。ところが、その私が結局のところ、禅とか仏教ということを考えざるを得なくなってきたんです。それは、私の仕事がだんだんそれにつながってきたからです。そういうことを今日はお話ししようと思います。

その前に、今日の講演で「開かれたアイデンティティ」という演題を出した理由をお話ししましょう。小渕前首相に頼まれて、「二十一世紀日本の構想懇談会」をやったのですが、そこにはいろいろな分野の人が集まりまして、二十一世紀に日本人はどう生きたらいいのかという話をしたんです。その懇談会がちょうど中間ぐらいにきた時に、みんなで合宿をして徹底的に話し合ったことがあります。社会的なことを考える人もいるし、国の安全を考える人もいるし、教育を考える人もいる。いろいろ分野が違うんですが、私は座長でしたから各分野を廻っていたんです。そしてその合宿の終わりの時に、「分野が違えばいろいろな意見が出るけれども、全部に共通して出てくる言葉は「個の確立」である」と申し上げました。話し合いを通して、日本人はもっと自分の個というものを確立しなくてはだめだということが、非常に強烈に出てきたんです。ただし、個の確立と言いましても、あまり利己主義の方に偏ってはいけません。公の方も大事だというわけで、「個の確立と公の創出」、つまり、個は確立するけれども、公ということも創り出していかなければいけないということを言いました。

ところが、報告書には書いてありませんが、私としてはそういうことをやりながら、ずっと考え続けていたことがありました。私のように臨床心理学を専攻していますと、いろいろな人が相談に来られます。「私は学校へ行きたいけど行けません」という人もあるし、盗みをした人も来るし、極端な場合、殺人をした人も来る。いろいろな人が来られるのですが、そういう人に対して私は何をしているんだろうかと感じるのです。学校に行けない人が学校へ行くようになって、それで本当に成功なのか。盗みをした人が盗みをしなくなれば、それだけでいいのか。そんなことをゆっくり考え始めると、わからなくなる時があるんです。

例えば、学校へずっと行かなかったけれども、詩人として有名になった谷川俊太郎という人がいます。もしもあの人が学校へ行っていたら、よくなかったかもしれない。谷川さんが私の所へ相談に来ていたら、どうしただろうなと思ったりするんです。あるいは、私は臨床心理学の講義でよくベートーベンの例を出すんです。ベートーベンは五十歳くらいになってからも、酒に酔っぱらって自分の家も名前もわからなくなってしまったといいます。おまけに、若い頃には自殺しかけたこともあり、恋愛は失敗ばかり。独身で子どももいませんから、甥を養子にもらったのに、その甥とは喧嘩ばかりしている。でも、こんなベートーベンが普通に恋愛をして、結婚をして、ちゃんとした家に住んで、喧嘩もせずに、平和な暮らしをするかわりに、全然音楽を作らなかったとしたら、それは成功だと言えるでしょうか。

こんなことを考えていると、私は一体何の仕事をしているのかなと考えてしまうんです。いろいろな人を普通にしたら、それで成功なのか。どうしたらいいのかわからない時に、われわれ臨床心理学を専攻している者がさんざん考えて、ともかくその人には個人として確立してもらおうという結論になったのです。「自分は作曲をしている」と言うのならば、それはそれで結構だ。「自分は学校へは行かないけれど、一人で勉強して詩を書く」と言うのならば、それも結構だ。そういうことを契機にして、自分で自分のことを考えて、自分で判断して、責任が取れる人間を作ればいいじゃないかと僕らは考えたわけです。だから、私が臨床心理学の研究を始めた頃には、個の確立、つまり「これが私だ」ということの確立、心理学の分野で「自我の確立」と呼ぶものをめざしていればいいのだと考えて、一生懸命やってきたのです。

小さな自我と大きな自己

ところが、そうやって頑張っていると、変なことが出てくるんですね。自我なんか確立してもしょうがないということが出てくるんです。例えば、自我を完全に確立していて、職業もちゃんと持っていて、家庭も地位も金も何でもある。でも、どうしようもないという人が出てきたんです。むしろ金がない人は簡単です。金さえあればと思うから生きるファイトが沸いてくる。同じように、持ち家が一軒欲しいとか、あの美しい人を手に入れたいと思っている人も生きがいを感じています。けれども、そういうものが全部手に入ると、何のために生きているのかわからなくなってしまう。もっと恐ろしいことは、今は喜んで生きているけれど、死んだ後はどうなるだろうと考え始めることです。そんなことを心配し始めた人は、恐ろしくなって何もする気がなくなってしまう。それで、われわれのもとを訪ねて来るんです。

私が勉強しました心理学者のユングという人は、自分のところへ来た人の三分の一は何の問題もない人だったと書いています。強いて言えば、それが大問題であったと言っています。ユングを訪ねて来た人は、アメリカのビジネスマンとか、他から見たら羨ましい方ばっかりです。でも、本人はものすごく悩んでいるわけですね。それでユングは、「自我の確立は話の始まりにすぎない。その次が問題ではないか」と考え始めました。つまり、「私はこうするんだ、こうやるんだ」と言っているのは人生の半分にすぎない。あとの半分は、そういう自我がどう死んでいき、どのように自分というものを知るのかということだ。そして、その人生の後半こそが大事だと言い出したのです。

ものすごく簡単に言ってしまいますと、「私は私を知っている」と言うけれども、私が知っている自我なんていうのは非常に小さなものにすぎない。本当の私というのは、もっと大きな計り知れない訳の分からない存在であって、その上に、自我というものがちょっと乗っているだけだ。その非常に大きな、自分でもつかみきれないものを、日本語に訳しておきますが、「自己」と呼ぼうとユングは言います。だから、自我の確立も結構だけれど、本来の自己というのは、いったいどうなっているのか。この追求が人生の後半にあることをユングは見出したのです。

その次にユングが言ったことがおもしろいですね。そのような自己のことなら、東洋人の方がはるかによく知っている。東洋人はそれを昔から知り過ぎているので、自我を確立せずに、心の豊かさと物質的貧困の中に生きている。反対に、西洋人は物質的な豊かさの中で自己を知らずに生きている。だから、西洋人はもっと東洋に学ぶべきだと言ったんです。それで、ユングは何とか東洋のことを西洋に知らせようとしました。鈴木大拙がヨーロッパで禅の本を出した時に、その入門を書いたのはユングです。それから、中国の『易経』を翻訳してドイツで出した人がいるんですが、その序文を書いたのもユングです。

でも、ヨーロッパの人々はほとんど聞き入れませんでした。一九二〇年代のヨーロッパですからね。その頃のヨーロッパでは科学が進んで武器が発達して、外国へ乗り出して行って、世界中はヨーロッパのものだと言っていた。そういう状況を横に置いたまま、自己とは何かなんて言ったところで、誰も聞いてくれなかったんです。それから戦争がありまして、日本が負けた。それで、ますます強くなっていくヨーロッパやアメリカと、それを支えるキリスト教こそが中心で、他の考え方は全部間違っている。だから、ヨーロッパ的な考え方で世界を統一しなくてはならないと考えた人が沢山いたのではないでしょうか。

ところが、それに非常な衝撃を与えたのがベトナム戦争です。この戦争で、アメリカは絶対に勝つと思っていたんですね。でも、勝てなかった。それで、アメリカ人がベトナムに実際に行ってみたんです。そこで彼らは考えた。「いったいアメリカ人は何のために生きているのか。われわれは正しいことをしていると思っていたけれど、どうも怪しいではないか。ベトナムやその周りの国々に行くと、金も何もないけれど、悠々と暮らしている人々がいる」と。ユングはそのことを早くから言っていたんですね。

また、ユングは一九三〇年頃にアメリカを訪ねて行って、当時のアメリカ人たちが「あんな無知な奴らはいない」と馬鹿にしていたアメリカ先住民に会っているんです。その時に、アメリカ先住民の、特に老人の顔を見て、「こんなにすばらしい顔をした人は、ヨーロッパにもアメリカにもいない。こんなに素晴らしい顔をした老人がいるということは、すごい文化を持っているということだ。反対に、ヨーロッパにもアメリカにもこれだけの顔をした人がいないということは、ヨーロッパ人もアメリカ人も、何とかして金儲けをしようとか、どうにかして何かをしようということに必死になり過ぎていて、本当の人生の目的を考えていないということではないか」と考えた。要するに、みんながアメリカ先住民は最低だと思っていた時に、そっちの方こそが最高だと考えたんです。

そこで、ユングはその老人に、「あなたは素晴らしい顔をしているけれど、いったいどういう生き方をしているのか。その素晴らしい落ち着きぶりの秘密を教えてくれ」と聞いてみた。すると、その老人が答えて言うには、「太陽が東から昇って、西に沈んで行く。その太陽の運行は、自分たちが祈りによって支えているんだ。自分たちが祈ることで太陽は昇り、自分たちが祈ることで太陽は沈む。だから、われわれが祈ることをやめたら、地上は目茶苦茶になってしまう」と。それでユングは、「こんな最高の仕事をしている人が、いい顔をしているのは当たり前だ」と書いているんです。たとえ会社を作って一億円儲けたところで、太陽が出てこなければどうしようもないですからね。仕事のスケールが全然違う。こういう最高の仕事をしている人は、こういう顔で生きて、こういう顔で死んでいくんだということをユングが言ったんです。そういうことが、一九七〇年代の終わり頃から急にアメリカでもわかってきた。それで、アメリカでもヨーロッパでも、ユングの著作が読まれるようになりました。

エリクソンとアイデンティティ

ところが、ユングの話にはあまりにも東洋的なことが入っているので、先程から言っているように、始めのころは西洋ではあまり受け入れられませんでした。その一方で、自我の確立についてもう少し深いことを考えた人がいます。エリク・エリクソンという人です。この人が、アイデンティティということを言い始めました。

エリクソンは、私たちは自分を確立して、「これが私だ」なんて思っているけれども、本当に私というものは自分の存在の中に根差しているのかと言ったんです。単に判断力があるとか、決断力があるとか、責任があるとか、そういうことではなくて、これまでも私だったし、今も私だし、これからも私だというように、ずっと変わることのないもの。「これが私だ」と、腹の底からポンと言えるようなもの。それこそがアイデンティティではないのかと言い出したわけです。

そういうことは、アメリカ人もだんだん気付き始めていましたから、一九五〇年代頃からアイデンティティという言葉がすごくはやり出しました。自我が確立していて、金も社会的地位も家族もあったとしても、それだけではなくて、「私は私だ」とか、「私はこう生きてきて、こう死ぬんだ」ということこそ、素晴らしいことではないかというようになってきたんです。

ところが、このアイデンティティというものを科学的に説明しようとすると、なかなか難しいんですね。例えば、「私は大学教授です」と言ったところで、大学教授をいつやめるか分からない。「私は父親です」と言ったところで、息子からは父親だと認めてもらえないかもしれない。「私は日本人だ」と言ったところで、もしかしたらアメリカへ帰化してしまうかもしれない。そんなことを言っているうちに、アイデンティティとは何かということが、だんだんわからなくなってしまう。それで、エリクソンの友達が、アイデンティティとはどういうことなのかはっきり言ってくれとエリクソンに頼んだんです。そうしたら、エリクソンが、「それは僕にもわからないから言っているんだ」と言ったという、とても有名な話があります。

つまり、科学的に物事をはっきり決めるということと、「うん、そうだ」というのとでは、話が違うということとです。私たちは、自然科学と科学技術が発達し過ぎたために、科学技術は信用できるけれども、科学技術でないものは信用できないというふうに思い込み過ぎているのではないか。科学でも技術でも捉えられないものがあり、そういうものの中にすごく大事なものがあるのではないかということを、エリクソンは言いたかったんだと思います。こんなことが、アイデンティティというものが考えられてきた背景なのです。

日本人にみられる個の不在

ここで話をガラッと変えましょう。二十一世紀日本の構想懇談会では、そのアイデンティティということを前面に押し出して、むしろ一番古臭いと思われるような「個の確立」ということをガンガン言ったんです。これを、私たちは意図的にやった。なぜかと言えば、日本人はあまりにも個の確立がなさ過ぎる。なあなあと、いいかげんにするのがうま過ぎるからです。

ノンフィクション作家の柳田邦男さんが『この国の失敗の本質』(一九九八年)という本を講談社から出版されていますが、この本を読みますと、個を確立していない日本人のマイナス面がよくわかります。簡単に言ってしまうと、日本人はどれだけ失敗を繰り返してきたのかという内容です。

徳川時代の終わりに鎖国をやめて開国してみたら、ヨーロッパはものすごい文明国で日本は下の方にいた。それで、日本は必死にヨーロッパを追いかけて、やっと追いついたと思ったら、第二次世界大戦でガタンと落ちてしまった。ところが、この戦争を始めた時に、誰が開戦を決意したのか、誰のもとに責任があったのかがわからない。だから、負けた後で誰も責任を取らなかった。もちろん戦勝国による戦争裁判が行われたけれども、あれは日本人が行なったわけではないんですね。日本人には、誰が悪かったのかわからないんです。もっと甚だしいのは、戦地で若い者に「死ね」と言っておきながら、戦争が終わった途端に自分だけ逃げ帰った将校だっていた。でも、その人は何も罰せられていないのです。

あるいは、戦争が終わって五十年もたったら、日本は再び経済的な大国になりました。けれども、その後でバブル経済が崩壊して、またしてもガタンと落ちてしまった。しかし、バブル経済が崩壊しても、その責任を取っていない人が沢山いるんではないでしょうか。要するに、個人としてははっきりと決断し、責任を取るということを、日本人の指導者たちは行なっていない。みんながそれをごまかしている。柳田さんの結論は、日本国民は失敗から何も学ばないというDNAを持っているのではないかということです。

二十一世紀日本の構想懇談会は、この失敗を二度としないようにしようということで集まったのです。その結果、今度こそ、一人ひとりが自分ということをはっきりと打ち出せるような、そういう人間を作ろうということで意見が一致したわけです。だから、個の確立ということをすごく強調しました。私はこれを何度言ってもいいぐらいだと思います。

ところが、これは難しいことですよ。本当に難しい。確かに、個の確立ということは誰でも言いますよね。学校へ行けば、校長先生が「我が校は、みんなの個性を尊重する学校です。みんなが一丸となってやりましょう」と言う。でも、そんなことをみんなが一丸となってやったらおかしいではないですか。だから、本当に個性というものを真剣に考えているのか疑問ですね。むしろ日本人が大好きなのは、個性を無視して数字や番号や順番で考えることだとは思いませんか。

私は昔、高校の教師をしていたんです。その時に、クラスの生徒を一人ひとりよく見て、覚えていて、その生徒の親が来れば、「お宅の子どもさんは、この間バレーボールで大活躍しましたよ」とか、「お宅の子どもさんは、なかなか茶目っ気があって人気者なんですよ」とか言うのだけれど、たいていの親は聞いていない。それよりも、「うちの子どもは何番ですか」ということの方が気になっている。それで、「お宅の子どもさんは、この前の試験では十五番でした」と言うと、「わかりました」と言って、その番号だけを覚えて帰られるんです。

でも、番号というのは、個性を無視するということです。そして、日本ではそういうシステムができあがっている。だから、日本ではみんながだんだん個性を磨滅していって、とことん磨滅した人が、所長とか校長とか、「長」という名がつく指導者になっていくんです。

グローバリゼーションと個の確立

皆さんもご存じのように、これからはグローバリゼーションの時代だと言われています。でも、グローバリゼーションというのは、世界が一様になることではなくて、世界がしっかりつながっていることなんです。ところが、そのつながる方法が、日本とアメリカとではまったく違っている。

昨日、岐阜で行われたシンポジウムの席上で、前の駐米大使の小和田恒さん、雅子皇太子妃のお父さんとお話しをしたんですが、その時、小和田さんがこんなことをお話しされました。アメリカへ行って、アメリカ人と会議を行う時には、英語でパーッと議論をして結論を出す。ところが、その結果を日本へ持ち帰って外務省で報告する時には、人間が変わっていなければならない。英語の考え方のままで話したところで、誰も聞いてくれないんですね。英語で決めたことを、日本的に言い換えなければいけない。人間の姿勢まで変わらなければならないのです。

では、どう変わるのでしょうか。二十一世紀日本の構想懇談会の時に、会議室へ一番最後に入ってきた総理大臣が、「いや、皆さん、すみません」と言われたんです。そして、私の横に来てから、また「河合先生、座長ですね。いや、すみません」と言う。日本では、こうやって「すみません」と言うことで、自分というものをスッと消して、そこからまわりとのつながりが始まります。ところが、アメリカではそんなことは絶対にありません。アメリカでは、まず始めに私というものがしっかりとあって、その私と私との間でつながりが生まれていく。こういうふうに、日米の間には大きな違いがあるんです。

もう一つの例を挙げると、英語では"I am"とか"I think"とか、主語になるのはすべて〝I〟です。それに比べて、日本語では「私」とか「僕」とか「俺」とか、周りの状況によって主語を変えますよね。今ここで「私は」と言っている私が、家に帰れば「わしは」と言うし、喧嘩の時には「俺は」と言うし、冗談を言うときには「拙者は」なんて言ってみたりする。このように、日本では場の中から私が出てくるんです。立っている場を感知して、その場の中で私というものをスッと出してこなければならないんです。だから、私が今何気なく話している言葉を通して、皆さんは私がこの場をどう考えているのかということを感得されるわけです。ところが、英語の場合は〝I〟ばかりです。そのために、アメリカ人やヨーロッパ人は利己主義だと言う人がいますが、これは大きな間違いです。

これからのグローバリゼーションの時代には、外交官を通して国と国とが交わる以上に、皆さん一人ひとりがインターネットなどを通して外国と付き合うことになりますね。その時に、「私は」ということで、パッと通じるような「個」というものをある程度持っていなければ、日本人はどんどん失敗することになる。今までも、日本人は実際に、外交でもビジネスでも学者の世界でも、そういう点で随分損をしたり、誤解をされたりしていると思います。だから、個の確立ということを、二十一世紀日本の構想懇談会ではあれほど強調したんです。

ところが、そこですぐに出てきたのが、そんなことばかり言っていたら日本人のアイデンティティはどこへ行くのかという批判でした。日本人は日本人なんだ、日本人がアメリカ人と一緒になる必要はないではないかという考え方なんですね。でも、私が言っているのは個を確立するということなんです。先程、エリクソンがアイデンティティとは訳がわからないものだと言ったという話をしましたが、私が好きなエリクソンの言葉の中に、「アイデンティティとはこういうものだと言えるようなものではない」というものがあります。むしろ、生涯にわたって続く無意識的な成長の過程、プロセスこそがアイデンティティであるという言い方をしているんです。つまり、「私が私だ」ではなくて、「私はこういうものだ」ということを、一生にわたって作っていくということです。そして、私のアイデンティティがはっきりとわかるのは死ぬ時になる。そのくらいのつもりでいなければならないのです。

だから、ここに日本人のアイデンティティというものがあって、それに何かをパッと継ぎ足そうというのではない。そうではなくて、日本人のアイデンティティをみんなで作っていこうということなんです。その時に、西洋人の言っている個の確立というのは、すごく大事なのではないか。個の確立ということを考えながら、日本人としてどう生きていくかを考えましょうということなんです。

無我を説く仏教

こういうことを言いますと、「ああ、わかった」と思うのですが、実際はすごく難しい。なぜかと言えば、先程から言っていますように、日本人はむしろ個を確立しないように生きてきたからです。そして、この考え方は仏教の中ではますます強いものになってきます。

私は仏教の勉強をあまりしたことがないんですが、子どもの時に読んだ仏教説話の中に、ものすごく印象に残っているものがあるんです。それは、ある旅人が小屋の中で雨宿りをしていた時のことです。一匹の鬼が死体を担いでその小屋に入ってきた。そして、鬼がこれから死体を食べようとしているところへ、もう一匹の鬼がやって来ました。すると、後から来た鬼が、「この死体は俺のものだ」と言い出したんです。最初の鬼が「この死体は俺が運んできたものだ」と言い返しますと、後から来た鬼が「どこにそんな証拠があるんだ」と言い張ります。それで最初の鬼が、震えている旅人に向かって、「われわれ二人の中で、この死体を担いできたのはどっちなのか言ってみろ」と聞いたんです。旅人は怖いけれども本当のことを言わないといけないと思って、「こちらの鬼様が担いで来ました」と答えた。

すると、後から来た鬼が怒って、旅人の右手をちぎって放り投げてしまった。旅人が「痛い」と思ったら、すかさず最初の鬼が死体の右手を旅人につけてくれたんです。助かったと思った瞬間に、今度は左手をちぎられ、すぐにまた死体の左手をつけられた。同じようなことを次から次へと繰り返しているうちに、旅人の身体はすっかり死体のものと入れ替わってしまったんですね。そのうちに鬼も疲れてきて、この死体を半分ずつ食べることにしようということになって、食べ終わると二匹の鬼は出て行ってしまった。

旅人は「助かった」と思ったけれど、自分が誰なのか分からなくなってしまいます。自分は前からいた旅人なのか、それとも、死んでいた死体なのか。そこで、この旅人は偉いお坊さんの所へ行って、「私は元からの私ですか、それとも死体ですか」と尋ねるんです。その時にお坊さんに何かを言ってもらって、「あ、わかった」と思うことがあるんです。お坊さんが何を言ったと思いますか。その答えは、「私などというものは初めからなかったのだ。心配しなくてもいい」というものだったんです。要するに、仏教的に言えば個の確立というものはない。私などというものは、そもそも存在しないというのが仏教の捉え方なんです。

普通とは違う意識の世界

ところで、仏教といえば、あるお経を読んでいてとても眠たくなったことがあります。似たような菩薩の名前が次から次へと並んでいて、その上、同じようなことが何度も何度も繰り返し書かれている。眠くなって当たり前ですよ。でも、「これはすごいな」と思った瞬間に、私はハッとわかったんです。お経というのは読むものではなくて、唱えるものなんです。しかも、鳴り物入りで唱えますから眠られないんです。うまくできていますね。何とかかんとか唱えていって、だんだん眠くなってきたころにゴーンと鳴るんですから。

でも、これはいったい何をしているかわかりますか。実はお経を唱えることによって、普通の意識とは違った、別の意識の方にだんだん変えていっているんです。普通の意識というのは、皆さんが今持っている意識のことです。ここに一輪の花があれば、花は花だし、花は一つしか見えないし、花の色はその通りの色でしょう。でも、意識が変わってくると、これがだんだん違った世界に見えてくる。

例えば、私がここで梅干しをガリガリ食べ始めれば、それを見ているだけで唾液が出る人は沢山いると思います。あるいは、誰かがここで足をバンッと蹴られれば、それを見ていて「痛い」とか「ギャーッ」と思う人はいっぱいいると思います。「この人が足を蹴られているだけじゃないか」と考えて、フーンと見ていられる人は非常に少ないはずですよ。これは、私と皆さんがつながっている。あるいは、足を蹴られた人と、それを見ている人がつながっているからなんです。そのつながっている状態を、もっとつながっている意識で見ようとすること。それが、普通の意識とは違う別の意識ということです。坐禅をするということは、そういうことをやっているのですね。

その時に、今言いましたようにフワーとした感じでやっていると、眠たくなって意識が不明瞭になってしまいます。それではだめなんです。意識はだんだん変わって行くけれど、明晰でなければいけない。明晰性を失わずに、意識がどんどん変わって行くと、いろいろなものが一緒になって、つながっている世界がはっきり見えてくる。そうやって、ずっと意識を下げていって、しかも明晰性を保っていると、すべてのものが融合してくるんですね。そして最後には、「花」とか「河合」とかいうような名前もついていない、「存在」そのものの世界にまで降りていく。それを明晰に認知できるようになるんです。反対に、その「存在」そのものが普通に現れてくると、花というものになって現れてくるし、河合というものになって現れてくる。井筒俊彦という哲学者がそういうことを書かれています。

西洋流に言えば、「ここに花が存在している」とか「ここに河合が存在している」ということを、東洋的な意識で表現すれば、「これは存在が花している」とか「これは存在が河合している」ということになる。これを、「存在(Being)はフラワリング(Flower-ing)をやっている」とか、「存在(Being)は今、河合イング(Kawai-ing)をやっている」というふうに英語で話すと、外国の人たちは喜ぶんですね。西洋では「花が存在する」と言いますから、「存在する」という方が述語になって、「花」が主語になっています。ところが、東洋的に言うと「存在」の方が主語になってくるわけです。

そうなると、物事を観察する態度も変わってきます。「河合が花を観察している」という西洋流の態度が、東洋流に言えば「あなたは花してますね。私は河合してますよ」ということになる。そうすることで、花と河合が一歩近寄ることができるんです。要するに、世界を見る見方が西洋と東洋では随分違っています。西洋では世界を切り刻んで見るのに対して、東洋では世界をつなげて見る。まったく正反対なんです。

西洋で発展した自然科学の考え方は、世界を切り刻んで花を観察し、花を切り刻んで分子を観察し、分子を切り刻んで原子を観察し、原子を切り刻んで電子を観察するというやり方です。世界を操作するには、こういう考え方の方が有効ですね。だから、世界をスッパリ切ることを根本とする科学技術が世界中を席巻してきたわけです。

ところが、先程も言いましたように、われわれは科学技術だけでは暮らすことができない。例えば、交通事故のために自分の恋人が目の前で死んでしまったという人が私のところへ来られました。その人は、完全に気持ちが沈んでいて、生きていく気持ちもなくなっています。その人が、「なぜ、あの人は死んだのでしょうか」と訊かれるんです。

これに対して、自然科学では簡単に答えることができますね。「あれは出血多量でした」と答えればいいわけです。けれども、それではその人が聞きたいことの説明になっていない。その人は、「なぜ、私の恋人が」ということを聞きたいんです。つまり、関係の中での答えが欲しい。でも、関係の中で答えるということを自然科学はやらないんです。

もっと極端に言うと、私の死を自然科学は説明できない。私はなぜ死ぬのか、いかに死ぬのかという問題を、自然科学が説明することはできないんです。このことを、柳田邦男さんがしばしば強調されています。自然科学や科学技術は、三人称の死、つまり、人間が死ぬということを語ることはできる。ところが、二人称の死や一人称の死を語ることはできない。それは、宗教にしか語ることができないのです。そうすると、そうしたつながりの中で物事を考えるという仏教的な考え方は、とても素晴らしいことなのですね。ものすごく洗練されているんです。

仏教の世界と臨床心理学

私の専門は臨床心理学ですが、アメリカやヨーロッパへ行った時には、臨床心理学の分野でしばしば仏教の話をしています。それはなぜかというと、臨床心理学というのは人間とつながっていなければできない。相談に来られた人の話を聞いている時の私の態度は、坐禅や瞑想をやっている人と非常に近くなっていると思うからです。つまり、相手と私が一緒になって、つながっている世界の中で話を聞いている。

先程言いましたように、「なぜ恋人が死んだのでしょうか」と訊かれた時に、「出血多量です」と言ったところで答えになっていない。それよりも、この人が恋人の死を悼んでいるならば、私も一緒に悼むことの方が大切なのです。臨床心理学というものは、相手と一緒になって、ある関係の中で世界をどのように見ていこうかということをやっています。ですから、仏教的なものの見方や考え方というのは、すごくおもしろいのではないか。最近、外国へ行ってこんな話をすると、みんなが関心を持って聞いてくれます。

例えば、ある人が相談に来られて、「私は学校へ行っていない。嫌でしょうがないんです」という話をされた時に、たいていの人は「なぜ学校へ行かないの」とか、「学校のどこが嫌いなの」というふうに、すぐに聞いてしまいます。でも、そんなことがわかるくらいなら、学校へ行っているんですね。自分でも、なぜ行っていないのかわからない人がたくさんいるんです。ところが、「なぜかわからないけど、学校へ行っていない」と答えると怒られるから、無理にでも理由を言おうとする人がいます。けれども、何か理由をつけてみたところで、その理由が解消されれば学校へ行けるとは限らない。だから、私たちは相談に来られた人が「学校へ行っていない」

と語るのを、ただぼんやりと聞いているだけです。それならどうするということを、ほとんど考えずに聞いているんです。先程も言いましたように、われわれの意識のレベルをどんどん下げて行って、深い所からもう一度考えなおそうという態度で聞いています。しかも、明晰性を失ってはいけません。ここが難しいところなんです。下手をすれば眠ってしまう。相手の話を聞きながら、眠ってしまうすれすれのところでずっと一緒にいるわけです。

ですから、普通の人が見れば不思議に思うかも知れません。「もう死にます」と言われて、「はい」と聞いているだけですし、「私は生きていても仕方がありません」と言うのを、「はい、はい」と聞いているだけです。そうやって、ずっと聞いていると、「もう死にます」という所まで落ちて行った人が、「やっぱり生きよう」というようになるんです。しかし、この「やっぱり」が出てくるまでには、かなり下がって行かなければいけません。

その時に、「もう死にます」と言う人を前にして、その人との関係が切れたままで、「あっ、そう、死んでくれ」と言っては絶対にだめです。「もう死にます」という人と一緒になって下がって行かなければいけない。でも、一緒に下がって行く時に、次は上がろうとか下がろうとかいうことを考える必要はない。相談に来ている人が話し始めたら、その人の世界に入って行くだけです。そういう態度を、私は長い間の訓練を通して、ようやく身につけてきたんだと自分では思っています。

そうは言っても、あんまり話をしない人が来たらどうするんだと思われるかも知れませんね。実際に、高校生くらいの人は話ができないんです。あれは、別に隠しているわけではなくて、自分でもうまく話せないんです。そういう人は、「僕は高校二年生です。学校へ行っていません」と言ったまま、黙ってしまいます。そうなると、その人と一緒にいることは、なかなかできるものではありませんよ。こちらから話しかけてはいけないとか、自分は黙っていなければいけないと考えて、相手に合わせて黙っているうちに、「今日の昼飯は何にしようかな」なんてことを考えてしまうことだってあります。心がよそへ行って、その場にいなくなってしまうんです。でも、これではいけません。その場で、ずっと沈黙したまま一緒にいなければいけないのです。

ところが、やはりこちらも人間ですから、いつまでもじっとしていられない。そうなると、心がどこかへ行ってしまうくらいならば、何か話をした方がいいというわけで、「高校二年生でしたね」などと言ってみます。同じことを繰り返して言っているだけです。

これは、なぜだかわかりますか。下手な人ほど、相手が話していない世界に飛び出して行ってしまうからです。例えば、「高校二年生ですが、学校へは行っていません」と言われて、「ああ、そうですか。お父さんの御職業は何ですか」なんて聞いてしまいます。そして、「父親は大学教授です」という答えが返ってくると、「それは大変ですね。大学教授ではあなたの気持ちがわからないでしょうから」などというように、勝手に物語を作ってしまうんです。人間にとっては、自分で自分の世界を作る方がはるかに楽なことです。でも、それではいけないのです。相手を同じ人間だと思って、ずっと一緒にいることが大切なのです。

しかし、その後もやはり会話にはなりません。しばらく沈黙が続きます。そんなことをグニャグニャやっているうちに時間が来てしまいますから、「来週来られますか」と聞いてみるんです。どうせ来ないだろうと思っていると、ニコッとして「来ます」と言うんですね。「へェー、こんなカウンセリングでも来るのかなあ」と思っていたら、その生徒のお母さんから電話がかかってきました。それによれば、その生徒はいつになく晴れやかな顔をして帰って来たそうです。そして、お母さんが「今日あなたはどういう人に会って来たの」と聞いたら、「あれだけ高校生の気持ちが分かる人はいない」と答えたというんです。おもしろいですね。こちらは何もわかっていない。わかっていることといえば、「高校二年生で、学校へ行っていない」ということくらいです。けれども、その生徒が言いたかったことは、「自分の心をそれだけ大事にしてくれる人は、ほかにはいない」ということだったのでしょう。ですから、その人を大事にするということは、その人の心の中に手を突っ込まないということなんです。「なぜ学校へ行かないの」とか、「お父さんのお仕事は」というように、一番手を入れて欲しくないところへゴチャゴチャと手を突っ込んでおきながら、自分はその人のためにしているんだと勘違いしている人が沢山いますね。でも、私たちはそれを絶対にやりません。それはなぜかと言えば、私たちの仏教的教養の影響が大きいからだと思います。明晰性を失わないで、意識のレベルをずっと下げて行くことで、相手とずっと一緒にいることができるからです。

和魂洋才と「開かれたアイデンティティ」

このようなことを考えていきますと、日本人は日本の伝統の中にいるのだから、日本の仏教的な考え方を持っている。けれども、アメリカ人と議論する時には、日本人も個を確立して自分の意見を言える人間になる必要があるのではないかという考えが浮かんできます。そんな器用なことはできないと言う人がいるかもしれません。でも私は、それができると思っています。非常に難しいことは事実ですが、何とか頑張ってやってほしい。私自身も、それほど上手ではありませんが、できる限りそうすることを心掛けています。

自分の持っている東洋的、日本的、仏教的な素晴らしいものを大切にしながら、西洋のよい部分をどんどん取り入れていく。そうすることによって、自分のアイデンティティを死ぬまでかかって作っていく。私のアイデンティティとか、日本人のアイデンティティというものは、こういうものだとか、こうあるべきだなどというものではありません。一人ひとりがどうやって生きていくかということにこそ、本当のアイデンティティがある。私はそれを「開かれたアイデンティティ」と言っているんです。

二十一世紀日本の構想懇談会の最後の結論は、「立ち向かう楽観主義」という表現になりました。立ち向かっていこうではないか。立ち向かっていく限り、日本は心配しなくても大丈夫だ。そういう楽観を持ちながら、それでもなお立ち向かっていこうという意味で、「立ち向かう楽観主義」と言ったのです。

これを、私流に言えば「開かれたアイデンティティ」ということになります。さらに、それは明治時代に掲げられた「和魂洋才」に通じます。日本の和の魂を大切にしながら、西洋の才、つまり、自然科学や科学技術を取り入れていく。この「和魂洋才」という考え方は、和魂というものが最初にあって、その上に洋才をポンと乗っけることだと考えている人がいます。でも、それは間違いだと私は思います。そもそも和魂というものは、始めからきっちりとしているものではなくて、だんだん作り上げていくものではないのか。

そう考えていましたら、『源氏物語』の中に、すごくおもしろいことが書いてあったんです。主人公の光源氏が、漢詩や漢文の勉強をさせるために自分の息子を大学に入れるんです。すると周りの人たちが、光源氏の息子ならば確実に出世できるのだから、無理に勉強する必要はないではないかと言い出します。その時、光源氏が言った言葉が「和魂漢才」。その上で彼は、「漢才をもって、大和魂を磨かなければならない」という、とても大切なことを言っているのです。

私はそれを知って大変うれしくなりました。現在のわれわれが「和魂洋才」ならば、洋才で和魂を磨こうではないか。つまり、自分は最初から決まりきった和魂を持っていて、そこに新たな洋才を継ぎ足すのではない。自分の持っている和魂がどういうものかはわからないけれども、その和魂を洋才で磨いていく。磨き上げるとどうなるのかもわかりません。それでも、磨いていこうではないか。死ぬまで磨いていこうではないか。そんなふうに、私は考えるようになったのです。

そして、私は和魂洋才を考えているけれども、洋魂の人は反対に、もう少し和才で磨いた方がいいのではないか。そう考えて、私は外国へ行くと仏教の話をするんです。「日本では、皆さんとは全然違う考え方がありますけれど、これはどうですか」とか、「私は仏教的な考え方を臨床心理学に取り入れているんですが、これが結構役に立っているんですよ」というわけです。

私は、これこそが本当のグローバリゼーションだと思いますね。アメリカの人にもヨーロッパの人にも、もっと東洋のことを知ってほしい。それは、かつてユングが行なったことですけれども、それをもっとやってほしい。そうすることで、彼らは和才で洋魂を磨く。われわれは洋才で和魂を磨く。そのように考えることが、閉じられたアイデンティティではなくて、開かれたアイデンティティなのだと私は思っています。

科学と仏教

はじめに

今世紀において、科学は急激なる進歩を遂げました。技術と結びつくことによって、科学は現代人にとって計り知れない効率性と利便性をもたらしました。しかし、われわれが近代科学および近代技術のもつ潜在的な破壊可能性を危惧していることもまた事実です。これは人類がいくつかの新しい分野について知識を獲得し始めたという事実によるものです。その分野としては、核エネルギー、宇宙、そして分子生物学が挙げられます。もし必要とされるレベルのコントロールを維持できなければ、人類は人類全体の滅亡の危機に直面することになるでしょう。

近代自然科学が非常に発達してきたことを考えますと、「科学と仏教」というテーマでお話をすることが時代錯誤のように思われるのではないかと考えています。古い思想としての仏教は、特に自然科学との関係において今日何らかの意味を持ちうるのでしょうか。この疑問に対する私の回答は、もちろん「イエス」です。仏教の思想は、自然科学とはまったく反対の方向に発展してきました。この意味で、私は仏教が自然科学に対する補完的な役割を果たすというのみならず、自然科学の新しい次元を見出すための手段としても有用であると考えます。

今まで申し上げました考え方を展開するために、私は、サイコセラピスト(心理療法家)として直面してきたいくつかのきわめて具体的な問題からお話したいと思います。

ある時、ある父親が、自分の高校生の息子が長い間学校に行かないということで相談に来られました。その父親は、「あなたは京都大学の教授ですね」と尋ねられましたので、私は「はい」と答えました。すると、その人は「現代は科学が発達して、誰かがボタンを押すだけで、人類は安全に月に行って帰ってこられますね」と続けました。結局、「そんな時代に私の息子を学校に行かせるボタンがないのですか」というのがその人の質問でした。

私は、これは現代の人々が陥りやすい問題を典型的に表わしているものだと思います。つまりこの父親は自分の子どもをどのようにコントロールするかということだけを考えていて、自分と息子との関係をまったく忘れてしまっているのです。彼は自分の息子を機械のように操作したいと考えています。関係性の喪失を感じ取ったこの息子は、意識的あるいは無意識的に父親に抵抗するしかなかったのです。私はこのような問題を「関係性の喪失」(loss of relatedness)というような言い方で呼びました。

このような悩みをもって私のところを訪れる人々は非常に多いのです。そうした人々は、神経症の症状とか、あるいは人間関係とか、いろいろなことで来られるのですが、その底にはこの関係性の喪失ということがあると思います。こうした傾向が近代科学技術の進歩とどのように関係しているかについて、後の部分で議論したいと思います。

そこで次の問題を申し上げます。ある意味で境界領域に属している病気が増加しているということです。「心身症」(psychosomatic disease) がその典型的なものですが、その病気の主たる原因が果たして心の問題であるのか、身体の問題であるのか決めることができません。ご存じの通り、近代医学は心と体の間に明確な区分を設けるという前提の下に発達してきました。この前提によって医学は進歩し、多くの病気が人間の世界から駆逐されてきました。しかし、心身症の増加という問題には、心と体を完全に分けるということが大きく関わってきています。病気の方が、心と体を分けるというこの方法によっては解決できないところへうまく逃げ込んだのではないかというふうに思っています。その意味で、この現象は人間に対する自然のある種の復讐ではないかともいうことができます。

近代人の病として見た場合、近代科学の急激な進歩がこれに関わっているのではないかと私は考えています。この問題について考えるために、近代自然科学の方法論の本質について詳しく見ていくことにしましょう。

自然科学の方法論

人類の歴史上、時代や場所が違えば、われわれが現在「科学」と呼んでいるものに関する知識も異なりました。しかしながら自然科学の方法論そのものは、近代ヨーロッパにおいてできあがったもので、それほど古いものではありません。最も重要な点は、観察者が観察される現象から切り離されていなければならないということです。このようにして、観察された結果は観察者から独立したものとなります。すなわち、その結果には普遍性があると考えます。主体と客体の間の明確な区別が明らかに必要となります。これは、近代ヨーロッパ文化の偉大な成果でありまして、これによって、科学的発見としての普遍性を主張することができることになります。

今世紀の科学の重要な特徴の一つとして、科学的知識がテクノロジーと密接に関連していることが挙げられます。自然科学に基づいたテクノロジーが発達することによって、それは誰からも利用されることができるようになりました。これは自然科学の「普遍的」前提によるものであり、マニュアルに従えば、個人的違いを超えて、誰もがそれを利用できるようになりました。そこでは特別な技能や能力は必要とされません。前に挙げました高校生をもつ父親の言葉のとおり、人類は、ボタンを押すだけで月に行けるようになったのです。

近代テクノロジーの偉大な成功によって、私たち人間は生きている人間にまで同じ方法論を適用しようとしてきたのではないかと思います。すべての人々が、他の人々をコントロールするためとか、少なくとも扱うための最良の「テクニック」を知りたいと思っています。まさに「ハウツー」知識の全盛であります。「良い子を育てるには」「老人の世話をするには」といったようにです。これらがある程度までは役に立つことは事実です。しかし、こうした考え方にあまりにも多く頼りすぎると、先に述べましたように、「関係性の喪失」に苦しむことになります。集団の中にいるときには、誰が他人をコントロールするかを巡って争いが起きます。それと同様に、「関係性の感覚」がない場合には、技術的に解決しようとすることは、相対立する技術的解決法を巡る争いを生み出すだけです。

人間の研究

近代科学と近代テクノロジーの莫大な成功を見て、人間研究はその方法論を真似しようとしてきました。社会科学と人文科学は、自然科学とテクノロジーの勃興の中で、それに追随してきました。研究者が人間のある側面を客観化することに成功したときには、その方法は合理的な結果を獲得することができます。しかし、人間を全体的存在として捉えようとするときには、自然科学の方法は役に立ちません。研究者自身が人間であるために、主体と客体の間に明確な区別をつけることが不可能であるからです。主体と客体の間の関係性の質が、常に結果に影響を及ぼします。

サイコセラピストとしての私の実際の経験を例に取ってみましょう。活動過多の症状を持ち、教室で自分の勉強に集中できない六歳の子どもが来たとします。私ができる限り客観的であろうとして、彼との関係を持たないようにしたとすると、そのとき私が言えることは、彼が落ち着きがないとか、知能が低いとか、そういったことだけです。しかしながら、彼と良い関係を作り上げていこうとすると、彼は自分が守られていると感じ、自由に行動することが許されることによって、彼の行動は変化していきます。ここで、最も重要なことは現在の状況を観察することではなく、彼が自分の内なる可能性を表わしてくれることを期待することです。

主体と客体との間の関係は非常に重要であり、心理療法においてはその関係なしでは何の積極的な現象も起こりません。さらに言えば心理療法以外の領域、例えば教育や医療の一部においても、そのことが当てはまります。こうした領域においてはわれわれは一人の人間を全体的存在として捉えなければならず、主体と客体の間の相互関係が研究において非常に重要な要素となるのです。

私の気づいた次の点は少し問題になるかもしれませんが、偶然的に生じる事柄が一つのコンステレーションを作っているということについて簡単に申し上げたいと思います。

心理療法を行なっていますと、非常に偶然的な、時には奇跡的といっていいような事柄が生じてきます。その事柄が、実は心理療法、その人の治療、治癒に非常に大事な要件になります。そこに何らかの因果的な説明を行うことはできませんが、一連の出来事がよいコンステレーションを生み出すケースを目にすることがあります。それは患者の人生にとってばかりでなく、時にはセラピスト自身にとっても非常に深い意味をもつものとなります。こうした現象が起きるのは、そのほとんどが、私が患者をコントロールするとか、オペレートするための意識的な努力を放棄し、何かが自発的に起きるのを待とうとしたときであることを指摘しておきたいと思います。あるいは、こうした態度をとることによって、ほかの人ならば見逃してしまったかもしれない意味のあるコンステレーションを認識することができるようになると言った方がよいかもしれません。

心身症の患者の場合を例にとりましょう。そのとき、今ここで挙げたように、病気の「原因」を探ろうとか、何かアドバイスをしようとか、治療薬を与えようとかといったことを考えないで、患者に会いました。心理療法のコースにおいて、私はその患者に対して何も治療はしませんでしたが、その方の症状は自然に消えてゆきました。

このアプローチは、テクノロジーとはまったく異なったものです。テクノロジーにおいては、すべてのことがとてもクリアです。あなたがしなければならないこと、そしてそこで得られる反応はすべて、オペレーティング・マニュアルに従ってすでに事前に決定しています。これとは反対に、その人の内なる可能性から出てくる自発的な活動をただひたすら待つという私のアプローチには、マニュアルはありません。もちろん何らかの期待はもっていますが、次に何が起こるかを正確に予想することはできません。この意味で、私のアプローチはヒューリステックな(発見の手助けとなる)ものであり、創造的であるとさえ感じています。このような創造的な働きによって患者は治癒していくのです。

これらの創造的な働きは、セラピストと患者の間の関係によって支えられ、築かれていくのです。

仏教の基本的前提

関係の重要性について認識するようになるにつれて、私は仏教思想に非常に強い感銘を受けました。ここで取り上げるのは華厳経に基づいた井筒俊彦先生の哲学的考察ですが、これは他の仏教の宗派にも通じると言ってよいかと思います。

「華厳経」(Garland sutra)が強調している最も重要な考え方は、無自性ということです。

例えば、今ここに私は河合隼雄として立っていますが、華厳経によれば、私は私自身を定義したり規定したりできる自分自身の性質を持っていません。それではどうすれば私自身であることができるのでしょうか。どうすれば無自性のものが他と区別されるのでしょうか。華厳経の答えによれば、それは関係によって現在があるということです。ここに私がいるということは、誰かとの関係があります。こういうすべてのものとの無限の関係の総和によって、私はできあがっていると考えます。

この考え方は、先程述べました、私たちの日常的な思考方法とはまったく異なっています。私たちは、存在するすべてがそれ自身の性質をもっており、そのうえで他のものとの関係があるといったように考えます。しかし華厳経の考えは関係から始まり、そうした関係からそれぞれの存在が規定されるとしています。

この考えは、私たちの通常の意識とは異なる意識状態から生じてくるのだと、私は考えます。通常の意識においては、A、B、Cといったそれぞれのものは、それぞれ別々に存在しています。しかし、私たちが意識のレベルを変えると、AとBの間、BとCの間の境界はぼやけてきます。その明確さを失わないで意識のレベルを下げていきますと、すべての存在は一つのものになり、それに名前を付けることはできません。この全体は、名前を持たないために「無」と呼ばれますが、同時に実際にはそれは全存在であるということもできます。

このことを私たちが日常で体験するのは、例えば次のような場合です。

自分の友人が目の前で怪我をして血が出るとします。それを見るだけで自分まで痛いと思うわけです。私と友人はまったく別個の人間ですが、そのときは私と彼との間に一つの融合が生じます。この融合はいろいろなところに生じておりまして、特に母親と子供の間との融合というのは相当な程度があります。母親が病気をすると子どもが病気をしたり、また母親が不安定になると子どもが不安定になったりということがあります。そのような融合関係の意識を、図式的ですが、もっともっと下へ降していくと、例えば私とそこにお見えになる西島安則先生だけでなくて、私とこのマイクロホンとの間の関係、私と机との間の関係も全部融合していくことになります。そしてそれを一種の理想状態として、一番下まで降ろしていくと、それは一つになって、being と言うほか仕方がなくなる、つまり存在としか言いようがありません。

意識の底にまでたどり着くと、そこから意識のレベルを通常状態へと戻してきます。その場合には、全体は、個別の物体、あるいは生物として現れてきます。しかし、それぞれのものは、全体の現れであるのです。私の意識を元へ返してきますと、その全存在が挙げてこのマイクロホンになるのです。全存在が挙げて私になると仏教では考えます。これを仏教では「挙体性起」と言っています。このことを華厳経の中では、空中にある塵の中に三千の仏があるという言い方をしています。つまり全部が挙体性起するわけです。

このことを表現するのに、先に挙げました井筒俊彦先生が非常に面白い言い方をしておられます。例えば、われわれはここにコップが存在しているという言い方をします。ところが本当は存在がコップをしているというべきであるというのです。ですから、私の場合ですと、その存在がここに河合しているとなるわけです。そして私とこのコップとの関係は非常に親密なものになります。普通われわれが考えている私とコップの関係などというものをはるかに超えた関係性の中に存在することになります。

これを図式で表わしますと、次のようになります。

A＝f(a, b, c, d, ……)

B＝f(a, b, c, d, ……)

C＝f(a, b, c, d, ……)

意味論的な考え方をしますと、シニフィエ(その語が指している対象)は常にすべて(a, b, c, d, ……)である一方で、シニフィアン(あるものを指す言葉)は、A、B、Cといったように異なっているわけです。この奇妙な事実を説明するために、華厳経では「有力」(パワフル)と「無力」(パワーレス)という概念を用います。「有力」ということは、能動的、明示的、自己主張的、支配的要素を表わしています。この反対に「無力」ということは、受動的、隠在的、自己否定的、従属的な要素を示しています。

私が心理療法において、積極的な意図を放棄し、何か事柄が起きるのをただ待つだけにした時についてお話ししたことを思い起こしてください。こうした態度は、人格の変化を引き起こすように、「無力」な要素を活気づけました。すべての人々が、彼のことを少年非行であるとか、アルコール依存症であるとかといったレッテルを貼るかもしれませんが、セラピストの態度が受動的であり、自己否定的であり、隠在的であることによって、十分に興味深い変化が起こるのです。無力な要素が自己を表わそうとし始めるのです。

以上でおわかりの通り、これは近代科学やテクノロジーの方法とはまったく異なるものです。これらは他者をコントロールしたり、操作したりしようとするものです。私が今まで述べてきた仏教思想は、近代科学とまったく正反対のものです。われわれの日常の意識は近代科学によって、物事を区別する方向へ非常に洗練されてきました。これに対して仏教においては物事を融合する方向にあります。

もし私たちが完全に近代科学的な思考にとらわれているのであれば、仏教の考え方はまったくナンセンスであるか、混乱を引き起こすものとして受け取られるでしょう。しかし、私が考えるには、近代科学の進歩の頂点に立った今、それを補うための必要不可欠な手段として仏教の考え方が必要なのです。

仏教と科学はどこで出会うことができるか

仏教の考え方の重要性を認識したとして、現代という時代においてどうすればそれをよりよく用いることができるのでしょうか。私は、近代科学やテクノロジーを否定する意志はまったくありません。それらは私たちの日常生活において非常に重要な役割を果たしてきたからです。しかし、科学と仏教を同時に受け入れることはいったい可能なのでしょうか。

われわれが用いるべきであると思われる一つのアイディアとして、科学やテクノロジーを近代の科学的方法論の制約から解き放してはどうかと考えます。そこでは科学の定義の拡張が必要とされます。そこで、主体と客体の間の関係の存在を認め、意識状態の変化を通じて観察される現象を認めることになります。結果を報告するときには、われわれの関係の種類について、そしてどのレベルの意識がそこに関わっているのかについては十分に注意しなければなりません。そうしなければ、まったく混乱した状態になるからです。そして関係の質について記述する場合には、仏教的意味での「関係」があることを忘れてはいけません(この点から、このシンポジウムのタイトルとして「共存」(coexistence)ではなく、「共生」(symbiosis)が用いられていることをうれしく思います)。

私は、物事を分離する科学に代わるものとして、「関係」を基本的要素として、そこから出発する科学を構築することを考えています。

私の思考は、真実の多面性を許容する前提に基づいています。これは「真実は一つである」とする近代科学の考え方とは異なっています。近代科学に固執する人々は、おそらく、私が多重人格をもち、信用できないと言って、私を攻撃することでしょう。

しかしながら私はこの問題について長期にわたって考え続けてきました。そして最近では、私の考えは多くの方に支持していただいております。免疫学の優れた学者である多田富雄氏もその一人です。多田氏は、われわれの人体の中では神経のシステムと免疫のシステムとがまったく独立であるといっておられます。人間の中にはそれを統合する器官はないにもかかわらず、われわれの身体の中では今のところは極めて調和的に存在しているのだと思います。私はこれを非常に素晴らしいシステムだと思います。私はこれと同じようなことが人間の心の中にもあってよいのではないかと思います。すなわち、統合するものを持たなくとも、さまざまな独立したシステムが調和的に維持されていくようなシステムです。

このような中心をもつことなく調和的に共存するモデルは、われわれ個人について考えるうえだけではなく、人間の集まった集団、あるいは国家の集団などに対しても示唆を与えるのではないかというように思います。

日本人の宗教性とモノ

消えた原罪――キリシタンの宗教性

この会に参加できることを非常に嬉しく思ってきたのですが、最近はあまり新しいアイディアがありませんで、困っておりました。しかし、「中空構造」というのが私の売り物ですので、題の方も中空にして、今朝まで何も申し上げてなかったんですが、何も題がなかったら、せっかくのシンポジウムが台（題？）無しになるので、急遽入れさせていただきました（笑）。

モノというのは、関西弁で発音しますが、日本人の宗教性を考える一つの手がかりとして、次のようなことを考えてみたいと思います。皆さんもご存じであろうと思いますが、隠れキリシタンが「天地始之事《はじまりのこと》」という文章を残しています。これは昭和になってから発見されたんですけれども、非常に面白いのは、『創世記』の話をずっと口伝えてきたのが、おそらく書いても大丈夫、と思った末期になって文章化されたのではないかと思われることです。もともとは書いて伝わったのではないと思います。それで、私の考えではこれはものすごい文化実験、つまり、一つの話がある違う文化から一つの文化に伝わって、そのまま口伝えをしてみると、どのくらい変容するか、ということを実験したようなものであります。「天地始之事」も、もともとは聖書の話を語ったに違いないのですが、文字になった時には、もともとの話とだいぶ変わっているわけです。

これが、非常に面白くて、私は非常にすばらしいものが残っていたと思います。一番大事なことは、原罪というものがなくなってしまっていることです。アダムとイヴが木の実を食べるところは、リンゴということになっています。そして、神が現われてすごく叱られると、アダムは必死に吐き出して、喉につまったということまで書いてあるんです。さらに、アダムとイヴではなくて、どういう訳か知りませんが、イヴとアダムなんです。それで、天国から出ていけ、と言われたときに二人がすごく悲しんで、何とかして帰らせて下さい、と言ったら、神様が良かろう、と言うんです。四百年後には帰ってきてよろしい、ということになります。つまり、原罪がなくなってしまうんです。他にもいろいろ変化がありますが、簡単に言いますと、キリストに関する話は少なくなっていって、聖書に書いていないマリア様の話が多くなっていきます。やはり重点はマリア様なんです。

踏絵という儀式

ここからは、まったく私の解釈になりますが、私がそこでいろいろと考えて思ったのは、隠れキリシタンというのは必ず罪を犯さねばならない。つまり、踏絵、というものがありますね。つまり全員が、罪を犯すわけです。だから、罪が消えない、ということに耐えられなかったのではないか。それで、罪は努力すれば必ず消すことができる、という考え方になったのではないかと思うわけです。それと併せて思いますのは、バスチアン・カレンダーというものがありますが、そのカレンダーを見ますと、すごく細かくて、この日は何をしていい、何をしてはいけない、とか、何をしなくてはいけない、あるいは儀式のきまりごとが非常に多いんですね。私がそれを見て思ったのは、踏絵という罪を犯すが、一年の間に浄化される、毎日の生活が浄化に繋がるのだ、ということです。しかし、浄化されたときは、どうしてもまた罪を犯さなければならない。つまり、いつでも罪を犯しながら生きていかなければならない。そういうことを隠れキリシタンの人がやっていたのではないか。つまり、今日の中村雄二郎さんの話と重なってくると思いますが、これは悪ではなくて、一つの穢れと思ったのではないかと思います。非常に大きな穢れがあって、その後の一年間の全生活によって清める努力をしなくてはならない、しかしまた、穢れがある。だから、ここに知らない間に輪廻的な考え方、自然との結びつきがあったのではないか、と思います。だから私は隠れキリシタンの信仰というのは、踏絵がなくなったところから急激に弱まっていくのではないか、と思うんです。踏絵、ということは宗教的な儀式となっていたのではないか、ということが私の考えです。

物と心が分かれていない

こういうことを考える基礎には、日本人の考え方にはずっと、物と心が分離されていないということがある。例えばモノノケという言葉がありますが、物と心が分離以前のものをよく「モノ」と言うのだと思います。仏教辞典なんかを見ますと、モノというのは霊を表わすものとして出てくるのです。そして、いわゆる物質と精神、あるいは肉体と精神の分離以前のモノというものを全体として把握する、ということが非常に大事とされていて、だから「モノ語り」というものが非常に大切だったのではないか。『源氏物語』について本居宣長はおそらく美的なものに注目して、「モノのあはれ」と言っていますが、私が『源氏物語』を読んで感じたのは、「モノの流れ」といいますか、物と心の分離以前のモノがただ動いている、その動きを書いた「物語」ではないか、ということだったのです。

そのように、物と心を分離しないできていますので、ある意味では日本人は非常に心を大事にしてきた、というふうな言い方もできますが、ある意味ではモノと心を分離したうえでの心の方を評価しない。だから、いまでもそうですが、心理学をやっているとどうしても、うさんくさいという感じを持たれる方がいるんですね。どうも怪しげなことをやっているというか、分離して取り出さなくてもいいものを取り出しているのではないか、という声も聞かれる。だから、片方を強調する人は、非常に日本人は心を大切にしてきた、というふうに言われるのですが、私はよく反論するのです。心を大切にしてきた割に心の職業を持っている人にお金を払わないではないか、と(笑)。土居健郎先生も同じ苦労をされたと思いますが、私はヨーロッパの研究所から、一九六五年に帰ってきまして、心理分析を始めたんですが、その分析にお金を払う、ということを思っている人はまずありませんでした。心理分析を勉強したということが評価されない。いまは随分変わってきましたが、これはなぜかというと、心だけを分離してつかまえる、ということはどうもおかしい、変なことだ、うさんくさい、ということがあったのだろうと思います。

「もったいない」の教育

われわれが子どもの頃に受けた教育で非常に大事なことに、もったいない、というのがありました。土居先生の「甘え」がなかなか英語にならないように、もったいない、というのもなかなか英語にならないのではないかと思います。私がアメリカでぱっと英語にならずに困った言葉は「甘え」でした。で、すごい苦労して、これは非常に大事なことであるが、すぐには訳せないので、一週間考えさせてくれ、と言った覚えがあります。次に訳しにくいのが、もったいない、ということなんですが、そう言うと、あちらの人は、すぐに「物を浪費してはいけないということか?」、と言われるんですね。そういう問題ではなくて、御飯ひとつぶでももったいないわけです。

このことをわれわれは子どもの頃からしつこく言われました。これはやはり物と心の分離以前の問題であって、非常に小さいモノであっても、それは全世界に匹敵している。この背後にはアニミズムがあるのではないか、と思いますが、華厳経なんかを読むと、それはすごく分かりますね。華厳経は何度も同じことを繰り返し言っているのですが、その繰り返しの一番の根本は、最も微少なモノでも全世界に匹敵するという、このような考え方です。井筒俊彦先生がそういうことを書かれていて私はすごく感心したのですが、要するに、いま言ったように、物と心どころか、何も区別することのない心の動きを大切にする。で、西洋の近代というのはむしろ、区別する方を非常に大事にする。区別を最も洗練させて、自然科学が出てくると思うのですが、仏教ではむしろ区別しないんですね。だから、人間同士どころか人間と物とも全部区別できなくなって、何も区別できない「存在」としか言いようのない状態。その存在が、この世界にモノとなって現われてくるのが、仏教で言う挙体性起です。つまり、御飯ひとつぶでも、存在すべてを挙げて出てきていますので、そこには仏さんも入っている、という考え方です。だから日常生活で、もったいない、と何気なく言っているだけのようですが、そこには非常に宗教的・道徳的教育が働いている、というのが日本の状況です。

井筒先生流に言いますと、「ここにご飯つぶが存在している」、というのは西洋の言い方であって、われわれの言い方では、「存在がご飯つぶしている」。だから、ご飯つぶを見たときに、「ここにご飯つぶが存在していて、ここに私が存在している」というのではなくて、ご飯つぶに、「あなたはご飯つぶしておられますか、私は河合しておりますね」と言いますと、関係が完全に変わってしまう。そういうことを、「もったいない」ということで随分教えてきたのではないか。だから日本の宗教というのは、日常生活の中で誰も意識していないのに、そのような形で宗教教育とか倫理教育をやってきたんです。

西洋的な物の受容と日本宗教の無力

ところが、現代の非常に大きな問題は、西洋の科学技術の発達によって、急激に物が豊かになってきたことです。しかも、物が豊かになって便利になってきたことに対して、日本人には、歯止めがないんですね。私はスイスにおりましたから、よく分かるんですけれども、スイスでは、近代はだんだん発展していくのに対して、何か自分のしっかりとした自我を持って、対決しながらそれを取り入れているような気がするのです。しかし、日本人は、途方もなく、どんどんどんどん取り入れて、たくさんあればよろしい、便利になればよろしい、という考え。そうなってみると、私の言い方で言いますと、日本の宗教教育とか倫理教育は「物」がないときにうまく機能するような仕組みになっていた。で、「もったいない」という言葉にも非常に迫力がありますので、そういう「モノ」が日常生活の中で宗教性とか倫理性を養うようになっていたんですね。いま、これほど「物」が豊かになっていますと、日本的日常性を取り入れた教育が急激に衰えていったんです。

それからもう一つは、四季の循環ということは日本人にとって非常に大切であったのに、このごろは、例えばキュウリと言っても、ほとんど季節感を持たないと思うんです。イチゴにしてもそうだと思うんです。昔は小学校の社会の問題なんかにありましてね、キュウリはいつ食べられますか、なんていう問題が。先生は夏と答えてほしいのに、いまでは子どもたちはいつでもあります、と言う。そして、先生は困ってしまった、なんていう笑い話がありますが……。だからそういう初物を食べた、あるいは、出てきた、なくなったというような、さっきのバスチアン・カレンダーのように日常の一つひとつを季節とともに歩んで、循環を体験するということが不可能になってしまった。このようなことからも、日本人が意識しないうちに、日常生活の中でやっていた宗教教育・倫理教育というのが破壊されつつあるのではないか、というのが私の思っていることです。

現代にはいろいろな難しい問題があります。オウム真理教の事件なんかは最たるもので、それをどういうふうに、日本人として考えるべきなのか、ということを私は非常に真剣に思うのですが、いま述べてきたようなことを自覚している人が多いようには思えない。それだったら、そういう物と心がすっきり分離して、自然科学を発達させてきたキリスト教が日本人にとって大事ではないかとなるかというと、日本人はそう簡単にキリスト教の信者にはなれない。私もそうですが。推察にすぎませんが、科学技術の発達によってキリスト教自体も脅かされているということもあるのではないか。アメリカなんかにいますとものすごくそれを感じます。ドイツに行ってもそうでした。そういう点で、一体、このような時代のわれわれの宗教観・宗教性というのはどうなるのか、ということを非常に危惧しながら見ているところであります。

現代人と宗教

――無宗教としての宗教

豊かな社会の不安

世紀の変り目なので、世紀論が盛んである。しかし、百年などという単位ではなく、自分でも実感できる三十年くらいのことで考えてみても、その変化の激しさに驚いてしまう。この間にわれわれの生活は急激に豊かで、便利になったということができる。あまりにも世の中が変ってゆくので、どんどんと住みやすい社会になって、人間の悩みなど少なくなり、筆者のような職業(心理療法家)など不必要になるのではないか、と心配して下さる人がある。このような人に対して筆者は、心配に及びません、むしろその逆でしょうとお答えしている。世の中、進歩すればするほど悩みや不安は増大するのではないか。それはどうしてであろうか。

たとえば、医学が進歩したおかげで、日本は相当な長寿国になった。これはよいことには違いない。しかし、このことによって人間の苦しみや悩みは少なくなっただろうか。むしろ、増大したのではなかろうか。昔はひたすら働いて定年退職。しばらく経つと「お迎え」が来て、家族に感謝されつつあの世に旅立つことが出来た。それが、たとえば、六十歳で退職し、八十歳まで生きるとなると、その本人にとっても、周囲の人にとっても悩みは増える場合が多いだろう。

筆者が子どもだったころの高齢者——といっても八十歳の人などまず居なかったが——は、お寺に集って御詠歌を唱えたり、その後はせんべいとお茶でながながと喋ったりしていた。もちろん、彼らにも悩みや苦しみはあったに違いない。しかし、これを現在の高齢者のホームに入っている人と比べてみるとどうであろうか。後者は物質的には「至れりつくせり」かもしれない。しかし、人間関係という点では貧しい状態である。それに、かつての高齢者が感じていた「仏さまの守り」も皆無に等しいのではなかろうか。このような人が強い不安から自分を守るには、それを感じないこと、つまり「ぼける」以外にはないとさえ思われる。

子どものしつけについて考えてみよう。ものが豊かになったために子どものしつけが難しくなっていないだろうか。ひと昔前は、子どものしつけにおいて、「もったいない」というのは非常に大切なことであった。これはもともと仏教的な考えで、「塵のなかにも三千の仏あり」などと言われるように、どのような微細なものでも、仏と同等の存在と感じられるので、すべてが「もったいない」のであった。ただし、このことは別に仏教の教えなど意識せずとも、ものが貧しいときは、実際的目的とも合致して、子どもに教えやすかった。

ところが、現在のようにものがあり余ってくると、「もったいない」というしつけがしにくいのである。ご飯粒ひとつでも無駄にしてはいけないとは言い難い。そうなるとどうしつけていいかわからない。日本の昔からの考えであれば、親は子どものためとあれば「何でもしてやろう」というのがタテマエで、それでも貧しいために、それはできないから辛抱しなさいという形で、すべてのことの形がついていたし、子どもも「辛抱する」子はよい子ということになっていた。この方法も、ものが豊かになると通用しない。

子どもを親がどうしつけたらよいのかわからない。このため、小さい子どもがまったく勝手に行動するようになって、「学級崩壊」などという現象が生じてくる。あるいは「辛抱する」しつけのない子どもたちが、すぐに「キレる」ために、思いがけない暴力が生じる。

ものが豊かになっても、不安や苦しみは少なくなるどころか、逆に増えているのではないかと思われる。不安と言えば、日本中の人が不安を感じたのは、オウム真理教による地下鉄サリン事件であろう。何の罪もない不特定多数の人が殺害される。しかも、それが宗教的信念に基づく行為としての殺人なのである。オウム真理教の実態が明らかになるにつれて、人々が強い不安を感じたのは、このようなまやかしとも思える宗教を、理学部や医学部の大学院まで出たような若者が信じているという事実であった。一流と言われている大学の卒業生もいた。

しつけについてはわからぬにしても、ともかく「よい学歴」をもつことは、幸福につながることと一般に信じられていた。ところが、それが何の頼りにもならぬことが明らかになった。大学で学習した科学的知識は、オウム真理教を信じるとき、抵抗としての役を果さなかったのだ。

信頼し得ると思っていたものが、実は信頼できないということを、この数年の間に日本人はつぎつぎと体験した。まず、銀行である。どんなことがあっても銀行は大丈夫と思っていたのに、まったくめちゃくちゃである。次に、官僚の汚職が多く明らかにされた。政治家の汚職にはやや慣らされた感のあった日本人も、官僚は信頼できると思っていた。ところがそれもやっぱり裏切られてしまった。

その点で言えば、科学は信頼できると思っていた。ところが、科学技術にたずさわる人間が信頼できるというわけではなかった。原子力の利用については「絶対安全」などと、およそ科学者らしくない表現をしていたが、それもまったく崩れ、考えられないような事故を起こしてしまった。これに加えて、新幹線のトンネルのコンクリート落下もあげられるだろう。要するに、科学技術にかかわる人たちの倫理観が弱くなると、いつどれほどの大事故が起こるかわからないのである。

現代人は常に「不測の事故」に対する不安にさらされている。豊かな社会になって、かえって不安は増大し、このことは現代の大きい社会問題である少子化の遠因にもなっている。将来の社会の不安を思うと、子どもを生んでも大変な不幸になるのではないかという恐れが先立ち、子どもを生む気が起こらないという、若夫婦が増えているからである。

宗教の役割

不安という点と関連して宗教の問題を考えてみたい。人間は誰しも不安をかかえている、と言ってもいい。人間はいろいろなものによって、その存在を支えられている。たとえば家族はそのなかの重要なひとつである。あるいは、自分の職業、出身地、特別な才能などなど、いろいろとある。しかし、それらの支えを突然に失ったり、それらの支えとしての意味に強い疑念が湧いてきたりする。そんなときに人間は不安になる。

ところが、自分の支えを失うことなく、そのなかで生きている人は、特に生きることという現実にとらわれているときは、苦しくはあっても、不安に襲われることはない。しかし、現在のように飽食の時代になると、若者たちは、生きることにそれほどあくせくすることもない。これは恵まれているように見えるが、ふと気がつくと自分の支えになるものがないと感じられたり、すべて無意味に見えてきたりする。「お金」なぞそれほど大切ではない。家族など居ても居なくても構わない。このように考えはじめると、この世のものはすべて空しくもなってきて、自分の生を支えているものがないことに、はっと気づく。こんなとき、人間は根源的な不安に襲われるのだ。自殺をする人もある。自殺をする元気もない、まったくの無気力になる若者もある。このような人に、生きることは楽しいとか、意味があるなどといくら説教しても効き目がない。この世の現実に何の支えも見出さない、と言っても、もし、この世の現実を超えた超越的存在を信じることができれば、この人は直ちに無気力から脱することができるだろう。

少し観点を変えて論じるなら、人間の不安の源泉に「死」があるとも言える。人間は、自分が死すべき存在であることを知っている。死んでしまえば何も残らない。無である。このとき、死んだとしても自分が何らかの永続的な存在とかかわっていることを知ると、安心できるであろう。自分の肉体は死んで無くなっても霊魂は残ると考える。あるいは、必ず再生するので、それまでは肉体を保存しておかねばならず、ミイラとして残すことが大切となる。輪廻転生をする、と考える場合も、必ず人間として生まれ変ってくると信じるのと、動物になる可能性も考えるのもある。ともかく、重要なことは、「死」が完全な終結を意味するのではなく、何らかの意味で永続するものとかかわっていることである。

ここに宗教の大切なひとつの役割がある。それは人間に安心を与えてくれる。今生きている生が有限のものではなく、何らかの意味で永続性をもつ。言いかえると、生きている間だけではなく死後のことも保証されるわけである。そんな馬鹿なことはないという人もあろう。死後のことなど自分には無関係と思っている人も現在では多いとも言える。しかし、その人たちは、ほんとうに「安心」して生きているだろうか。

民俗学者の柳田国男は、自分の近所の人で、いつも落ち着いて人間ができていると感じさせる人があったので、その人に話しかけてみた。そして、その人の安定した生き方の秘密を発見した。その人は自分は死ぬと「御先祖様」になると確信していた。死んでも自分の霊は御先祖様の一員として迎えてもらい、それを子々孫々が祀ってくれる。柳田は、このように「遠い将来」のことについて確かな見とおしを持っている人が、落ち着いた生活をしているのは当然のことと思う。

まったく異なる例をあげてみよう。スイスの分析心理学者カール・ユングは一九二〇年頃に、アメリカ先住民のプエブロ族を訪ねる。彼が非常に心を打たれたのは、その老人たちの品格のある姿であった。ヨーロッパの老人たちと比較すると、そのたたずまい、容貌などがまったく異なっていて、犯し難い尊厳性を感じさせる。そのうちにその秘密がわかる。プエブロの長老たちは高い山に住んで、自分たちの祈りの力によって太陽の運行を支えていると信じているのだ。彼らの存在意義のスケールは実に大きい。彼らが祈りを怠ると、世界中のすべての人々が太陽を朝に拝することができなくなるのだ。ユングはこの老人たちの品格が高いのも当然だと納得する。

自分の生のスケールが今生きていることのみではなく、死後や宇宙にまで拡大される。この話を知って、高齢者の生き方について考えさせられるが、さりとて、現代人としては、高齢になると太陽の運行はおろか、家計の運営にも関係なくなるのではなかろうか。現代人のなかのどれだけの人が、御先祖の一員になることを確信したり、祈りによって太陽の運行にかかわると信じたりできるだろう。

宗教とか信仰とかとは別に、現代人には非常に頼り甲斐のあるものとして、自然科学の知というものがある。太陽の運行にかかわるプエブロ族の長老は月に行くことはできないが、近代の科学技術の成果によって、人間は月へ行くことを可能にした。

ここが現代人の難しさである。たとえば、天国と地獄などと言われても、いったいそれがどこにあるのかと誰でも考えるだろう。昔の人のように、天空のどこかに天国があり、地下に地獄があると信じることはできない。結局のところ宗教というのは、上手に人間をごまかして、安心させたり、あるいは脅かしたりするものなのだ、という考えをもつ人もあるだろう。特に、日本人は「無宗教」という人が多いのではなかろうか。たとえば、学問をする人の間で、「宗教的」という表現が用いられる場合は、それはほとんど「まやかし」と同義であり、しかも、単なるまやかしではなく、巧妙なとかずるいとかいう意味合いも持っていると言っていいだろう。

宗教と科学

科学の知識が発展するに従って、宗教の力が弱まる。これは一般的に言えることだろう。そうすると、科学がこの先どんどん進歩してゆくと、宗教など不要になってしまうだろうか。これまで「神秘」の領域とされていたことは、つぎつぎと科学によって解明されている。「生命の神秘」や「こころの秘密」に関しても、生命科学や脳の研究などによってすべて明らかになり、宗教の守る領域など、なくなってしまうのだろうか。筆者はそうは思っていない。

科学の強いところは、その普遍性にある。どんな人がどこで研究しようと世界中のどこでも通用する。「御先祖様」になることで安心立命している人がいるからと言って、その考えを他の文化圏の人に同意してもらうのは困難であろう。だから、それはナンセンスだというのは、あまりにも短絡的である。そこで、宗教のもつ意味を科学との対比において考えてみたい。

よくあげる例であるが、恋人と待ち合わせをしていて、自分の目の前で恋人が交通事故で死ぬ、という悲劇に遭った人がある。この人はその後、強度の抑うつ状態になる。この人が心理療法家を訪れてきたときに言うのは、「なぜ、あの人は死んだのか」「なぜ、私の目の前であんな死に方をしなくてはならなかったのか」ということである。これに対する自然科学の説明はきわめて容易で、「出血多量」などということになろう。しかし、それはこの人にとって納得のいくものではないし、それによって抑うつ症が解消されるものでもない。つまり、この人が「なぜ」と問うとき、それは「他ならぬ私の恋人が」という、自分とのかかわりのなかで問うているのである。人間はそれぞれの個人として、自分にとってそれは何を意味するか、と考えざるを得ない存在である。ところで、近代科学というのは、「自分とのかかわり」ということを放棄することによって成立してきた知識体系である。人間というものは自分の恋人か、あかの他人か、などに関係なく、出血多量で死ぬ、ということである。つまり、近代科学は、ある現象を、それとかかわらない、客観的立場に立つ者によって観察された結果、生じてきたもので、それ故にこそ普遍性をもつのである。しかし、恋人を失った人は、そのような普遍的な知識ではなく、個別的で自分にとって意味のある知恵を望んでいる。

ここに宗教の役割がある。人間が生まれることや死ぬことについては、科学的研究が進んでいて、生物学的、医学的に説明可能である。しかし、「なぜ私は生まれてきたのか」「なぜ私は死なねばならないのか」と、自分とのかかわりにおいて考えるとき、それについては科学は答えない。そして、その答えはきわめて個別的なものであるにもかかわらず、ある程度の普遍性をもつ。つまり、ある特定の宗教集団が発生する。それは科学の普遍性と異なり、ある種の主観的な立場を集団的に共有するのである。したがって、キリスト教や、仏教などと、多数の人がそれを信じるにしても、全世界共通ということにはならない。そして、キリスト教、仏教のなかでも、いろいろな宗派にわかれることになる。

宗教の根本として「私とのかかわり」ということがある。その意味では、それはきわめて個別的なものであるが、それが逆にきわめて集団的なものになるところに、人間存在の特徴がある。あくまで自分とのかかわりのなかで考える意味であるが、それを分かち持つ人たちが多くいるという事実によって、その人はますます安心するのである。それは個別的なことではなく、「普遍的」なことであると信じられるので、安定感が強くなる。自分の信じている宗教が普遍的である、絶対に正しいと信じている人は多いだろう。「自分勝手のこと」などと考えていては、不安になってくる。

宗教集団がひろく強くなり、ひとつの文化を支えるものとなると、それは大変な力をもつことになる。たとえば、最近、筆者はエジプトを訪ねたが、あの古い時代に、あれだけの巨大なピラミッドや、壮麗な王や王妃の墓をつくり出したことに感嘆する。エジプトの時代は王権が強かったので、人民をこき使って馬鹿なことをしたと思う人があるかもしれないが、筆者としては、あのような墓をつくることのなかに、当時の人たちひとりひとりの「再生への願い」がこめられていた、と感じた。王のためというよりは、人々の代表としての王の再生のためにはたらくことによって、それらすべての人が再生の信仰に参加できたのであろう。そうでなかったら、あれほど細部に至るまでの素晴らしい仕事ができるはずがない。

彼らの信仰はミイラ作製ということにまで発展する。しかし、五千年以上経た現代において、そのミイラは世界中から来る観光客から入場料を取り、エジプト国の外貨獲得のために貢献している。ここで、彼らの再生の願いはまったく無視されてしまっている。つまり、当時のエジプト王国において普遍的真理と思われていたことが、現代では認められなくなっている。

したがって宗教的真理は意味がない、と思うのは早計である。古代エジプトにおける再生への信仰は、何千年という気の遠くなるような長い時代、多くの人たちに安心を与え、それに相応する文化を生み出す原動力になったからである。

科学的知識のもつ普遍性は実に強力である。しかし、人間が自分の生を生きようとするとき、科学的知識だけでは十分ではない。各人にふさわしい宗教を持つ必要がある。しかし、現代人は、たとえ自分がどのような宗教に頼るとしても、それは世界的に見て普遍的なものではないことを自覚していなければならない。

日本人と宗教

宗教を論じる上において、日本は世界のなかでも極めて特異な状況にあることを自覚していなくてはならない。たとえば、エジプトに行ったとき、エジプトに長くいて現地の人たちとも親しくつき合っている人にお会いしたが、その人によると、エジプト人と親しくなればなるほど、イスラム教に入信することをすすめられて困るという。エジプトの人たちにとって、イスラム教を信じるのは当然で、それを信じないのは敵か悪人かということにもなろう。ところが、友人としてつき合ってよい人間と思うのに、それがイスラムを信じないなどというのは考えられないことなのだ。しかも、イスラム教を信じないどころか、特別に何も信じてないなどと言うと、ただ呆れかえるばかりである。

こんなこともあった。国際交流基金の主催で、カイロで日本の文化について講演をしたが、そのときの聴衆のなかのあるエジプト人が、次のような質問をした。自分は日本へ行ったことがあるが、日本人はイスラム教を信じず、コーランを読んだこともないのに、コーランの教えを守っているのかと思えるような立派な人が多い。いったいこれはどういうことなのか、というわけである。もちろん、日本人に対するお世辞が入っているので、このとおりにも聞けないが、立派な人はコーランの教えによっているはずではないのか、という素朴な気持ちがこめられている。

もう少し異なる例をあげよう。欧米人と話し合っていると、日本の治安のよさや、都会で落し物や忘れ物をしても返却されてくる事実、阪神淡路の大震災のとき、暴動も略奪もせず、静かに列をつくって、配給される食物を待っている人たちの姿、などに感心した後で、あれはどのような宗教的倫理観によるものなのか、と質問される。うっかり「仏教」などと答えると、それでは日本人は寺に週に一回は行ってお坊さんの説教を聞くのか、とか仏教の教えをどのようにして教えられるのかなどと訊かれる。お坊さんの読むお経は一般人には理解できず、仏教の教えを聞くことはあまりない、などと言うと、まったく不可解ということになる。

人間が生きてゆく上で、何らかの宗教が必要であり、それは経典や儀礼などを通じて教えこまれると世界の多くの人が信じているなかで、日本人はよほど特異なのである。このことを知らずに、終戦後に渡米した日本のインテリたちが、「宗教」という欄に「無し」と書いて、コミュニストと断定されるようなことがよくあった。「無宗教」などと公言するのは、欧米では大変なことである。

そこで、日本人の宗教について欧米人に尋ねられたとき、筆者は次のように答えることにしていた。日本人は宗教が日常生活と著しく混っていて、本人も意識していないのに、宗教的な言動をしているのだ。たとえば、最初にあげた「もったいない」にしても、これを「宗教教育」と思って言っていた親は少ないだろうが、結果的にはそれは大切な宗教教育になっているのだ。食事のときに「いただきます」と言うのもそうであろう。一神教のように明確な超越者の存在を意識しないのだが、あいまいな形で、自分を超えたものに対する感謝の念を表現する。

日本人の場合、自分に対する存在としての神、というよりは、自分を包む存在としての自然ということが、宗教の中核にあるように思う。自然のうつろいに対してきわめて敏感である。それに美的感覚が結びついて、日常生活のなかでもそれに呼応するかずかずの行事をもっている。そのような体験のなかで、仏教の言う「無常」は感じとられるし、人生を支える「循環」のイメージが体感される。これはおそらく輪廻という思想に結びつくことだろう。

日本では、茶道、華道などという考え方があるように、お茶を飲むとか花をアレンジするとか、欧米であれば日常生活に属することが、「道」という超越的な考えと結びついてくる。このようなことをベースにしているので、家庭内における日常生活が、知らず知らずのうちに広い意味の宗教につながってくるのである。

それともうひとつ一神教を信じる人にとって理解し難いことは、倫理観は何らかの宗教に支えられていると彼らが思っているため、日本人の倫理観を支えているものが見えて来ない、ということである。神の教えということなく、人間が「～すべし」と思うことなどあるのだろうか、というわけである。したがって、日本人の倫理観の高いのを見ると、「コーランを読んでもいないのに、どうして？」という疑問になる。

日本人はその行動を律するとき、倫理観よりも美意識によっている方が多いのではなかろうか。何らかの重大な決意をするとき、「私の美意識によって」と言ったり、何かに反対するときも、「私の美意識が許さない」と言ったりする。その方が一般にも通じやすい。新聞や雑誌を見ていても、著名人が「私の美意識」を判断の根拠に持ち出すことが、よく見かけられるが、そのとき「神の御名によって」とか「仏の意志を体して」という人はまずないと言ってよいほどだろう。

ここで美意識が登場するのはどうしてだろう。おそらく、日本人の宗教性は偉大な存在、神に対して生じるのではなく、偉大なる調和に対して生じるのではなかろうか。一神教における神という一者、と自分の関係のなかで考えるのではなく、自分をも含めた全体のもつ調和を大切にする。その調和の感覚を美意識と表現していると思われる。

こんなわけで、日本人は宗教性が低いとか弱いというのではなく、きわめて特異な形で、宗教性を持っている。

このことは、他の文化の人々とつき合うときにしっかりと認識しておかねばならない。

個人と宗教性

日本人の宗教性が特異であると述べたが、それが今、大きい危機を迎えていることも指摘しておかねばならない。つまり、宗教が日常生活と密接にからみ合っているために、最近における日常生活の急激な変化によって、日本人の宗教や倫理の根本をゆるがされているのである。「もったいない」ということが通じない日常生活は、日本人にとっては大変なことなのだ。日本人として鍛えてこられた美意識の多くは、物が豊かでないことを基礎にしてきたものである。簡素の美が尊ばれてきたのに、日常生活は簡素とはほど遠くなっている。「和」の維持のために「辛抱する」ことを美徳としてきたのに、子どもたちは、ほとんど辛抱などせずに日常生活をしている。現在における、日本の多くの青少年の問題の背後に、日本人のこれまで無意識に維持してきた宗教観や倫理観が壊されつつあるという問題がある。

この点に気づく人は単純に昔にかえることを主張したり、最近の若者の倫理観の無さを嘆いたりするが、問題はそんなに簡単ではない。欧米の文化を急速に吸収して、ここまで物質的繁栄を獲得した上で、日本人は今後どのような宗教観、倫理観を持って生きてゆくべきかを真剣に考える必要がある。これまでのところ、経済的発展に心を奪われすぎて、ここに述べたような問題意識を持つ人が少なすぎたのである。このことは今後の日本の将来を考える上で非常に重要なことである。

しかしながら、この問題に対して、国や政府のこととして考えるのは不可能と言える。問題が宗教というあまりにも個人的なことにかかわるからである。国民の一人ひとりは宗教の自由――宗教を否定することも含めて

——を権利として持っている。政府は宗教について何ら強制したり指示したりすることはできないし、特定の宗教を押しつけることも拒否することもできない。これは当然のことである。

宗教はあくまで個人のものである。あくまで自分とのかかわりにおいて——自分の死も含めて——世界をいかに見るかということである。しかし、既に述べたようにそれは同じ宗教に属する宗教集団となっていく。自分と同じ考えをもつ人が多くいることは心強いし、それを絶対的とも感じられるので、安心感は確固としたものになる。その反面、集団化することにより、集団の組織化や組織防衛という問題が生じてきて、本来の個人としての在り方に圧力が加わることになる。超越的なものとのかかわりに、世俗的なものが入りこんでくる。これは、あらゆる宗教集団のもつジレンマである。あるいは、人間存在のもつ矛盾の顕れとも考えられる。

ここでわれわれは、すでに述べてきたように、現在における宗教の必要性を認めるにしても、それをすぐに特定の宗教や宗派に結びつけることなく、あくまで個人としての宗教性を深めることを重要と考えてみてはどうであろうか。ここで、既成の宗教と区別する上において、宗教性とそれを呼ぶことにする。特定の宗教を信じないにしても、まず、自分という存在が何につながり、何を支えとしているのか、それはどれほどの永続性をもつものかについて考えてみてはどうか。

とは言っても、これは個人で行うのは至難の業である。これを助けてくれるものとして、人間は古くから多くの神話をもっている。神話は宗教性を深めてくれるための素材や方策を提供する。そのうちで自分にぴったりとくるものがあるだろう。それによって知を深め体験を積みしているうちに、自分のこととしてはじめたことが、他とつながってくることを感じる。ここにまた集団の問題が生じてくる。同一の神話を生きようとするものは集団をつくろうとするし、うっかりそれに乗ってしまえば、既に述べたような欠点が生じてくる。

現代に生きようとする個人は、自分にふさわしい神話を見出さねばならない、と言うよりは、神話を生きると表現した方がいいであろう。出来合いのものを探し出すのではなく、体験を通じてつくり出していくものなのだ。それは限りなく孤独な道である。しかし、神話を生きることによって他とのつながりができてくるのも事実である。それは有難いことであるが、少し気を許すと安易な集団化のなかに埋没することになる。

孤独を体験すると言っても、孤独がよいと言っているのではない。以上のような体験によって人とつながることは有難いことだ。しかし、それは無自覚な集団化への危険を防いでくれるであろう。

最近、アメリカ先住民のナバホ族の居留地を訪ねた。そこで、筆者が数年前にプリンストン大学で行なった日本神話の講義を聴講していた、ナバホの学生、モンテ・ホワイトさんが同校を卒業して郷里で小学校の教師をしているのに会うことが出来た。

モンテさんは、ナバホにとって神話は今も大切だが、何も公式のものがあるというのではない。もちろん大いに共通性はあるとしても家族のなかで言い伝えられてきて、それぞれの個人の人生にふさわしいように適当に生きられていくと語り、彼らの日常生活のなかにそれがうまく生きられているかを語ってくれた。それはナバホとしての集団的意味と個々人としての個別的意味を兼ねそなえているように感じられた。古い古い知恵から現代人が学ぶことができることに心を打たれた。

日本の経済状態が大変なときに、あるいは、グローバリゼーションやＩＴ革命の波が押し寄せてきているときに、何を間の抜けたことをと言われるかもしれない。それもそうだろうと思うが、むしろ、このようなときにこそ、ここに述べたような宗教性の探索が必要とも言えるのである。それを怠ると、日本という国は崩壊してゆくのではなかろうか。

日本の土を踏んだ神
——遠藤周作の文学と宗教

今日は、遠藤さんのことについて話をしようと思います。

いま、遠藤さんといいましたが、学術講演というふうになりますと「遠藤周作の作品」という呼び方をしまして、客観的に話をするということになるんですが、じつは私は遠藤さんと随分親しくしていただきました。それと、亡くなられてまだ一年と少しなんですね。つい最近、遠藤周作さんを偲ぶ会というのがありまして私も出席しましたが、そんなわけでここで「遠藤周作は」というふうにして話をする気がちょっと起こりません。公開講演ということなので、遠藤周作さんについて話をする、というふうなことにさせていただきます。だから、あまり学術的な話ではありません。私が学術的にやってるつもりでも、そうでないと思ってる人たちが多いかも分かりませんが(笑)。

遠藤さんと対談を何回ぐらいしたのかちょっと覚えてないんですが、まあ全部集めたら一冊の本くらいにはなると思います。私は臨床心理学というのをやっておりまして、臨床心理士という新しい仕事の資格をどうするかという問題を色々やっています。それに対して遠藤さんはすごい理解を示して下さいまして、われわれが臨床心理士資格認定協会なんていうのを作った時にはわざわざ来て講演していただいたりしました。そんなわけで、たびたびお会いしたわけですが、あまり個人的なおつきあいはありません、いつも対談とか、講演とか、そういう関係であります。

私はスイスのユング研究所というところに留学しました。スイスの精神医学者のC・G・ユングという人の考え方を好きになって、スイスに行ったわけです。私が行ったときはユングは亡くなっておりまして、直接には会わなかったんですが、そこで三年間勉強して、ユング派の分析家の資格をとって、日本に帰ってきましたのが、一九六五年、昭和四十年です。その頃はユングのことなんか知ってる人はあまりありませんでした。フロイトの名前は知ってる人が多いんですが、それも学界でいいますとフロイトってのはよほどの変な奴だ、という考え方で、それをもう一つ変にするとユングというのがおるらしい、そういう認識になっておるところへ帰ってきたのです。

そこでユングの考え方を日本でどんなふうに話そうかと悩みました。その上、実際にやるにおいて困ったのは、アメリカとかヨーロッパで訓練を受けてきますから、アメリカ、ヨーロッパ流の考え方で、それがそのまま日本人に通じるのかという、すごく難しい問題がありました。例えば簡単なことでしたら、当時はアメリカとかヨーロッパで相談に来た人が料金を払うなんてのは当然のことです。ところがその当時日本人で、相談にきてお金を払うなんて思ってる人はいなかった。まさかお金をもらうとは思ってなかったでしょうけども(笑)。相談して金を払うなんてそんな馬鹿なことあるか、と思ってみんな来ない――まあそういう状態ですので、色々と苦労が多かったんですね。

そういうときに一九六六年、一年後に、遠藤さんの『沈黙』(新潮社)が出ました。で、ちょっと書評かなんかで見まして、あ、同じようなことを考えてる人がいる、と思いましてすぐに買って読んだんです。そして非常に感激しました。

今日ここで話をするのでじつはもういっぺん読み直したんですけども、前に読んだときの感激がもういっぺん思い出されるという感じでした。

非常に率直な感想は、あ、私と同じようなことを悩んでる先輩がいる、しかもそれをここまで作品にすることのできた人がいる、という感じでした。

〝私と同じようなこと〟というのはどういうことかというと、異国の文化、あるいは異国の血といってもいいでしょうか、そういうものを身に受けて、そしてしかも日本で生きていかねばならない、という大変なことをやろうとしてる人がいる、ということです。それで、本当に自分のこととしてこれを読んだ覚えがあります。

みなさんもよくご存じだと思いますが、これはポルトガルのロドリゴという神父が日本にキリスト教を宣教するためにやってくる。このころにはものすごい厳しいキリシタンの禁制がしかれておって、全部の宣教師は故郷へ連れ戻されるか、あるいは殉教して死んでしまうかという大変な状況だったんですね。そのときに、フェレイラという神父さん――その神父さんが非常に大変な人物だとみんな思っていたのに、転向、転んでしまう。そして日本人になってしまって、どうも日本に住んでるらしいという噂がポルトガルで広まるんですね。

ロドリゴはフェレイラに教えを受けたことがあったので、そんな馬鹿なことはありえないと、そのことだけでも確かめたいし、できたら日本で宣教したい。というわけで、必死になってやってくるわけです。

私はそれほど死にものぐるいになってスイスへ行ったわけではありませんけども、しかし、初めてアメリカへ行ったときはなかなか大変でした。一九五九年、フルブライトの試験に受かって行きました。というと大したことみたいに思えますが、私は勉強せずに試験に受かる才能を持っていますので(笑)。ほとんど英語の会話ができないのに通ってしまったんです。だから他の人と全然違うんです。

あの頃はジェット機がなくて、飛行機がウェーキ島に降りたんですね。今でも覚えていますけども、ウェーキ島に飛行機が降りるときというのはもう敵前上陸という感じでしたね。ここからもう敵がいると。英語でしゃべらなきゃならないってのは、なんか敵地にでも行くような感じでしたが、まあそんなんは問題にならないですけども、ロドリゴは必死の思いで日本に来ました。ところが禁制が激しいですから、隠れなきゃならない。幸いにも隠れキリシタンの人たちがいたんで、その中に入っていくんですが、このとき手引きになるキチジローという男がいるんです。この人間が非常に大事な人間です。キチジローは、遠藤さんの他の作品に名前を変えて何度も何度も現われてきているといってもいいと思います。簡単にいってしまうと、クリスチャンになってるんだけども、拷問に耐えかねてすぐ転んでしまう人間です。踏絵を踏んでしまうんですね、踏んでしまうんだけども、やっぱりキリスト教が好きで、自分が踏絵を踏んだということを懺悔して、またキリスト教に帰りたい。だからロドリゴのためにいろいろ尽くしてるんだけど、ロドリゴを売ると銀二百枚がもらえるなんて話を聞くと、もう密告して銀二百枚をもらってしまうんです。もらってしまったら、どっか行けいうんです(笑)。しかし行かないところがキチジローの特徴です。こういう人いますね、確かに(笑)。またやってきてパードレすんません懺悔しますって来る。もう懺悔なんかするなといいたくなるんだけど、懺悔して今度こそ、とまたやる。何度も何度もそれをくり返す。この、非常に弱いけれども、なんといいますか悪者になり切れないキチジローというのに遠藤さんはすごく自分をアイデンティファイさせていた、と私は思います。私もいちばん気になるのはキチジローですね。『沈黙』を読んで、自分が誰にいちばん近いかいうたら、キチジローというふうに思います。まあキチタ《ヽ》ローぐらいかも知れませんけども(笑)。

ロドリゴっていうのは相当に強烈な意志をもって日本の中で闘って、布教しようという人です。このロドリゴとキチジローとの二人の人間を一つにしたようなところに、まあ遠藤さんはおられるわけですが、率直な気持ちとしてはキチジローに近かったんじゃないでしょうか。

私と対談しましたときにですね……実は今日のために対談を読み直してみたら案外なことをようしゃべってるんでびっくりしたんですが、なかなか僕もええこというてまして(笑)。その中で遠藤さんが次のようなことを強調しておられます。キリストが十字架を背負って歩きますね。クリスチャンにとって非常に大事なシーンですが、そのときに石を投げた奴がおった。聖書を読むと石を投げた方からの見方でものを書いてないけれども、自分がいたら絶対石を投げる方にいた――そういうことを私との対談の中でいっておられる。私ももちろん同属ですから「そうです、そうです」といって意気投合してたんです。キリストが十字架を背負ってるときに、ああ気の毒に、と思ったりせずにみんなと一緒に石を投げる、それが私なんだという自覚を持っておられました。で、私もそういう自覚があるので、すぐに意気投合するんですが、このキチジローというのはそういった側の人間を表わしていると思います。

もちろん遠藤さんはクリスチャンですから、このロドリゴ神父なり、あるいはカトリックを日本に宣教することに対して、もちろんそちら側に立っているはずなんですけども、それを批判する側の言説がものすごくうまく書いてあります。

井上筑後守という奉行が出てきて、ロドリゴと論戦するんですが、なんていいますか、ロドリゴ神父といういいやつをやっつける悪代官てな、そんなイメージとはぜんぜん違うんですね。非常に筋の通ったことをいう。井上がいうことですごく印象的なのは、われわれはキリスト教が悪いとはいってない、キリスト教それ自体はそれでいいだろう、いいけども、日本でそんなすすめてもらわんでもいいんだと……。その例として、悪女の深情けっていうんですかね。こっちは好きじゃないのにそば寄ってくるなって、そう奉行はいうんですね(笑)。あんたはあんたでいいんだと。キリスト教はキリスト教として立派ですから、どうぞ別口でやって下さい、日本はキリストがいなくてもいいんです。……そういうところの書き方がすっごくうまい。自分の考え方と反対側をこれだけ書ける人は少ないんじゃないでしょうか。そういう点でも私は『沈黙』がすごく好きでした。

というのは、私もおんなじことやってるわけです。例えばユングの考え方を日本でやろうと思ったら、日本にはそんなユングなんていらん。悪女の深情けだ。そんなのおらんでも日本には昔から色々あるんだから。……そういう中で、いったい僕は本当にユングなんていう必要があるんだろうかとか、別にそんなこといわなくたっていいんじゃないかと、自分で迷うわけです。そうして自分で自分を批判する。私のやろうとすることは日本の学界の傾向とはまったく違うのです。だからその反対側の考え方についてもよく知っています。……しかし私はよくいってたんですが、色々批判していただいても、僕より以上に批判的に視てる人はおられませんから大丈夫ですと(笑)。みんなちょっとしか批判できない。僕がアンチ河合だったらもっと痛いとこ突くのにと思ってましたが。それと同じで、遠藤さんはアンチクリストあるいはキリスト教はいやですっていうのをものすごくうまく書くんですね。それが素晴らしい。

ロドリゴがなんとかして布教しようとする。それは大変な苦しみですが、自分だけの苦しみじゃなくて、キリスト教を信じてる日本人たちの苦しみになってくるんですね。つまり、ロドリゴが転向しなかったらロドリゴのまわりにいる日本人が逆吊りになって、拷問されるわけです。ここは日本の代官のすごい悪辣なやり方ですが、ロドリゴが踏絵を踏めばみんなが助かるんだ、他の日本人が助かる。お前がキリスト教を信じてるばっかりに何も悪いことしてない人たちが苦しんでると。それを、お前どう思うのか。

そこでこの『沈黙』という題が生きてくるわけです。こんなばかなことがあっていいのか、と。神様はいったいどう考えておられるのです、こんな罪もない人たちがあなたを信じたばっかりに、こんな苦しいことにあっていいんですか。でも答えがないんですね。ずっと答えがない。それが〈沈黙〉なんです。その沈黙をずっと抱えながら生きていく。

これ、ほんとうに私のやってる仕事もよく似てまして、私のところに来る人で同じことを悩む人は非常に多いんです。自分は何も悪いことしてない。何も悪いことしてないのに、自分は非常に不幸になってる。それにもかかわらず、悪いことしている隣の人は幸福になってる……そういう人、多いですね(笑)。にもかかわらず、なんで私は不幸にならなきゃならないんですか、というんで、私に向かって憤慨する人はたくさんおられます。

それに対して私はパッと答えられない。いや、あなたはこうこうで、こうなんですってなことはいえないです。中にはもちろんいう人はいます。いやそんなことというてもあなたは心がけが悪いとか、あるいはあなたのお父さんが悪かったんじゃないかとか(笑)、いおうと思ったらいえるんですね。絶対にいえる。おたくの玄関に、木が一本あるでしょう、っていうようなね(笑)。「ないんです」っていったら、「ないでしょう」と(笑)。

原因なんていいたきゃいくらでもいえるんです。だけど、そんなんいってもなんにも意味ないんですね。なんにも意味がない。だから、私がそうして悩んでおられる人と頑張ってるのは、答えがないというところで頑張ってる。「そうですなあ、ないですねえ」という。そういう仕事してるわけです。

ロドリゴの場合は、拷問によって人が死んでく話ですから、全然スケールは違うけども、どっかで通じるところがあります。そして最後のところでは、これはもうみなさんご存じのように感動的ですけども、ロドリゴが踏絵に向かっていくときに、沈黙じゃなくて声が聞こえてくるんですね。それを読んでみましょう。

「司祭は足をあげた。足に鈍い重い痛みを感じた。それは形だけのことではなかった。自分は今、自分の生涯の中で最も美しいと思ってきたもの、最も聖らかと信じたもの、最も人間の理想と夢にみたされたものを踏む。この足の痛み。その時、踏むがいいと銅版のあの人は司祭にむかって言った。」

だから、銅版のキリストですね、これは下から踏むがいいっていったんですね。沈黙でなかったんです。

「踏むがいい。お前の足の痛さをこの私が一番よく知っている。踏むがいい。私はお前たちに踏まれるため、この世に生れ、お前たちと痛さを分つため十字架を背負ったのだ。」

こういう声が聞こえて、ロドリゴは踏む。そしてもちろん、他の人は助かるし、ロドリゴは日本人になっていく。が、もちろんそれでロドリゴが幸福になることは決してありません。

実は私は、一九六五年に帰ってきて、その年に京都大学の文学部でユングについて講義しまして、それをまとめて、翌年『ユング心理学入門』っていう本を出版したんです。ところが、はじめて本を出版するときというのは大変でしてね、なかなか本屋さんが出してくれない。だいたい、河合っていうのはどこの馬の骨か分からない。それがしかもユングとかいうやつを書く、と。もう二重に問題で、なかなか本になりづらかった。

そのときに、私の先輩で、非常に尊敬している牧康夫という、素晴らしい心理学者がおられました。この人は大阪の府立大学の教授をしておられました。まだ助教授でしたかね、私よりも四、五歳上かな、その頃の心理学者の間で有名な秀才だったんです。普通の知能計算では知能ははかれないだろうといわれてた人です。その人がですね、私をすごい気に入ってくれまして、よし私が推薦したろう、と。培風館っていうところに推薦してくれたら、牧さんの推薦だから出しましょうっていうことになった。牧さんは、僕は推薦したかぎりは責任があるから、河合さんは原稿を書いたら、一章ずつ必ず持ってこい、それを僕が読むから、というんですね。

それで編集者の人と会いましたら、じゃあ六百枚お願いします、というんで、私は編集者のいうとおりするのはちょっといやですから、五九九枚にしてくれと(笑)。私はなんでもいわれたら枚数どおりをいっぺんで書くという才能がありまして、今でもそうですが、原稿の書き直しというのがありません。三枚といわれようが十八枚といわれようが、二五〇枚といわれようが、みんな初めからひと書きでパーッと書いてポンと出すんですね。これ難しいように聞こえますが、種は非常に簡単で、その枚数が来たらやめときゃいいんです(笑)。

そのときも実際五九九枚書いたんです。で一章ごとに持っていったら、牧さんはメチャクチャ面白がるんです。絶対これは面白い。

ほめてくれるから、私も次々と書きましてね、十二章だったかな、最後の章かな「日本の課題」というのがあったんですね。ユング心理学が面白いと言っても、日本でユングやるのは大変なんだと。そして、文化であれ思想であれ、そのどっかの違う土を踏むということは大変なことであって、そこへ行ったとたんに、その土を踏んだとたんに、変容する性格を持ってくるといっていいぐらいなんだと、書きました。だからユング心理学は日本の土を踏んだとたんにもう変容しはじめると。そのことをわれわれはよく自覚しておく必要があるし、また私がアメリカなりスイスの土を踏んできたということは、私の思想も変容を遂げてるわけですから、そういう土の怖さというのを知らねばならない。

その例として、異国の土を踏むということがどんな恐るべきことかということをその原稿の中に書きました。実はこのことは他に既に発表していますが、ちょっと短いんでそれを読んでみます。「異国の土を踏むというこ

とは大変だ」と書きまして、

「その例として最近話題になった遠藤周作の『沈黙』を取り上げてみよう。その小説は幕府の迫害によって絶えかかっているキリスト教をなんとか守りぬき、神父たちを勇気づけ、その信仰の火種をたやさぬためにも日本に敢然と渡ってきたセバスチャン・ロドリゴという司祭について語っている。ロドリゴは予想される多くの困難や危険にもかかわらずフランシスコ・ザビエルがいった〝東洋のうちでもっともキリスト教に適した国〟である日本へ渡ってくる。そしてその後、日本の役人に捕らえられたあとは最後にとうとう踏絵を踏むことになる。しかし、これは迫害に耐えかねて転向したのではない。彼は〝踏むがいい〟というキリストの声に従って、銅版を踏むのである。この信仰厚い司祭が、踏絵を踏むに至るまでの過程を、この小説家はいきいきと的確に表現しているので、興味のある方はひとつ読んでいただくとして、筆者がここで問題にしたいのは、ここに司祭に対して〝踏むがいい〟と語りかけてきたのが誰であったか、ということである。私はここでやはり、土の恐ろしさ、ということを感じずにはいられない。司祭が本国にとどまる限り、彼の信仰はそのままであったことだろう。しかし、彼が日本のトモギ村の土を踏み、日本の塩魚を食べる過程で、それらが抗しがたい力をロドリゴ司祭の心の奥にまで及ぼしていったのである。日本の土はキリストまで変えてしまったのか。それは分からない。しかし、少なくともロドリゴ司祭の耳に聞こえてくるキリストの声の内容は変わったのである。このさい〝踏むがいい〟といったのは仏さまであると思う人はあるまいし、また釈迦の声であるともいいがたい。それはしかし、天上から彼に語りかけるキリストではなく、彼の足下から語る、日本の土の中から掘り出された銅に刻まれたキリストなのである。〝踏むがいい。お前の足の痛さをこの私が一番よく知っている。踏むがいい。私はお前たちに踏まれるため、この世に生れ、お前たちと痛さを分つため十字架を背負ったのだ〟と、銅版のあの人は司祭に向かっていったと作者はいっている。」

で、私の考えは、だからキリスト教において何が正しいかということではないのだと。ロドリゴという人は日本の土を踏んで、塩魚を食ったら、キリストは変わらないかも知れないけども、キリストのイメージといいますか、このロドリゴの中のキリストは、とくに日本の土地から出てきた銅版にかかれたキリストは〝踏むがいい〟といったのだということを書いたのです。

今までずっと褒めてた牧さんが、どういったか今でも覚えてます。「河合さん、遠藤周作っちゅうのは手ごわい人やから。あんたなんか、からまれたらひとたまりもないで」(笑)。

じつをいいますとね、私は遠藤周作さんを『沈黙』読んですごく尊敬して、他のも読んだりしましたから、こういうふうに書いたらひょっとして遠藤さんに、「あ、河合ってのは面白いの書いとる」と思われたら嬉しいだろう、というふうな、そんな気持ちがなかったとはいえないんですね。その辺を牧さんも見破ったと思うんですが、〝からまれたらひとたまりもない〟といわれたら急に私も怖くなりまして、それで、もうやめよう、とやめまして、それでこれと同じ行数の他のことを書いたんです。それは、『ユング心理学入門』を読まれたら分かります。リヒャルド・ヴィルヘルムっていう人がいるんですが、この人は中国へ行って、中国の易経までぜんぶ訳したすごい人なんです。この人は中国に行ったために、まったく中国的になってしまうんですね。その恐ろしさについて書きました。

それ以降十五年たちました。一九八一年、私も京大に奉職していました。遠藤さんはずっと母性というのを問題にしておられた方ですから、私が母性の両面性といいますか、母性というのは日本の伝統では非常にポジティブにばっかり評価されてたけども、母性というのは非常にネガティブな面も持っている、母性によってひきこまれる、呑み込まれる、という面もある、といろいろ書いてるのをどっかで読まれたんですね。それで遠藤さんは、いっぺん会って話をしたいというふうに思われたんでしょう。カトリックの『あけぼの』という雑誌で対談したい、といってこられました。私はもう大喜びですから、すぐ飛んでいったんです。

で、お会いしましたら、そのときの印象は、「こんな真面目な人が世の中にいるか」という感じでした。「これはどうなってるんですか」「これはどうなんですか」と、すっごく厳しく、その私の考え方について質問をされる。しかもそれを、むしろ敵意を感じるぐらいの強さで訊かれました。「あなたは心理療法とか分析とかいってですね、他人を治せるんですか」「他人が悩みをいってきたときにですね、こうしなさい、ああしなさい、というようなことを本当に出来るんですか」と。

ほんとうは出来はしまいという、そういう感じなんですね。だから私は「そんなのやってません」と答えました。「私はそんなアドバイスなんてほとんどしなくて、ただ聴いてるだけです」と。で、「来られた人が、私と話をしているうちに、自分の考えで、こうしようか、ああしようか、といわれるのを〝そうですなあ〟といってるうちに自分で治っていかれるんだ」という話をしたんです。

そしたらもの凄く喜ばれて、「は、分かりましたー」てゆうて、その次がいいですよ、「ズバリ、患者さんというのは作中人物と同じなんですなあ」と言われました。

これは僕の方こそもの凄く感激しました。作者というのは、作中人物、たとえばキチジローが何をするか、作者としては大体のアイデアをもっている。ところが、キチジローが勝手に動き出すんですね。

それは私は非常によく分かります。私は文学はぜんぜん才能ないしやる気はありませんが、クライアントの人と会ってると本当によく分かります。クライアントも、治療者がまさかと思うようなことをどんどんやられるんです。本当に不思議なんですね。私としても、全然読みがないわけではなくて、この人は難しいから、このぐらいの期間でこうなる……と思ってるんですが、それと違うことをその人がされて、その動きに僕がついていって治っていくわけですね。それと同じことで、作中人物は勝手に動き出すんだと。その勝手に動き出すのに自分がついていってる。「心理療法の仕事と創作っていうのはすっごい似てるんですね」といわれて、私はむしろ、創作というのはそんなふうにやってられるのかと実感し、それは面白く思いまして「そうです、そうです」っていったんですね。それで対談が終わって、そのあと食事をして、ワインなど飲んで、だんだんホッとしたんで、「じつは遠藤さんの『沈黙』のことを私は書いたんですけれども友達にいわれて削除したのです」ゆうたら、いつかそれ見せて下さい、と言われて、だいぶ後になって見せたと思います。

私はしかし遠藤さんにはじめて会って帰っていくときに「ああ牧さんがあのときにいってくれたのはその通りやったなあ」と思いました。やっぱり十五年経て遠藤さんに会ったから、あれだけの鋭い切っ先をですね、こっちもチャンチャンと(笑)やれたんで、『ユング心理学入門』を書いたころだったらひとたまりもなくやられてたかも分かりません。本当にそう思います。

一九八一年に、お会いしてから以後、何度も何度も対談をするようになります。面白いのは、遠藤さんはものすごく真面目なんです。私が本を書いたりすると、それを持ってきて、これは、とか質問されるんですよ。「本気になって書いたわけじゃないですよ」(笑)といいながら、まあ、頑張って……。本当にね、カンカンになって、やってるっていうか、二人とも実に真剣に話し合いました。

しかし考えたら遠藤さんは狐狸庵なんですね。「遠藤さんはご存じないかも知れませんが、私はウソツキクラブの会長をしておりまして、大牟田雄三なんて名前もあるんです。狐狸庵と、大牟田雄三の対談をやりましょうや」いうたら「そらよろしいですねえ」と言われても、すぐに「アーキタイプはですね」と固い話になって、いきまいてたんです(笑)。

結局、二人でばか話をしましょうと言いながら、いっぺんもお互いにやらないままで終わりました。やる必要がなかったんだろうと私は今思ってますけども。

その対談の間に遠藤さんが自分の作品について解説をされたりしました。その中で非常に印象に残ってますのは、これもみなさん遠藤さんの作品をよく読んでおられるから、ご存じの人も多いと思いますけども、遠藤さんが〈入籠《いれこ》構造〉ってことをいわれますね。それは、典型的なのは『侍』(新潮社、一九八〇年)です。ぼくは『侍』というのもすっごく好きだったんですけども、支倉常長をモデルにした小説です。主人公の支倉(小説では長谷倉)が伊達政宗の命を受けて太平洋を渡って貿易を成立させようとスペインの王様に会いにいく。そしてなかなかうまくいかないけれどもローマ法王に会ったりするわけですね。でそれでも断られて、そして結局日本に帰ってくる。それについてこういうふうな意味のことが書いてあります。「彼は地上の王様ではなく、別の次元の王様を知って帰ってくる。それがつまりキリストなんだ」と。だから、支倉常長は、この世の王に会おうと思ってぐりぐりと回っているうちに、知らぬ間に王様でも次元の違う王、つまりキリストに会うことになる。こういう〈入籠構造〉。

こういうことを自分はやってきたっていわれるんですね。それをお聞きして、私は自分のしていることが非常によく似ていると言いました。私がやってるのはどういうことかというと、私のところへこられる人は、例えば札つきの非行少年、とかいう名前がついてるわけですね。そういう人が来られて、その人と一緒にぐりぐりぐりぐり回ってたら、ちゃんと違う人に変わってしまうんですね。次元の違う人に。ただしその間だいぶ長い間一緒にぐりぐりぐりぐり旅をしなくちゃなりませんけども、苦労をともにしてる間に、まさに〈入籠構造〉で、変わっていってしまう。来るときは、みんな、もう死のうかと思いますとか、離婚する、あんないやな奴はいないとか、というようなことで来られる。それでずうっと付き合ってると、その人が違う次元の体験する。だから、似たようなことを二人でやってますねえという話をしたんです。

その頃からお互いに宗教ということを常に念頭において生きてるっていう自覚はあったと思います。ただしここで私のいう宗教というのは特定の宗教を指してはいません。つまり、遠藤さんの場合はカトリック教の信者でありますけども、私は何教に入ってるっていうことはないんですね。しかし、お互いに宗教的なことをすごく問題にしてるというふうに考えてたんです。

ユングが、ルドルフ・オットー(一八六九―一九三七。ドイツのプロテスタント神学者、宗教学者)という人の説をひいてよくいうんです。ルドルフ・オットーに『ハイリーゲ』という本があります。「聖なるもの」という本で、岩波文庫にあります。本当に素晴らしい本ですが、そのルドルフ・オットーという人は、宗教というと、こうしちゃいけないとか、ああしなきゃいけないとか、それから、お葬式に呼ばれたときは清めをしなければならないとか色々いうけども、そういうのはみんな飾りであって、ああしてはいけないというのは、それは倫理だから、そういうものをどんどん取り去っていって、宗教のもっとも本質的なとこをみていくと、これはルドルフ・オットーが作った言葉ですけども、ドイツ語で「ヌミネーゼ」っていうんですが、何と訳したらいいのか、「何ともいえん体験」です。これを、ルドルフ・オットーは「我々が完全に圧倒されるような、すごい力。そして、そうでありながら、どうしても引きつけられていく、抗しがたい魅力をもつ」体験であると言います。そういうふうな途方もない、つかみどころのない、そういう体験、それを慎重かつ良心的に観察し続けることを宗教とよんだらいいんじゃないかとユングは言っています。

確かに私の仕事も本当にそうでして、色々な人が来られて、話されることというのは本当にその人のコントロールができない、ものすごい強烈な力。そして、それは恐ろしいものでありながら、やはり魅力を備えている。それに対して、たじろがずに、慎重に、それを見続けていくのが私の仕事です。しかし見ると言っても、いわゆるその、外から観察するっていうことはできません。自分も共に体験していないとわからないので、体験しつつ見るっていうことが大事なんですが、そういうことが宗教だと。そのときに私が体験し、私が感じ取ったものを、それをフィクションという形で他人に伝えることをしている人たちが作家たちなんですね。

文学がそうです。面白いですね、そのフィクションはすごいリアリティ、ものすごい現実なんです、ここにこそ！　これこそが！　っていう、体験をして、それを人に伝えるときにはフィクションに頼らざるを得ないのです。例えば『沈黙』でもそうですね、『沈黙』だって、遠藤さんのすごい宗教体験があると思うんです。その遠藤さんのすごい宗教体験というものを、「私はこのようにキリストをみているんです」というんでなくて、こういうフィクションによってわれわれに伝える。

このフィクションのほうがわれわれにリアリティが伝わってくる、というところが面白いところでして、そういうことを遠藤さんはやっておられる。しかし、その中で、私が遠藤さんを好きなのは、身をもってやっておられること、自分が体験し、自分が生きたことがフィクションになっていることです。つまり、頭で書いてるのではない。だから作中の登場人物が勝手に動く。本当にリアリティがあると思うんですね。それがまさに宗教と文学との関係です。

私は文学を作れないですけども、ときどき、なんでもおだてる人が世の中にいまして、河合さんもひとつなにか書いたらどうや、ということをいう人がいるんですね。私はいくら何でも、やれませんと。小説だけじゃなくて、あらゆる芸術的なことというのはものすごい苦手なもんでして、子どものときからそうでしたけども、だいたい芸術に縁がないなあと思っています。すると、お前はそういう宗教体験をして、しかも何教に入ったわけでもない、何宗に入ってるわけでもないし、いったいどうなってるんだといわれるのですが、それはやっぱり、そこに人間の個性というものがあるんで、自分の宗教体験をどう生きるか、ということにみんなそれぞれ道すじがある。遠藤さんであればそれを創作という形で生きられるけども、私は色々困ってる人にお会いしてる中で、どういうふうになってくかという形でやっている。

しかし、そうして皆さんにお会いして、ますます確信を持ってきたのは、私をはじめその人が生きてる、それがすなわちクリエーションである、と。つまりその人が生きてることそれ自身が創作なんですね。つまり、実際ここでどうするか、右にするか左にするかを迷ってる人は多い。そういうときに、エーイ、ということで逃げるのか、エーイ、と闘うのか。あるいは戦いも逃げもせんとぐにゃぐにゃと誤魔化すのか。色々ありますね。

そのときに、これだ、と選ぶのは、その人はやっぱりクリエイトしてるわけですから、その人の人生を生きてるっていうことが、つまりその人の人間がすなわちその人の作品なんだ、と。だから私はべつにフィクションを書かなくても、生きてるっていうことが作品であるし、私のところへ来られた人が自分で自分という作品を作っていかれるのを、助けているのも創作活動だというふうに考えます。

遠藤さんもそういうことをすごく分かってるからか、私がやってる仕事に関心を持たれまして、よく詳しく聞かれました。こういうときにはどうするんですかとか、こうですかとか。そのときにさっきの〈入籠〉の話をされたんです。私はさきほどもいいましたように『侍』を読み、あんまり文学のこと分かりませんけれども、文学作品としてもこれはすごい作品でないかなあと思ったんです。

でそういうことを話しているうちに、またわれわれ共通の問題意識が出てきました。〝悪〟ということです。先ほど「私もキチジローだ」といいましたが、二人ともそういうところ非常に共通しているんですね。どうも勇気がなくて、こそこそと悪いことしてるというような、しかも、ほうっときゃいいのにすぐ反省するというような、よけい悪いところがありまして、そういうところが似てる(笑)。

ではそういう悪人はいったいどうしたらいいのか。『沈黙』の中でキチジローが何べんでも叫ぶところがあります。殉教するような強い人はいい。……確かにそうです。逆吊りになろうと、湯をかけられようと、そのままクリスチャンで死んでいくような強い人はいい。そのままずーっと極楽へいくんですから。ところが、それに耐え切れない弱い者はどうしたらいいのか。そうですね。ぼくなんかも思いますけども、湯をかけられるなんて、もう湯がきただけでぼくは転向すると思います。で、そういう弱い奴のことをキリストは考えてくれてるのか、と叫ぶとこがあるんですよ。いったいこういう悪者はどうなるのか、ということです。

〝悪〟という問題は、ものすごい難しい問題なんですね。なぜかというと、一神教の場合は神というものは、至高、至善といいますか、本当に完全な方です。その完全な方がこの世を作られたんですから、悪なんか作られるはずがない。そうですね。だから神学的にいえば悪というのはこの世にないことになってる。ところが自分の心の中をみてみると、本当に悪だらけです。まあこれをいったいどう考えたらいいのか——というのが私にとってもずっと小さいときから問題であったし、遠藤さんもそうだったと思います。

これは遠藤さんがカトリックに入られたということの、一つの大きいモーメントでないかとぼくは思っています。遠藤さんにいわせると、子どものときに無理やりやらされたんで、自分で入ったわけじゃない、といっておられますけども、それでもいやだったらやめてしまう人もいますからね。そうでなくてずーっと続けてこられたわけですから。

そして、私も遠藤さんもちょっと嬉しくなったのは〈入籠〉ですね、〈入籠〉。つまり、悪いことしてつまらんようで、たまらんようだけども、ずーっと持ってたら軽うなる。実際そうなんです。みんなが悪いというてることでも、良いことになる場合も多い。その逆もありましてね、良い子良い子いうたらあとで悪うなったりするのたくさんいますから。悪と善とは簡単に言えないんです。

しかし、〈入籠〉で喜んでるうちはいいんだけども、もう一つ疑問が出てくるのは、いくら抱いてても変わらない悪というのはあるんでないか。善に変わらない悪。これは遠藤さんは、『侍』を書くずっと昔から問題にしておられた。私は私で、相当無茶苦茶なことといったり、したりする人でも、まあ五年ぐらい抱いてたら少しは変わってくるやろう、十年待ってたら変わるやろ、というふうにしてるんですが、なかなか変わらない人もおられる。必ず善になるということが、私としても非常に難しい。

私は、このもうちょっと前に『影の現象学』(思索社、一九七六年〔第Ⅰ期著作集第二巻所収〕)って本を書いてるんですが、そのときはやっぱりずるいんで、影でも結局ポジティヴになってゆくようなものについて書いてるのが多いんですね。ところが私はそれ書きながら、絶対的なネガティブな影というのは、あるんじゃないかなってなことを思ってて、それがだんだん話題になってきます。対談の中で遠藤さんが確かそういうことをいわれた。人によって表現は違うと思うんですが、遠藤さんは「罪と悪」といういい方をしておられました。遠藤さんのいい方で罪というふうにいっておられるのは、懺悔したり、〈入籠〉にしたりしてると良い方に変わって来る。ところがいくらやっても悪のままのやつがある。遠藤さんがこれを考えられたひとつのモーメントは、アウシュビッツに行かれたことがすごい大きいと思います。アウシュビッツへ行って見てくるとですね、そんな簡単に、入籠にしていたら十年や二十年で、変わるっちゅうなことといえない。悪そのものっていうのがあるんじゃないか。

今までのキリスト教小説は、みんな頭を撫でやすい罪しか書いてません。つまり、撫でてるうちに変わってくる。それを自分でね、「私の小説には遠藤節っていうのがあるんです」。こういっておられます。遠藤節はね、頭を撫でやすい罪しか書いていません。そして、悪を書いていない。だから、自分は、これからなんとかして悪を書きたい、ということをいわれます。そうして、書かれたのが『スキャンダル』(新潮社、一九八六年)です。

『スキャンダル』で遠藤さんが狙ったところ、これちょっと誤解する人があって、遠藤さんは女とかセックスのことが書けないから、それを無理して書こうと思って『スキャンダル』書いたなんていう人がいます。『スキャンダル』の中にはセックスのことが触れられますけども、遠藤さんのいちばんいいたかったことは、〈入籠〉にならない悪そのものです。ぼくはそういう〝悪〟を読んでものすごく感激したから、『世界』っていう雑誌に〝魂への通路としての『スキャンダル』〟という評論を書きました。『スキャンダル』はミステリーなんだ、と。ミステリーというのは一般的には推理小説です。結局最後のところですべて分かってしまう。あんなん全然ミステリーではないと私は思います。答えが分かってるんだから。

本当のミステリーというのは答えが分からない。『スキャンダル』がなぜミステリーかというと、これも読み間違える人が多いんですが、もう一人の私が出てきて、それが何者か最後まで分からないのです。主人公は勝呂というキリスト教作家ですが、これは遠藤さんの分身であることが誰が読んでても分かるように書いてあります。

勝呂が文学賞をもらって喜んでるときに、自分と同じ顔をした、非常に酷悪な顔をした人が見える。自分が自分を見るという体験を精神医学ではドッペルゲンガーというふうにいってます。二重身というふうに訳されてます。私がこう話をしてて、ぽっと見たら、その辺に河合隼雄が非常にシニカルな顔をしてジーっと見てて、アホなこといってるなあ、と。それを二重身といいます。あるいはみなさん今日この話を聞いて、お帰りになったら、家に誰かおって、オイッていってほっと見たら自分が変な顔してたという、そういうのが二重身です。で、それはもうめったにありません。あったらぜひどっかに相談に行って下さい(笑)。

『スキャンダル』の初めのところは二重身的に書いてあるんですけども、あとずうっと読んでいくとね、二重身でないようなのが出てくるんです。もう一つはもちろん、実際に自分とそっくりの奴がいるかも分かりませんね。ものすごくよう似た人がおって、河合という名前で悪いことしてるかも知れない。いわゆるそっくりさんですね。そういう人が、おるようにも書いてあるんです。

それから、めったにありませんが、集団ヒステリーてのがあります。私がここで話をしていて例えば、どうです、私の話ばかりじゃなくて、遠藤さんにもここに来ていただきましょう、なんていうとみんなの眼に遠藤さんが見えたりする。ときどきそういうこと起こります。それは集団的な宗教体験をしてる人たちに起こりますね。みんなで共通の幻覚を見ている。そういうことは実際にありうるんです。

だからそういう集団ヒステリー状況による幻覚なのか、あるいはそっくりさんで悪い奴がいるのか、あるいは二重人格なのか。この二重人格というのはどんなのかというと、人格がコロコロと変わる。これも実際におられるんです。二重人格の人というのは会うと本当にびっくりします。われわれ日常的に、自分はちょっとこういうところとこういうところがあって二重人格だと言ったりしますが、それはほんとうの二重人格とは違います。そうではなくて、本当にコロッと変わってしまって、声も変わる、顔つきまで変わりました。それで第一人格は第二人格の存在を知らない場合が多い。

しかし『スキャンダル』を丹念に読んでいきますと、二重身も、二重人格も、集団幻覚も、そっくりさんも、どれもあてはまらないような書き方で書いてあるんです。遠藤さんはこういうことをすごい勉強する人ですから、絶対意図的に書かれたと思います。

だから、私がその評論を書くときにまず触れたのが、これが本当のミステリーなんだ、ということです。要するに、犯人は分かってない。犯人は、勝呂の影なんだとか、勝呂はドッペルゲンガーを見てるんだというのは、これ分かってるわけではない。そうじゃないんです。本当は分からないんです。なぜ分からないかというと、それは要するに人生というものが分からないからです。人生のことをみんな分かると思ったら大間違いですからね。自分はあくまで正しいとか、自分は善人だと思ってるけどもどうなんや、ということです。どう考えても自分のわからない自分というのが、存在してるかも知れないし、していないかも知れないし、自分の知らない間に生きているかも知れない。そういう多くのクエスチョンマークがついた、これはミステリーです。だから、『スキャンダル』はすごい意味を持ってる。

私はこの本のはじまりと終わりが好きなんです。どういうふうに書かれてるかというと、はじまりは、この勝呂さんは診察を受けていて、お医者さんがこういうことをいいます。「GOTが四三でGPTが五八ですから、まあまあ、よいですね」。お医者さんって好きですね、こういうことというのは(笑)。ズバリ分かってますよ、ということです。あなたのことは数字に全部出てる。あなたは遠藤周作とか勝呂さんじゃない。あなたはGOTが四三でGPTが五八なんです、ようするに。

これが近代科学というものです。近代科学はわかってますというんです。本当はちょっと油断したら全然分からない。ミステリーです。

そして、最後はどうなるかというと、結局のところは形だけ解決したようになるんですけども、まあまあそれなりにおさまりましたねえ、ということで夫婦で寝てると「真夜中、遠くで鳴る電話の音で目がさめた。執拗に鳴っている。彼を呼んでいる。目をさまして妻も聞いている……」。これで終わりなんですね。

はじめはGOT、GPTと、あれは完全に分かっていることです。しかしこの電話は、誰がかけてきたのか分からない。でも何かいいたがってる、誰かが。「勝呂、おまえ……」っていってるんです。しかも奥さんも目をさましてますから夫婦で聞かなきゃならない。そういうすごい課題を背負ったままで終わっていくんですね。……これ、悪ということを考えはじめたらどうしてもこうなるんじゃないかと僕は思ってるんですけど、とにかくぼくはすごく感激をしました。

そして、みなさんご存じのように、最後に『深い河』(講談社、一九九三年)という作品が生まれます。もちろん私もすぐに読みました。しかし、非常に正直にいいますと、私はちょっと残念でした。……ようするに、いうてみたら、『沈黙』とか『侍』とか、それからぼくは『スキャンダル』も好きですが、こういうの読んだときの緊迫感というか、すごさというのが……もう一つ感じられない。それと『深い河』という題がですね、終わりを予示しすぎているのです。

『沈黙』という題は、沈黙なのか神が話すのか最後まで分からないんです。『スキャンダル』もそうですね、本当に何なのだ、最後まで分からない。その点『深い河』は本当に象徴的で、結局は深いガンジス川にみんな流れ込んでくる。そしてそこに出てくる主人公たちも、われわれが今までの遠藤さんのお書きになった作品で知ってる人が多いですね。あれは、あれだ、とかね。これはあれだ、といえる。そういう人たちが集まって、色々あって、そしてもちろん、そんな単純な答えはないんです。ないんですけども、やっぱり深い河のイメージというものが、どれほどみんなを癒し、それからみんなをまとめ、そして流れていくのかというところにいく。私はちょっと残念に思いました。しかし、これは高い評価を受け、非常にたくさんの人に読まれたし、感激した人も多かったようです。私の知っている外国人の方で、映画なんか見てすごく感動された人がたくさんありました。で、そういう意味は大いにあっただろうと思います。そして、遠藤さんのカトリックの生き方というものが最後の時点でどういうふうに変わっていったんだろうとか、東洋的なもの——私にいわせたら土ですね。その日本の土というものが、どれほど遠藤さんに影響を及ぼしたんだろうとか、そういうふうに読んでる人にとっては興味あったかも知れませんが、私のような読み方をしてる者にとってはちょっともの足らない、という感じを受けました。しかし、残念ながらもうそのことを遠藤さんとお話する機会はありませんでした。それからまもなく健康を害されて、一時元気になられたようですが、お会いする機会はありませんでした。

それでも私が非常に嬉しいと思ったのは、遠藤さんの『深い河』の『創作ノート』というのが出版されたんですね。これは遠藤さんが書いたのを置いとかれて——これは遠藤さんの意図の中にあったと思うんですね、自分が死んだあとで創作ノートがどこかに発表されるだろう、と。その『創作ノート』というのを私は見せていただきました。私がそのときに思ったのは、遠藤さんも『深い河』を書きながら、どっかで自分に不満だったというか、そう簡単に一筋縄ではいかなかったんだぞっていうことをいい残したかったのではないか、ということです。日記の中でいちばん感激したのは、遠藤さんの夢の中に象が現われるという記述です。庭に象が現われたっていうんで、大騒ぎしてる。おそらく誰でも、象っていうとインドを連想されるんじゃないでしょうか。そして、もっと連想が続く人は、摩耶夫人の象のイメージを思い出すんじゃないでしょうか。摩耶夫人っていうのは、象が自分の体内に入る夢を見て、そしてお釈迦さんが生まれてますね。だからそういう仏教的な、そして東洋的な、しかももう、つかまえがたい、大きい大きい存在——それが遠藤さんの庭にいたというんですからね、これはもう大したことで、すごい。しかしその象が創作にまで及ぶ前に亡くなってしまわれました。

一年後の遠藤さんを偲ぶ会に行ったんですが、息子さんの挨拶が印象的でした。自分は、息子から見るとお父さんという人はすごい人やと思ったけど、病気されてからちょっと見舞いにいくの嫌になった。なぜかというと、遠藤さんが弱っていかれるんですね、だから、そういう弱い父親の姿を見たくない。そして『深い河』を自分が読んでるときに、あまりにもまとまっていきますから、これは親父の最後の作品になると。でもそう思いたくない。それでも、会うとお父さんが弱っていかれる。そういうのも見たくない、という気持ちだったんだけども、最後のところで救われたと言われました。どう救われたかというと、これは奥さんも書いておられます。遠藤さんが亡くなられた姿を書いておられますが、亡くなられるときの遠藤さんの顔というのは本当に素晴らしかったようです。息子さんがいわれたのは、親父はすごい、と。弱いと思っていたけども、すごい親父だったって、自分は思った。すごく嬉しかったっていわれるんですね。それを奥さんのいいかたになるとこういうことです。最後のところで、延命の装置の管を全部抜いてしまいました。抜いていただいたら、そのとたん、とっても嬉しそうな、本当に鏡のような顔になりまして、私は手を握っていたんですけれど、「俺はもう光の中に入った。安心しろ。悩むんじゃない」という「絶対にまた会えるからな」という感じの、メッセージをもらったような気がしました。そう奥さんが書いておられます。そして、一周忌の挨拶のときの息子さんの言葉がいいですね。『深い河』は、親父の最後の作品ではなかったんです、あの死んでゆく親父自身が最後の作品でした、と。……終わります。

悪の深層

むずかしい絶対的な悪の定義

悪というのは、私の仕事にすごく関係があります。私の仕事は心理療法やカウンセリングですから、私のところに来られる方は何らかの意味で、悪に関係のある方が多いわけです。盗みをした学生さんとか、火をつけたとか、人を殺したという方もあります。そんな方とお会いしながら悪の問題を考えるわけですが、それは自分自身の悪について考える機会でもある。私はたいした悪はありませんが、それでもちょいちょい悪いことをやろうと思ったり、やらなかったりしているわけです。

しかし、正面きって考えると悪の問題はひじょうにむずかしい問題です。去年、ある国際シンポジウムでオランダの人と話をしていたら、その人は、日本人というのはたいへんおもしろいという。どういうことかというと、その人が東京で相当な大金が入った財布を落とされた。ところが驚いたことにそれをちゃんと届けていた人がいて、中に名刺が入っていたのでオランダ大使館を通じて返ってきたという。近代都市で大金が入った財布を落として返ってくるというのはまず考えられない、日本人の倫理観というのはすごいものだ、といわれた。私はえらい感激してうれしがっていたところ、そのオランダ人はつぎにこんなことをいわれた。日本人の倫理観はすばらしいのに、日本の政治家が賄賂をもらって捕まっているのはどういうことか、近代社会ではこういうことはほとんど起こらないのに、と。そしてこの二つのことはどんな関係があるのか、といわれた。

私は「それはひじょうにいい質問ですね」と、質問に感心ばかりしていました、答えがわからなかったので……。皆さんはどういうふうに答えられますか。ひとつ簡単な答えがありますね。それは、日本人はひじょうに倫理観が高くて悪を行わないが、特別悪いやつだけが政治家になっている、という答えですが、私はそうは思っていない。これはたいへん興味深い問題なので宿題にしておきます。これは一度、文化人類学者に訊いてみたいのですが、そこに何か共通のパターンがあるのでしょうか。

それから性善説と性悪説というのがありますね。人間は生まれながらにして善なる存在である、ところが生きている間にだんだん社会のなかで悪くなっていくという考え方が性善説です。ところがそうではなくて、人間は悪い存在として生まれてくるけれども、教育を通じてだんだんよくなっていくんだという説があって、これが性悪説です。どちらをとるかということが昔からよく議論されてきたわけです。私の友人の教育学者が、ある大学で倫理学の試験に「性善説と性悪説についてあなたの考えるところを述べなさい」という問題を出した。ところが、その友人によると、約半数の学生がセックスにはいい面もあるが悪い面もある、というふうなことを書いたそうです。性善説、性悪説といっても、この頃の若い人はぜんぜんちがうことを考えるので、私は感激しました。これは冗談ですが。

そもそも悪とは何か、という問いに答えることさえひじょうにむずかしいことです。実際例を考えるとすぐわかりますが、たとえば、「うそをついてはいけない」とよくいいますが、ガンでもう助からないという人に、「あなたはガンですよ」というのがいいのか、「絶対ガンではありません」といいつづけたほうがいいのか、これは同等ですね。つまり絶対いうべきだという人と、絶対いうべきでないという人が同等にいるということは、何をもって善とし、何をもって悪とするかということが決められないからです。この場合、一神教、唯一の神を信じている人は判断しやすいですね、神さまが決められたことで、神さまが決められたことは善だと考えるわけですから。しかし神さまがしてはならないといっておられること、たとえばキリスト教には十戒というのがある。それを破ることは悪である、というふうに神があることによって善悪が明確にできる。しかし明確にできるかわりに、むずかしい問題も起きてくる。どういう問題かというと、神というのは最高の善である、その最高の善なる存在が、どうして悪が存在する世界をつくったのかという問題です。つまり最高の善である神が世界をおつくりになったのであれば、悪のない世界をどうしてつくれないのかということです。神さまがつくられた人間はけっこう悪いことをしている、これはどうなんだということで、これはじつはキリスト教の神学のなかで、大きな論争点の一つです。ところが賢い人は、いや神さまは悪なんかつくっておられない、善ばかりつくっておられる、しかし善の欠如ということはある、という。だから人間が悪いことをするのは善の欠如なのであって、悪ではないというわけです。つまり善の欠如で悪を説明する。悪の問題は突き詰めて考えるとひじょうにむずかしいことがたくさんあります。私は宗教家ではないので、この問題には正直にいうとあまり関心はありません。むずかしく考えなくても、現実に人間はいろいろ悪いことをしている。そしてそういう人が私の目の前に現われる。それにたいしてどうするか、という問題のほうが私にとっては重要なテーマです。だからむずかしい哲学的、神学的論争はやめて実際の問題で考えてみたいと思います。

トリックスターの役割

たとえば、この頃不登校の子どもがたくさんいます、小学生、中学生、高校生、大学生の。また小学校から大学までちゃんと学校へ行って、いい大学を出て、いいところへ就職してから会社へ行かなくなるという人もいます。学校へ行かない子ども、会社へ出勤しない人はやはり悪になります。悪いやつだとか、なまけものだといわれる。

そういう人がわれわれのところへ連れて来られます。自分で来る人はめったにありません。本人は来る気がないのですが、われわれのところに来る。そういう人と会う場合われわれはその人を悪い人だとは思っていないということがまず根本にあります。ともかくその人が悪い人だというふうに断定はしない。そしてその人が話をしたいことがあったら何でも話をしてもらう、話をしたくなかったら黙っていてもらう、というぐらいの気持ちで会っています。不登校の高校生で、私のところへ来て五十分間、ほとんどものをいわなかった人もいます。「どうですか」といったら、「はぁ」というだけで、「学校は？」、「はぁ」。「はぁ」と「べつに」ぐらいしかいわない。そんな人でもおもしろいことに五十分経って、「また来週来ますか？」と聞くと、「はぁ」といって、来週来るんですね。こういう人は感が鋭いから、自分が責められていないということがすごくわかるんです。自分はともかくちゃんと尊重されている、責められていないということがわかると、ものはいわないけれども、来る気になるんでしょうね。

これからお話しする例は、ひじょうに典型的です。三十年以上も前のことですから、もう話してもかまわないと思いますが、これは私の経験ではなくて、私の友人がお会いした人の話です。中学二年生になる不登校児で、三人きょうだいの真ん中の子です。上の子も下の子もちゃんと学校へ行っているのに、真ん中の子だけが行かない。そうすると世間は、「あそこの三人きょうだいは、どうも真ん中はへんだなぁ」とか、「悪いなぁ」という。

両親も、三人同じように育てているのに、学校へ行かないというのは、なんかこの子はへんな子だというふうに思う。そしてその子が連れて来られた。ところがわれわれはひたすら話を聞いているだけなんです。そうすると、その子はなかなか話をしてくれませんが、そのうちに「自分はほんとうは学校へ行きたいんだけれど、どうしても行けない、自分でもなぜ行けないのかわからない」というような話をしはじめます。それでも、ただ黙って聞いていますと、この人は何でも聞いてくれると思うのか、いろいろほかの話をしはじめます。これはひじょうにおもしろいことですね。どんなことをいったかというと、「うちのお父さんとお母さんは仲が悪い」とか「お母さんは家にいてもあまり仕事をしないし、お父さんは出張とかいってよく家を空けていて、家の中が寒々としている」というような話をしました。それをわれわれは黙って聞いています。

それでお母さんにもお会いして、お母さんの話を聞きます。そうすると、お母さんは「どうして三人の男の子のうち二番目だけこんなふうになったんでしょうか」とか、「みんな行ってるのに、なんでうちの子だけが行かないんでしょうか」と、まあそんなことをいわれます。初めのうちはみなだいたい同じようなことをいわれますが、そのまま聞いていると、人間というのは話を聞いてもらえると、だんだん話す気が起こってくるんですね。それで「じつはあの子が学校へ行かないので、主人には、学校へ行けとか、なぜ行かないんだというふうに、厳しくいってほしいと思うんだけど、うちの父親はぜんぜんそれをいわない」と。そして子どもが隣の部屋にいると、奥さんに「なぜあの子は学校へ行かないんだ、と責めるけれども、本人が来たら何もいえない、なぜ学校へ行かないんだとか、それをいえない。うちの主人はほんとうに気の弱い男で……」という。

こんな話をされると、私も自分のことをいわれているような気になるんですが、それでも辛抱して聞いていると、また話がだんだん出てくる。いっぺんに初めから真相が出てくるのではなくて、時間をかけて聞いていると、だんだん真相の話が出てくるんです。それで、その奥さんは「うちの主人は出張だといってよく家を空けている。子どもが学校へ行かないとき、男親が、こらっ、といってくれたら迫力あるんだけど、その父親が家にはいない」といったことをいわれる。そしてさらに聞いていますと、出張というのはどうも口実で、じつはよその家へ行っておられる。つまり他の女性がおられるらしい。「私はそのことを知っているんだけど、子どもがいることだし、なんとか辛抱して家じゅう平和に暮らしているほうがいいと思うから、いままで辛抱してきた」という話をされる。人間というのはやっぱりいろいろ話していると元気が出てきますね、そして元気が出てくると腹が立ってくる。

また息子のほうも、いろいろ話しているうちにだんだん元気になってくる。それでわれわれはずっと話を聞いていて、じつは何を期待しているかというと、二人の衝突が起こるのを待っているといってもいいんです。そして実際に衝突が起こるのに一年以上かかるんですが、お母さんがやっぱり自分でなんとかしようという気になってくる。それでとうとう息子に正面きって、「あなたは何をしているの、みんな学校へ行ってるのにどうして行かないの」という。そうすると息子のほうも元気が出てきていますから、負けずに「お母さん、自分だってほんとうは学校へ行きたくてしかたがないけれど、どうしても行けない。家にいるからといってサボっているんでもなんでもない、こういう子どもの気持ちがお母さんにはわからないのか！」と怒って、そばにあった扇風機をひっくりかえしてつぶしてしまう。三十年前の話ですから扇風機は高価だったんですね。それでいままでおとなしいと思っていた息子が扇風機をつぶしたので母親は驚いて、すぐに夫に電話をかけて、「××が扇風機をつぶしたんですよ」と。お父さんもびっくりしてすぐ帰ってくるんですが、お父さんも興奮していますから、いままで怒ったことのないお父さんが帰ってくるなり、入口にあったバットをぱっと持って、「××出て来い！」と子どもの名前を呼んで、家のなかへ飛び込んでくるわけです。子どもはそれを見て、ぱっと窓から逃げてしまう。その子どもが後からいったことですが「あんなすばらしいお父さんを初めて見た、輝かしかった」と。いままで留守がちだった父親がすごく輝かしかった、と息子は感激したんですね。

それから夫婦で息子をあちこち探して歩くんですが、奥さんにいわせると、「夫婦で心を合わせて初めて仕事をしました」ということになる。いくら探しても息子は見つからない。それで家に帰ってきて、「どうしようか」と主人がいう。奥さんはもう準備ができていますから、主人にいうのです。「あなたは自分の生き方を考えてほしい、だいたい父親としての役割をぜんぜんやってないじゃない、いままでいわなかったけれど、あなたに女がいることはわかっていたし、出張がうそだということもわかっていた」というんですね。そうすると人間というのはおもしろいもので、主人のほうも、「おまえがそういうなら、おれもいいたいことがある」というわけですね。どんなことかというと、自分はじつは「結婚したら開業をして、会社をやめるつもりだった。ところが結婚してみると、おまえはあまり家事に熱心でないし、愛想もよくないし、これでは店を開いてもうまくいかないだろうと開業をあきらめたんだ。だから自分はいやいやながら勤めてるんだ。いやいや勤めてるとどうしても帰りも遅くなる。それで帰ってきても食事の用意もしてないじゃないか」。まあ夫のほうもいいたいことがいっぱいあるわけですね。ところが奥さんのほうもいくらでもいいたいことがある。「食事をつくって待っていても、あなたは帰ってこなかったじゃないの」と。二人でもうさんざん喧嘩して、喧嘩の後に考えついたことは、「それだったら力を合わせて開業しよう」ということです。それで奥さんは、「あなたがそんなつもりで開業するんだったら、私ももっとがんばる。あなたがだいたい遊んでくるから、食事をつくるのもいやになってたんだから」というようなことになって、二人の意見がだんだん合ってくるんです。それにしても「あの子が学校へ行ってくれなかったら、どうにもならないんじゃないか」というようなことを二人で話をしているところに、夜の十時過ぎになって息子が帰ってくるんですね。

まあいいタイミングで帰ってきたわけですが、そこで両親が子どもにいきさつを話して、われわれはこういう話をした、「これからお父さんもお母さんもがんばろうと思っているんだけれども、おまえが学校へ行かないのでは話にならない」と。そこで息子はなかなかいいことをいいます。「あっ、お父さんとお母さんが仲良かったら、僕、明日から学校に行くよ」といったそうです。それで実際、翌日から息子は学校へ行き、この家は万々歳になりましたというわけです。もうすごいいい話で、お父さんも間もなく開業されて、家じゅう変わっていくんですね。私はこの話を聞いてものすごく感激したんですが、学校へ行かなかった真ん中の子は、「三人のきょうだいのなかでいちばん優秀な子だったんとちがいますか」と訊いたところ、そのとおりなんです。その子は一年以上学校を休んだんですが、しばらくして、一気に学業が回復して優等生になりました。

この話はひじょうに典型的です。なぜ典型的かというと、学校へ行くのは善であるという見方からすると、学校へ行かないのは悪ですね。喧嘩がないのが善であるという見方からすると、喧嘩は悪です。ところが、その学校へ行かないことを通じて、夫婦が喧嘩したこととか、子どもが怒って扇風機をこわしたことなどを通じて、この家ががらっと変わってまったくちがう家庭になっていく。それまではみんないいたいことがありながら、平和がよろしいと事なかれ主義でやっていたのが、みんなでがんばっていこうというふうに変わるわけです。こういうところが、悪というもののおもしろい、不思議なところです。トリックスターの役割とも共通しています。

トリックスターというのは、いたずらをしたり、悪さをしたりしているようですけれど、うまくいけばひじょうに建設的な役割を果たしますが、へたをするとものすごい破壊になってしまいます。だから、この家の例でも、へたをすると、夫婦は仲が悪くなる一方だし、子どもの不登校はなおらないし、もうめちゃめちゃになって、おそらくこの家庭は破壊されてしまうでしょう。ところが、いまのように転換すると、前とちがう次元の建設が起こる。こういう役割をするのがトリックスターです。いたずらをしているけれども、それではっと新しいことがわかったり、なるほどというふうになったりしますが、へたをすると、トリックスターが殺されてしまうこともある。

影――もう一人の自分

われわれのような仕事をしていると、以上のようなことがよくあります。そういう点からヒントを得て、ユングという人は影、シャドーという概念を導入してきます。どういうことかというと、私という人間が存在すると、必ず私の影が出てきますね。どんな存在でも影がある。そういう考え方です。黒い影とか、影はいやなものという感じをもたれるんですが、ユングは影があるおかげで立体性が出てくるといっています。この影の問題はわれわれのところに来られる患者さんからも実感することがよくあります。

たとえば、こういう例があります。優秀なOLで経験もひじょうに豊かで重宝がられていた方が、あるときから急に会社へ行くのがいやになるんです。抑うつ症の症状ですね。気分が沈んで沈んで、もうほんとうに気分が沈んで「きょうは休みます」という電話さえもかけられないので無断欠勤するんです。それで上司の人がひじょうに心配されて、私のところへ連れて来られました。そしてその人が話されるには、「もう仕事がおもしろくて一生懸命やっていたのに、なんでこんな急におもしろくなくなるんでしょうか」と。こういう話はよく聞きますが、とにかく黙ってわれわれは聞いている。あわてると、うまくいかないことが多いです。たとえば「前は仕事がおもしろかったけど、この頃おもしろくない」といわれたときに、「前はおもしろかったのでしょう、だからがんばったらどうですか」なんていうと、それで終わりになります。だから、われわれはそこをずっとがまんして待っていると、だんだん話が変わってくるんです。

どう変わってくるかというと、このＯＬの人の場合は、「近頃の若い人というのはわかりませんね」という話になってきた。近頃の若い人というけれども、そのＯＬの人も三十歳ぐらいなんですが。それでそんな話を聞いていると、じつは新入社員が入ってきたという。その方がいうには、仕事には女性と男性の区別はないんだ、だから会社へ行くときには、ちゃんと動きやすい地味な服装をして、男に負けないように働いてきた。働いてきたおかげで、自分はここまで地位も上がってきた。ところが今度の新入社員は、飾り物をいっぱいジャラジャラ、ジャラジャラつけた服装で会社に来る。あんな格好でてきぱき仕事ができるはずがない。お化粧はたんねんにして、いっぱい着飾って、しゃなりしゃなりやってきて、あんな新入社員は問題だと自分は思っているのに、課長なんかはにこにこして、新入社員を食事に誘ったりしている。つまり、その新入社員がいかに悪い人間かという話がもう延々とつづくんです。たとえば、「ちょっとハサミちょうだい」というと、われわれだったら、ちゃんと刃先を自分のほうに向けて渡すのに、その子は「ハサミ！」といって、放ってよこすという。なのに課長はいつも笑っているのでますます腹が立ってくる。もう盛んにその新入社員の悪口をいうのですが、われわれはそういう話をずっと聞いています。

そうすると、またやって来て、だいぶ気分がよさそうなんですが、また悪口の話になるんです。最近では、その新入社員が遊びに来いというから、いやだったけれども行ってきたという。それで何もできない人だと思ったら、いろいろおいしい料理をつくって食べさせてくれた。ところがこのＯＬの人は、仕事を第一に考えますから、料理なんか凝る必要はない。あんなに長い時間かけて料理して後片づけもしなければならない。自分はとてもそんなばかなことはできないという。食事をするならレストランへ行けばいいんだという。それからもっと彼女が腹を立てていたのは新入社員が毛糸を買ってセーターかなんかを編んで恋人に贈るといっていることです。彼女にいわせると、そんな時間があるんなら、もっと仕事に専念すべきであって、セーターは百貨店で買えばいい、と。とにかくまぁ、僕が叱られているのかなぁと思うほど、怒るんです。「そうでしょ、先生」とかいわれるので、「話はようわかるけれども、僕にそんな怒らんでもいいでしょ」といったら、「ああそうですね」というんですが、「なんでそんな僕に怒らないかんの」といったら、「腹が立ってしようがないんです」というわけです。「そんなに腹が立つのは、あんたも料理のひとつもつくりたいのとちがうの」というと、「私、ほんとうはつくりたいんです」というわけですよ。「そんならつくったらよろしいわ」というたら、その人は、その日の帰りに料理の本を買って帰って料理をつくった。そしてその新入社員の彼女を招待する。すごく下手な料理をつくるんですが、新入社員の彼女は「おいしい、おいしい」といって喜んでくれて、仲がよくなるんです。その頃になると、その人はもう会社へ出ています。そしてもっとおもしろいことに、服装が変わって地味で灰色だった人が、なんか華やかになる。

それはひじょうによくわかりますね。やはり自分の影みたいなやつが周りにいるんです。それでもう息もつけないわけですよ。見ているだけで腹が立って、その人がものをいうと腹が立つし、黙っていても腹が立つ。そういうような感じなんですが、それはだいたい自分の影なんです。われわれは生きていくうえでひとつの線というか、ある種の枠をもっている。ところが、そこからはみ出したものが影になるわけです。だから、いまのＯＬの方の場合でもひじょうによくわかります。自分はもう仕事だけでがんばろう、と思いすぎているのです。だからお化粧するのも悪いやつだ、料理をつくるのも悪いやつだ、セーターを編むのも悪いやつだ、とみんな悪になってしまう。そのように思いつめている頃に、ちょうど影の役割をもった人が周りに現れてくるわけです。

ユングが影のことをいい出したのは、夢のなかに自分の影がよく出てくるところからです。夢に関心のある方は、自分の夢をよく覚えておくと、夢のなかに影がよく出てくるのがわかります。つまり自分のいやな人が出てきたりします。そしていやな人と話したりする。それは何かというと、影とちょっと仲よくなりはじめているのです。このOLの方でいうと、ばかばかしいと思っていたのに、自分で料理をつくりだしたというのは影と仲よくなることですね。このことをユングは“realization of shadow”といういい方をしている。日本語でいってもいいんですが、realization というのは、私のひじょうに好きな言葉なんです。どういうところが好きかというと、realize という英語は、何かをイメージする、わかる、「わかりました」というときに、realize という言葉を使いますが、何かをするというとき、実行する、成就するというときにも、realize といいます。だから、“realization of shadow”というのは、影のことがわかる。ということは影のことを自分もやるわけですから、どこかで自分が実現するということと、それを認知するということが重なっていかないと、ほんとうにわかったことにはならない。頭のなかで、「それはいいことですね」とか、「そういう考え方はわかりました」とかいっているだけではだめで、やってみるということが加わってはじめて、影のほんとうの理解、ほんとうの実現ができるのだ、とユングはいうわけです。

許せる悪と許せない悪

こういうことを考えだすと、単純に悪とか悪いとかいうことは、さまざまな意味をもっていることがわかります。そういう例は、あげれば、もういくらでもありますが、もうひとつだけ例をあげてみます。

あるお母さんが相談にみえました。自分の子どもは優等生で、悪いことなんかしないし、すごくいい子だと思っていたのですが、人のものを盗んだことがわかったという。しかもそのわかり方がおかしくて、お母さんが外出先から帰ってきて郵便箱をぱっと開けたら、ピストルが入っていたんです。それでもうほんとうにびっくりして、よく見たらおもちゃのピストルだったんですね。それでうちの子が郵便箱に入れたのかもわからないと思って、その優等生の子どもさんに「このピストルあんたのでしょ」というと、「僕のや」というんです。このお母さんは立派な人ですから、子どもを平和主義者に育てたいと考えて、戦争とか攻撃に関係あるようなおもちゃはいっさい買い与えていなかったんです。それなのに息子がピストルを持っているということは、なんかおかしいと思って「どうしたの」と訊くと、「友達のところに行ってピストルごっこをしたら、あんまりおもしろかったから、ちょっと借りてきたんや」という。「借りてきた」といったけれど、よく訊くと、「黙って借りてきた」というわけで、まあ盗ってきたんですね。そして見つからないように、郵便箱に入れて隠したというのですが、隠し方も悪いし、見つかり方も悪いし、お母さんは何かおかしいと感じて、私のところへ相談に来られたわけです。

その話を聞いてたら、私は話がわかりすぎて楽しくなってきたんですが、私がわかってもだめなんですね。われわれの仕事というのは私がいくらわかって喜んでもだめで、その人がわかってくれないと話にならない。だからその人にわかってもらうように訊くんです。それで私は「お母さん、郵便箱に入っていたんですか、おもしろいですね。郵便箱というのは何が入っているんです?」と訊いたら、「それは手紙ですよ」という。それで私は「そうです。お母さん、手紙をもらわれたんですね。あなたの子どもさんはお母さんに手紙を出したんですよ。ピストルは手紙ですよ」といった。そうすると、そのお母さんは「ああ、わかりました」と。息子は何をいっているのか、「お母さん、うちにピストル一丁ぐらいあってもいいんじゃない」といっているんです。それはどういうことかというと、平和を愛するために、兵隊ごっこをしてはならないというのはまちがった考え方で、兵隊ごっこをしたり、ピストルの撃ち合いをしたり、カエルを殺したりしてはじめて、どうもこれはしないほうがいいということがわかるんです。そういうことを経験しなかった人は、免疫がなさすぎて急にぱっととんでもないことをやってしまうことになる。そのお母さんは自分の子どもをよい子にしようとしすぎて、いわば人工的な子どもをつくりすぎて、その子の心を抑え込みすぎた。それで子どもは、ピストルという手紙で、まさにピストルを突きつけたんですね、お母さんに。

この頃は子どもが少なくなりましたから、女のきょうだいしかいないと、男の子というのはどういうことをするのかを知らないお母さんが多いんです。それで男の子も女の子と同じような育て方をされる。男の子というのはいろいろなこと、兵隊ごっこをしてみたりカエルを殺してみたりしながらわかっていくところがあるんです。だから男の子の育て方がどうもわからないというお母さんが、男の子はどんなことをやっているかということを知りたかったら、河合雅雄という人が書いた『少年動物誌』(福音館書店、一九七六年)をお読みください、と薦めているんです。そうすると読まれたあと、ひじょうに感激して、「こういうことがあるんですか」と感心される。つまり男の子が成長していく過程で影の部分がどのように動いているのかということは、なかなかわからないものなんです。ところが、この影のこととか悪のことがわかってくると、つぎに問題が起きたときに、今度はちょっと困った対応をすることもしばしばあります。

たとえば、また友達のものを盗んできたときに「よかったね、ほんとうに盗んできて」とか「また盗め」ということになると困るわけですよ。学校の先生のなかにはそういう方がときどきいるんです。つまり、子どものことを理解してあげる。だから、子どもが盗みをしたり、殴り合いをしたり、いじめ合いをしたりしていても、これも影のリアライゼーションなんだから、黙って見ているほうがいいという先生がおられますが、これはひじょうに困った問題を起こします。つまり影の部分の力が強くなりすぎると本体が危うくなります。子どもを理解しなければならないという命題のもとに、子どもを怒ったり、子どもと闘ったりすることを忘れている先生がおられます。

中学校の先生に多いのですが、「私はもう子どもと同じようにしていると、子どもの気持ちがよくわかりますから、子どもとは仲間のようにしてやっています」という先生がおられる。私はそういう先生にいつもいうのは、「それはすばらしい、先生も生徒もほんとうに一緒だったら、先生も授業料を払ってください」と。いくら生徒と同じで仲間だといっても、子どもは授業料を払っているのにたいして、先生は給料をもらっているわけで、やはり給料をもらっているだけの仕事はしてもらわなければならないわけです。「悪いことはいけない」という仕事をしなければならない。盗みにも意味があるということと、盗みをしてはいけないということと、これを区別するということが、ひじょうにむずかしいのです。「あなたのしていることには意味がある」ということと、「あなたのしていることは絶対許せない」という、二つのことを同時にやらなければならないというのが、教師のだいじな仕事ではないかと思います。

守るべき一定の限界

一時、学生運動が盛んになって、学生さんがえらい勢いよくがんばられた時期がありました。ヘルメットで武装して棒なんか持ってきて、「こら！」とかいって、教授をつるしあげるんですから、楽しかったと思います。

この場合でも、教授が学生の気持ちを理解しすぎたために問題をこじらせたことが多かったようです。だから、私はいつも学生のことを理解せずにがんばってきました。私は当時、京都大学の教育学部長をやっていましたが、大学の門は二十四時間開いていて学生は学内で寝泊まりしていました。そうすると学校のなかがむちゃくちゃになってきて、私は午後十時に門限を決めて、十時以降は全部学外に出ること、そして十時に閉門する、と宣言しました。もちろん学生たちがウワーッとやってきて、「河合学部長、どうして門を十時に閉門するんだ」というんで、「理由はいっさいありません。ただ閉めることに決まりました」というと、「やかましい!」というんで、いい合いになった。「なんで閉めるのか」というから、しかたなしに、「門は閉めるもんであります」というたら、「ばかなこというな!」と。ところが、こういうふうにどなり合いをしていると、あんがい評判はいいんです。学生たちもどなり、僕もどなって、どなり合いしていると、だんだん時間がたって終わりになる。どなり合っていると、当然体力に限度がありますから、あるところでまあ終わっていくんですが、終わったときに僕はよくいいました。「きょうはおもろかったなぁ。君らこんなに人前でどなろう思うたら、ふつうはお金を払って、甲子園へでも行って、〝巨人、死ね!〟とかいってどならんならんけど、ここではただやないか。またやろう」なんて。この場合だいじなことは、門を閉める理由を絶対にいわないことです。理由をいうと向こうは賢いですからね、「ほな河合、十一時にせよ」なんて、必ずいうんです。「いや、これは門衛の人が困るから」なんていうと、「われわれが説得するから」というように、必ず上手になんか理由をいってくるんですが、「理由はない」いうたら、怒るしか手がない。それでワァー、ウォーなんてどなり合いをしていると、だんだん終わっていくんです。

その場合、絶対ここまでという線があるんです。そしておもしろいことに、学生もその線がだいたいわかっている。だから「八時で閉める」といったら絶対だめなんです。やっぱり十時というところがひとつの線です。つまり、みんながなんとなくここで止まろうという線を一本見せなければならない。そしてその理由はいわずにどなりまくる。しかし、どなり合っているうちに、あるところで止まる線ができてきます。これでやめないと、そこを破ると、もうまったくの無秩序になりますね。その手前で終わらないと、いったん無秩序になると修復するのはひじょうにむずかしくなります。

私はそういう相談もよく受けました。たとえば中学校で校内暴力が発生すると、もう学校の中はむちゃくちゃになります。ガラスは平気で破るわ、単車に乗って廊下を走りまわるわ、中学生の年頃はむちゃくちゃやらないと気がすまない時期なんですね。そんなときに先生がそれを止めようとすると、命を失う危険すらあります。もうみんないきりたっていますから、こんなときに「十時門限」なんていったら殺されます。だから燃え立ってしまったときには、もう武力でもなんでも抑えるよりしかたがないんです。だから大学紛争のときも、そういう場合には機動隊を入れましたね。そして暴力をふるう人を捕まえたりした。しかしここでまちがう人が多いのです。つまり「これで収まりましたな」という人が多い。じつはそこからが始まりなんです。機動隊を入れるのは、形が破られていますから、しかたがない。だから形をつくるために、機動隊を入れたのであって、教育はそこから始まるんです。

私は京大の学生部長をしていた頃、学生たちに取り囲まれてよく団交をやりました。そのときに学生たちはまず「河合学生部長、団交をやるが、機動隊を入れないことを約束せよ」なんて初めにいいますが、私は「何いうとんねん、わしは怖かったら呼ぶに決まっとるやないか、さっきからもう怖うてしゃあないのや」という。「わしは一人や、おまえらは多いし、あんまり怖かったら、呼ぶでぇ」というたら、「なに、機動隊を呼ぶのか」というから、「いま呼ぶいうてへんて、あんまり怖かったら呼ぶいうてんのや」というと、「しゃあないな」とかいって、「じゃあ、団交、つづけてやりましょうか」といって、やるんですね。ところが失敗する人は、「学生部長、機動隊を呼ばないことを約束してください」といわれたときに、「呼びません」というてしまうんです。ところが怖いことが出てきて、呼ばざるをえなくなってくるんですね。そして呼ぶと、学生は、「うそをついた！」といってカーッとなるんです。学生が怒るのはあたりまえです。「機動隊を呼ばないといって呼んだのはうそつきだ」ということになる。

だから私は、最初から「機動隊を呼ぶ」というんです。すると団交に一定の線ができる。ただし、実際に私は機動隊を一度も呼んだことはありません。ひとつついでにいえば、この場合、関西弁の効用ということがあると思いますね。「怖かったら呼ぶでぇ」というから、「しゃあないな」となるけど、そのときに「恐怖が一定以上に達すると、機動隊の要請があります」なんていったら「なにを！」ということになる。とにかく、こういう場面では一定の線を通すことが必要なんです。そしてその線の前でどう説得できるかということです。

そして、私はワーッとどなり合っていましたが、いつも学生が悪いとは、ひとつも思っていませんでした。もし私が学生の立場だったら、やはり向こう側にいたということがよくわかっていますから。それぐらいやるのはあたりまえだから、やるのはけっこうだけれども、一定の限界を越えることは絶対にできないという、それだけの話です。私のような仕事をしている人間は、それが守られなかったら、仕事はできません。それは自殺したいという人もありますし、人を殺したいという人もおられます。みんな聞いてたら気持ちはわかる。死にたいという気持ちもわかるし、人を殺したい気持ちもよくわかりますが、「わかる」ということと、実際に「やる」というのは別の話です。そのときに、ある線を越えないということを背景に、ぎりぎりまでわかっていきましょう、ということによって、何かがはじめてわかる。

隠れキリシタンの生きる知恵

そういう例から感じたことを、ひとつお話ししたいのですが、それは隠れキリシタンの話です。隠れキリシタンの人たちは、まったくたいへんですね。なぜかというと、キリスト教を自分たちが信じているのに、踏絵を踏まなければならない。踏まなかったら殺されます。だから踏絵を踏んで、しかも隠れてクリスチャンとして生きていくわけで、踏絵を踏むことが悪か、踏まないのが悪かという、ものすごいぎりぎりの線に立たされた人たちだと思います。私はとくに、隠れキリシタンに関心があるわけではありませんが、隠れキリシタンの方たちは、十六世紀頃、日本に来た宣教師からいろいろ話を聞いて、その話を口伝えで伝えてきた。そのことに私は興味をもっています。

つまり当時はもちろん聖書の訳なんていうのもないし、文章も残っていないから、全部口伝えによって話が伝えられ、その過程で話もだんだん変わってきているのです。そして「天地始之事《はじまりのこと》」という話が伝わるのです。これは聖書にのっとった話なんですが、その話が口伝えされているうちにひじょうに日本化してきています。これは二百五十年間、人間が話を口伝えにしていくとどう変わるかという、すごいおもしろい実験だと思います。キリスト教が解禁になって、もう昭和に入ってから、口伝えで伝えられてきた「天地始之事」が発表されたので、それと聖書の創造神話とを比較してみました。いろいろ興味深いちがいがあるんですが、私がいちばん感激したのは、キリスト教の原罪という観念がなくなっている点です。アダムとイヴが、神が食べてはいけないという実を食べますね。聖書には「リンゴ」とは書いていないんですが、「天地始之事」には「リンゴ」とちゃんと書いてあります。正しくはリンゴではなくて「マサンの実」と書いてあるんですが、マサンはポルトガル語でリンゴのことです。そのマサンの木の実をアダムとイヴが食べたところへ神さまが来られて、「おまえたちはばかなことをした、だからもう天国へは住めない、天国を出ていきなさい」という。これは聖書と同じですね。そうするとアダムとイヴが、「どうかお許しください、われわれもなんとか天国に、いつかは帰ってこられるようにしてほしい」というと、神さまは、「よし、そうすることにしよう」という。ここは聖書とぜんぜんちがうところです。もともとのキリスト教では、人間というのは楽園を追放されて、この人間世界へ降りてきた。だから人間は、もともと原罪を背負っているという。これこそ創造神話の中心的思想といってもいいくらいですが、日本の口伝えの「天地始之事」では、神さまは「四百年たったら天国に帰ってきてよろしい、天国に帰りなさい」ということになって、原罪がなくなってしまう。

この話を僕はヨーロッパやアメリカでするんですが、アメリカ人やヨーロッパ人にも感心する人がいますね。いまから二十年前にこの話をしたら、ほんとうにばかにされただろうと思いますね。「日本人はいちばんだいじなことをこわしているじゃないか」とばかにされたと思いますが、いまは「日本人はおもろいこと考えるな」という感じです。日本人にとっては、「絶対的な悪」というのはひじょうにわかりにくいですね。だいたい日本の神話を読むとわかりますが、善悪という考え方よりも、清らかか穢れているかということにすごく神経を使っています。きょうも来るとき選挙カーが通っていたんですが、「清き一票をお願いします」といっていました。「正しい一票を投じてください」とはいわない。外国人だったらどういうでしょうね、聞いたことはありませんが。自分で判断して正しいほうへ投票するというのが外国人の考え方でしょうね。日本人はみんな「清き一票」を入れてくださいというように、清いほうばかり強調する。

私がここで考えたことは、クリスチャンが踏絵を踏むということは絶対的な悪を犯してしまうことです、しかしこれは踏まなければならない。だからいったん犯した罪というもの、原罪なんていうものが消えないものだと考えると、みんな生きていけなくなったのではないか。もし罪を犯せば生きていけないのだったら、みんな踏絵を踏まずに、殺されるよりしかたがない。踏絵を踏んで生きているというのは、罪がありながら生きていることである。とすると、この罪はどこかで許されなければならない。許されるためにどうするかというと、もうひとつ概念があって、バスチアン・カレンダーというカレンダーがあります。バスチアンという人が実在したのかどうかわかりませんが、バスチアンという人が残したといわれるバスチアン・カレンダーには、何月何日には何をしなさい、この日には何をしなさいということが、ものすごく細かく決められているんです。しかもこれには良い日と悪い日があって、悪い日には結婚してはならないとか、すごく細かく決められています。

このように自分の行動を細かく規制していくことによって、踏絵を踏んだ罪が、だんだん清められるわけです。そして一年たって清らかな人間になって、また踏絵を踏む。そこで罪を犯すけれども、また一年をちゃんと生きることによって、また清浄になる。だから、そういう意味では、ひじょうに宗教的な生活をおくっているわけですね。ところが、ずっと清らかな人間になって天国へいくのかというと、そうではないのです。清らかな人間になって、また罪を犯してということをくりかえすわけで、これはキリスト教の考え方に輪廻的な考え方が入り込んでいるのではないかと私は解釈しています。この考え方が正しいかどうかわかりませんが、私がいいたいのは、ひとつの宗教なり、ひとつの善悪の判断というものが、文化のちがったところからやってきたなかで、自分の文化を守りつつ、しかも向こうの文化も取り入れて、そうしてなんとか自分たちの生き方を探ろうとしている間に、こういう知恵が出てきたのではないかと考えるのです。

影のリアライゼーションといっても、実際にやるのはたいへんなことですよ。要するに、悪というものをどう生きるかということになりますから、へたしたら完全な悪になってしまうし、やらないと人生がおもしろくない、というすごい岐路に立たされてしまう。そういうときに、たとえば隠れキリシタンの人たちが、踏絵を踏まないと殺されるというときに、踏絵を踏みながらいかに生きていくかというなかで、原罪というものをなくしてしまって、輪廻的に罪を犯すことと清浄になることを考え出したということは、われわれにひじょうに大きな示唆を与えているのではないかと思います。

解説――シルヴィア・B・ペレラ『神話にみる女性のイニシエーション』

自分の人生をいかに生きるか、は人類始まって以来の問題であったろうが、現代においては特に重く多くの人々に意識されているのではなかろうか。おそらく、古い時代は、人間は集団的な意識のなかに生きていて、個々の人間が「人生いかに生くべきか」などと考えず、全体的傾向のなかに埋没して生きてきたことだろう。そのなかで、特別に選ばれた人がこの問題に直面してきたのである。

しかし、現代は個人ということをきわめて重く見る時代である。そして、自分の生き方を考えるという点では、男性よりも女性のほうが多い。これはどうしてだろうか。これには二つのことが考えられる。まず、男性の場合は現在の社会の体制のなかに組み込まれており、その路線に乗っている限り、あえて「人生いかに……」などと考える必要がないからである。次に、前述のことと関係があるが、一般的な考え方として男性優位の人生観、世界観が強いので、女性が個人として自分の生き方を考えるとなると、既成のものには満足できないからである。このようなこともあって、われわれ心理療法家のところにこの問題との関連で来談する人は、男性よりも女性のほうが多いと思われる。

本書は、女性の生き方を考える上において、きわめて本質的で深い省察を述べているものとして、貴重なものであり、多くの人に読んでいただきたいと思う。ただ、これを読むときに日本人として注意しておかねばならないことは、キリスト教文化圏においては、現代に至るまで、明らかに「父権的意識」が圧倒的な強さを示してきたので、そのことを前提として本書は書かれているが、日本の事情はこれと異なっているという点である。日本は、社会的には「父権」が強かったが、心理的には、むしろ母性優位であり、その傾向は現在もまだ続いていると言える。このことをどう考えるかを、本書を読む際にずっと意識している必要がある。

その上、日本人――特にいわゆるインテリ――は、表層的には相当に西洋文化を取り入れているという事実がある。そのために、理論的に考えるときは「父権意識」で、それも借り物だけにやたらに強調される傾向があるが、実生活のほうは無意識的、半意識的に、母性心理によっていることが多い。このような一種のねじれ現象を起こしているので、日本において女性の生き方を論じるのは、たいへん難しいことである。

本書は、アメリカの現代女性である著者が、自分のかつての生き方が、「父の娘」としてのものであったと気づき、それでは父から離れて、一個の女性としてどのような生き方があるのかを、真剣に探索したことについて述べたものである。前述したような日本の事情を考慮しつつ読めば、わが国において現代女性の生き方を考えている人たちに、大いに参考になる書物である。これは実に多くの示唆を含んでいる。

著者は心の深層にまで降りて考察をすすめるために、神話と、彼女が分析家としてかかわった現代女性の夢を素材として用いている。「父権的意識」を支えるキリスト教神話に対して、彼女がシュメールの神話を用いているのは実に卓見である。本書を読みすすんでいくとわかるように、シュメール神話における「イナンナの冥界下り」の物語は、女性のイニシエーションを語るには、まことにふさわしい。これが、男性の目から見たものではなく、女性の目から見た女性のための成熟の過程であるところが素晴らしいのである。

著者は自分をも含めて「父権制の娘」を次のように記述する。「女性性との関係でひどく傷ついているような、私を含めた女性たちは、普段は、相当な成功を収めているというペルソナがあって、公には好ましい印象を与えているのですが、そのことがむしろ問題なのです」。つまり、彼女たちは「成功者」なのだが、そのうちそれが本来の自分の姿でないことに気づき、自己嫌悪に陥ったり、抑うつ感にとらわれたりする。もっとも、このような「成功者」として元気一杯に生きている女性がいることも事実であるが。

しかし、ひとたび気づいた者は、もとに帰れない。そのような女性にはどんな道があるのか。著者はそれに対するイメージを与えてくれるものとして、シュメール神話の女神イナンナの物語を取りあげる。ここに語られるイナンナの下降と回帰のプロセスは、現代女性が女性性を獲得するためになさねばならぬ、危険きわまりない仕事を詳細に示している。

「イナンナの苦しみ、衣服を剝ぎとられること、屈辱、鞭打たれること、そして死、彼女の下降の留《ステーション》、地下界の杭に「磔になること」、そして復活」と述べてくると、これがキリストの受難の道筋と非常に似通っていることに気づくだろう。しかし、両者の決定的な差は、「人間の罪のためではなく、大地の求める生命と再生のために、イナンナは自らを犠牲にします」というところにある。イナンナは、はるかに大地に根ざしている。「彼女が関わっているのは善悪というよりも命なのです」ということになる。

「そしてキリストの物語では、救済を貫いた破壊的な行為は、単に人間側の悪意と恐れから生まれたもの」であったが、「シュメールの詩の中では、その破壊的な行為には、超個人的《トランスパーソナル》な源《ソース》があることが示され」ている。これも実に大切なことだ。女性のイニシエーションにかかわるいろいろな力は、超個人的な性質をもつことを、われわれはよく知っていなくてはならない。それに対して、うっかり個人の力で対応しようとすると、一挙に潰されたり、はね飛ばされたりしてしまう。
それにしても、下降によって接することになる女性像のもつ暗黒さ、その感情の激しさなどすべては、本書に描かれているように凄まじいものである。対応を少しでも誤ると、それは精神病的《サイコティック》な性質のものとなってくるであろう。

著者はこの恐ろしい「下降」を、「そこは、逆説に満ち、一見意味が失われた状態にあって、美と醜の両極が浮遊し、あるいは共に分解しています。美の女王ですら、生《なま》の、腐った肉となるのです。生《せい》からその興趣が失われてしまうのです。しかし、腐るといっても、これは聖なるプロセスなのです」と述べている。

このような恐ろしいプロセスをたどる上において、「見つめる」ことの重要性を著者は指摘している。イナンナが下降にあたって、まさかのときの救出のためにニンシュブルに依頼しておいたことについて、「心理学的に見ると、彼女(ニンシュブル)は、魂が下降している間に地上にとどまっている、私たちの小さな断片を体現しているように思えます」と述べている。このあたりのことは、このようなプロセスを共にしようとする心理療法家に対して有用な忠告を与えているものと言えよう。

「暗黒の女神の声の一つ」として、「不幸を訴える」ことが取りあげられ、「それは、生を表現する一つの方法であり、女性性の魂の中で深く働いているものです」と、むしろ肯定的に受けとめられている点も、注目すべきである。長く続く不平に対して、「いい加減にしろ」とか、「弱音を吐かずに頑張れ」とすぐに言うのは、父権的な意識による判断に頼っている。不平不満にじっくり耳を傾けることの意義を、このあたりの記述はよく示してくれている。

イナンナの回帰は、むしろ悪霊的《デーモニック》とも言うべきで、「それは究極的には生命を表わしているのですが、しばしば爆発的に誕生し、飼い慣らすには骨が折れます」と指摘されている。これも大切なことで、「飼い慣らす」どころか、吹き飛ばされそうになることもある。

著者は、「回帰してきた女神のこの悪霊的な姿は、初期の女性解放運動の激しさの中にずいぶん見うけられたものです。解放運動におけるこの段階はもはや過ぎ去ったといえますが、女性一人一人の通過儀礼は、これからやり抜かなくてはならないのかもしれません」と述べている。そして、「現代社会ではよく見られることですが、通過者《イニシエート》が地下界から再生して、それも最初は悪魔的な様子で回帰してくると、家族の親しいメンバーや、治療者が、その扱い切れないほどのエネルギーの爆発を受ける者として選ばれます」とつけ加えている。

現在日本の心理療法家でも、この「扱い切れないほどのエネルギーの爆発を受けて」立っていると感じる人は、相当にいることだろう。それを父権的な強さで抑え込むのではなく、じっと受けて立っていることの意味を著者は強調している。

ここに簡単に本書の流れを要約してきた。ここから学ぶことは実に多いが、やはり、日本の場合はどうなるのかが大きい問題であろう。ここに著者の描いて見せたプロセスは、「父の娘」がいかに女性性を見出していくかというものであり、そうなると「母の娘」の場合はどうなるのか、という疑問も湧いてくるであろう。この問題について考えることは、日本人にとって必要なことであるが、最近は、日本にも割に多くなってきた「父の娘」や、その相手を務めている男性にとって、本書は実に有益なヒントを多く与えてくれるものと言わねばならない。

刊行に寄せて——N・クォールズ－コルベット『聖娼』

現代人は、女性も男性も身体と精神、エロスとロゴスの分裂に悩んでいる。この深刻な問題の解決に関して、本書は貴重で深い示唆を与えてくれるものである。

現代は科学技術の発展のおかげで、実に豊かで便利な生活を享受している。これは、近代ヨーロッパに生じた強力な自我の確立の結果生じてきたものであるが、それは、唯一絶対の父なる神をいただくキリスト教を支えとしている。したがって、欧米の文化においては父性原理が実に強く作用している。女も男も、強い自我を築きあげ、厳しい競争に勝ち抜いていかねばならない。あるいは、強いロゴス志向により、「存在よりは行為に、経験よりも達成に、感情よりも思考に、より高い価値が与えられる」。

このような「繁栄」によって、人間は幸福になっただろうか。実のところ、人間のイライラや不安定感は増大する一方ではないだろうか。心や、あるいは心身症のような心とも体ともつかぬ領域の問題や悩みをもつ人は、増える一方である。地位も名誉も財産もありながら、孤独に悩み、生きていく甲斐を見出せないでいる人も多い。これはいったいどうしてだろう。それは、近代から現代へと、人間があまりにも父権的意識の重視に傾きすぎたからではなかろうか。

現代の病に対する解決策として、本書は「聖娼」のイメージを提出する。と言うと、すぐに「売春に意味があるのか」などと早合点しないでほしい。本書を読みすすんでゆくとわかるように、なすべきことは、現代人もその心の奥深くにもっている「聖娼」のイメージの新たなる喚起と、それとの慎重なかかわりなのである。これは相当な意志と努力を必要とすることだ。

「聖娼」は本書に詳しく述べられているように、キリスト教以前の母権的宗教の大母神の神殿において、「女神の化身である人間の女性が、肉体と魂の交歓を呼び起こすため」に、その神殿に詣でる男性と交わる役を果たすのである。これは「私たちの論理的な知性にとってはパラドックスと映る」。というのは、われわれ現代人にとっては、性的な事柄はまったく俗の俗たることであり、神聖なものとは結びつかないからである。しかし、考えてみると、現代人は性《セックス》と霊性を極端に分離しながら、そのどちらも失ってしまい、前者の取り戻しに焦るあまり、空しい性ハントを繰り返しているのではなかろうか。

それに対して、「聖娼」のイメージは、性と霊性の一致を招来する。それは生命力に満ちており、そこに生まれる知恵は思考と感情の対立を解消し、「知る」ことが体にまで及んでくるのだ。現代人のあまりに知的に生きようとして、頭でっかちで生命力の枯れた生き方とはまったく対照的に、もっと個人が全体的に、感情に満ちた生き方ができるのである。何をしたか、何ができたかではなく、ただそこに「ある」ことに十分な満足をもたらす、と言うことができる。

現代人はこのことにどこかで気づいているが、それを明確に把握できぬままの「悪あがき」をしていることが多い。その「悪あがき」は現代の多くの社会問題や事件として表出されている。本書を読むと、今わが国で騒がれている「援助交際」などは、「聖娼」にまつわることが極端に歪んだ形をとって出現してきていることに気づくであろう。

本書には、「聖娼」の内的体験を重ねることによって、それまで空虚に感じられていた人生を豊かなものにしていった、いろいろな例があげてあるので、おおいに参考になる。ただ、日本人としては、これらの例は西洋人が強力な父権宗教の経験——あるいはそれの重圧——の後に成した仕事であり、いまだに相当に母性原理によって生きている日本人にとっては、はたしてどうなるのかを、自分なりによく考えてみる必要があろう。

最初に、現代人は精神と身体の分裂に悩むなどと書いたが、日本人のなかにはその分裂を平気で生きて、自分は好きなようにしながら周囲に害毒をバラまいている類の者もいる。こんな人間は「聖娼」以前になすべき仕事がたくさんあると言うべきだが、やはり、現代を意識して生きようとする日本の女性にも男性にも、本書の想起する問題は、今後ますます重大なものとなるであろう。

儀式と遊び

新ドルイドの人たち

以前からケルトの文化には深い関心をもっていた。キリスト教以前の文化として、神話や昔話なども、日本のものと通底するところがある。長い間の懸案だった日本の神話についての書物を書くにあたって、エジプト、バビロニア、ネイティヴ・アメリカンなどの神話を訪ねての旅をしてきたが、ケルト文化を多く保持していると言われる、アイルランドや、イングランドのコーンウォールなどは一度ぜひ行ってみたいと思っていた。

ところが、NHKテレビから「ケルト昔話の旅」というハイビジョンスペシャル番組への参加依頼があり、大喜びで引受け、五月末より約一カ月の旅に出かけてきた。拙著『昔話と日本人の心』(岩波書店、一九八二年〔第I期著作集第八巻所収〕)に既に書いているが、アイルランドには日本の浦島と類似の昔話があり、今回もそのような昔話をいろいろと聞いたりして興味深い体験をした。本稿ではそれらについては省略し、旅先で考えた標題のような問題について焦点を絞って論じてみたい。

古代ケルトにおいては、ドルイドという宗教が信じられていた。詳しくは、スチュアート・ピゴット著、鶴岡真弓訳『ケルトの賢者「ドルイド」』(講談社、二〇〇〇年)などを参考にしていただきたいが、同書によれば、キリスト教以前に存在した「賢者」として、確たることがわからないままに、近代以降のヨーロッパ人にとって、「深い知恵をもった賢者」としてのイメージを担う存在として、人々の心のなかに位置を占めることになった。したがって、現在、「ドルイド」と称して行動している人たちは、古代の宗教とは関係なく、自分たちの信条に基づいて「新ドルイド」を形成している、というべきであろう。

そのドルイドが集まって、夏至の日に儀式を行うというので、興味をそそられ、見学に出かけていった。イングランド南部の、グラストンベリー、ストーンヘンジなどで行われた儀式を見学し、その後に、その儀式に参加していたブリストル大学教授のハットンさんと対談をした。これらの経験をもとにして、本稿を書いている。

ドルイドの儀式に参加した人たちや、ハットン教授の語るところによると、現代のドルイドは、「大地と自分自身との結びつきを取り戻したい」「自然のなかに生きる」ことを信条にしており、精神的《スピリチュアル》にケルトの伝統を共有することが目的であって、「宗教」とは言えない。別に、クリスチャン、仏教徒であってもかまわない、と言う。このあたりのことは厳密に議論しはじめると困難な問題が生じてくると思うが、その点は不問にしておこう。

グラストンベリーの儀式は、山の頂で行われる。山の麓から白衣に身を包んだ人たちが、円形と十字を組み合わせたシンボルなどを持ってあがってくる。このシンボルは「ケルト十字」として知られているが、円形は太陽、十字は、空気、水、火、大地の四大要素を示している。まさに、地水火風である。

これから儀式をはじめる、というリーダーのごく簡単な挨拶の後に、東西南北の方向から、それぞれの役割をもった人が出てきて、たとえば、全員に水をふりかけて回ったり、火をまわしながら踊ったり祝福したり、というふうなことが行われる。そして、「祈り」のようなことが、代表となる個人によって唱えられたり、全員が唱和したりする。ところが、このときに気がつくと、その言葉を暗唱する人がいるかと思うと、書いたものを見ながら言う人もいる。それに、ある人――実はこの人は、後で対談するハットン先生であった――が、言葉をまちがってあわてると、全員が笑う。しかし、その笑いがいかにも自然であり、むしろ、ハットン先生は皆の笑いにとけこんだようにして役割を果してゆく。

これを見ていて、日本のいわゆる「厳粛な」儀式と比較して、随分と違うな、と感じさせられた。そう思って見ていると、祈るときのふるまいなど、各人によってバラバラなのである。

ストーンヘンジのときは、部外者はあまり近くに寄れず、詳しいことは見られなかったが、たとえば、ストーンヘンジの式場に入るとき、礼をする人、両手を広げて祈る人、膝まずく人、それぞれ各人が自由にしているのが印象に残った。式場に臨むときに、何らかの儀式的行為をすることは共通だが、その行為そのものは各自別々なのである。果して、これを儀式と呼んでいいのだろうか。この点について考えてみる必要がある、と私は思った。

儀式・仕事・遊の円環構造

頭書のような私の考えは既に他に述べたことがある(拙著『青春の夢と遊び』岩波書店、一九九四年〔本著作集第九巻所収〕)が、ここに簡単にそれを述べる。

仕事と遊びを対比して、一般に前者の方に価値があると考えるなかで、それを根底から覆し「文化は遊戯のなかに始まる」と、遊びの重要性を指摘したのが、ホイジンハである。彼は有名な『ホモ・ルーデンス』のなかで、十九世紀以降、社会生活の組織化が進むにつれて、遊びが失われ、そのために現代文明の危機が生じると警告する。

これに対して、現代フランスの哲学者、カイヨワは『人間と聖なるもの』(せりか書房、一九六九年)のなかで、ホイジンハの説を評価しつつも、次のような批判を加えている。カイヨワによると、遊びと聖という異質なカテゴリーに属するものがホイジンハの説では混在しているというのだ。遊びと聖は共に日常性と対立しているが、聖は超越存在にかかわるものとして、そこに行われる儀礼は細目まで決められており、細心の注意をもってそれを行わねばならない、聖は儀礼によって引出した超越的な力によって日常を支配している。これに対して、遊びは儀礼のように細目まで決められていない。自由で気楽である。たとえば、会社の昼休みにどれほど遊びに熱中していても、始業のベルが鳴るとやめねばならないように、日常の仕事は遊びを支配している。

カイヨワによると、聖と遊びの中間に俗(日常の世界)が存在し、この三者は階層構造をなしている。勢力の強さという点では、聖―俗―遊、の順序になり、個人の自由という点から言えば、この逆になっている。

これらの説を参考にして、現代の状況を考える上で、私は、儀式・仕事・遊の円環構造というのを考えた。カイヨワにならって、聖・俗・遊の円環構造と言っていたが、変更した方がいいと思った。というのは、現代においては、後にも述べるように、儀式・仕事・遊の三者はすべて、聖であったり俗であったりするからだ。

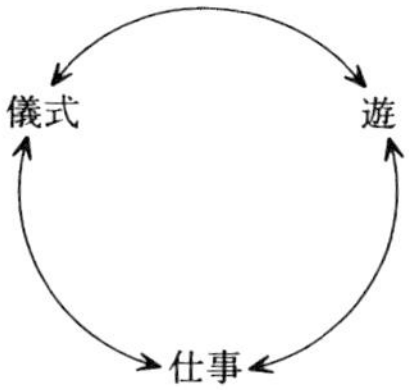

儀式・仕事・遊の円環構造

この円環構造を簡単に説明する。カイヨワによると、超越存在にかかわるものである「儀式」も、現在ではそれを報酬を当てにすることだけでしている宗教家にとっては、仕事になっているし、最近の成人式を見てもわかるように、一挙に遊びのレベルになってしまう。次に「仕事」の場合、現在でも残っているような「職人気質」の人がカイヨワの表現どおり「細目まで決められ」たことを「細心の注意をもって」利益を度外視して行うときは、それは儀式に近接し、それによって超越の世界に触れているとも言える。あるいは、仕事を「遊び半分」、「遊び」としている人もある。次に「遊び」もプロのスポーツ選手や、棋士などは、それが仕事になっている。あるいは、芸術家になると、遊びが高められて超越に迫る意味さえもってくる。スポーツをすることや見ることによる感動も、時には宗教的と呼べるようなときがあり、そのとき、プロ・サッカー選手がゴールした後にする「××ダンス」と言われる行為は、儀礼に等しいとも言えるだろう。

このように現在においては、儀式・仕事・遊は階層的というより円環的構造をなし、相互交流的であり、相互浸透的である。そして、そのなかでも、聖なる世界に至るものとしてカイヨワが指摘した「儀礼」が、現在では形骸化しやすく、急激に価値を低くしている。このため、むしろ聖なる世界に至る道としての「遊び」が大きい意味をもってきているように思う。

ドルイドの場合、各人が勝手に行動しているのは、カイヨワの考えによれば、「儀礼」ではあり得ず「遊び」になるのだが、既に述べた円環構造的理解を基にして言えば、形骸化した行為よりも、むしろこのような「遊び」によってこそ、聖なるものとの接触が可能と言えるのではないだろうか。

儀式の今後

以上のようなことを考えながら、ハットン教授と対談をした。私の円環構造説を紹介すると、それで自分たちのしていることの意味がよくわかる、と喜んでくれた。自分は儀式のとき言いまちがって恥かしいと感じたのだが、皆の笑いにつつまれてかえって一体感が増した、とも言った。そして、ともかく現在のドルイドは「自由」を非常に大切にし、できる限り規制をなくしようとしているのだ、と言う。こんなところも、ドルイドは宗教ではない、と言い切るのと関連しているかも知れない。根本理念の共有以外は、何も押しつけないのである。

しかし、「儀式」の意味ははっきりと認めている。「大地との結びつきの回復」などということは、本来的な儀式を通じてこそ可能と考える。しかし、そこに「個人」や「自由」の尊重をいれこむと、「きまりきった儀式」は意味を失ってくる。そこで、ドルイドたちは新しい儀式を創造しようとする。ハットン教授によると、ドルイドの儀式は、その年ごとに異なり、儀式をどう行うかは皆で話し合ってきめると言う。つまり、二度と同じことの繰り返しはない。「儀式を考え出すのは、大変なエネルギーを必要とする」と彼が言うのも、よくわかる。こうなると、それは「儀式」ではなく、芸術に近くなるのではないだろうか。

彼らのリーダーについて訊いてみたときも、面白い答がかえってきた。「彼は他の人たちに、自己表現をさせる能力が非常に高い人物です」。つまり、リーダーが儀式の運営を考え出したり、指示したりするのではなく、彼が居ることによって、各人は自己表現の意欲を高められ、そこに新しい儀式が生み出されてくる、というのである。儀式の間、リーダーがほとんど何もしなかった理由が、これでよくわかったが、これは、これまでの西欧のリーダーとはタイプが異なると言っていいのではなかろうか。

「超越」などは馬鹿なこと、と考える人もあるだろう。しかし、私はせっかく生まれてきて死ぬまでに一度も「超越」存在に触れない、というのはまったくつまらないと考えている。時には、極めて合理的で超越のことなど蔑視している知的な人が、強迫観念や強迫行為に悩んだりしているのを見ると、この人の頭は否定していても、存在全体としては「儀式」を渇望しているのだな、と思ったりする。細部へのこだわりを棄てられないという点で、強迫症状は儀礼と類縁性が高い。

自由とか個性を重んじる現在においては、儀式も、きまりきったものではなく、ドルイドの意図しているように、創造性を加味する必要が生じてくるのかな、と思うが、気になることもある。ものごとにはすべて両面があるからである。

アイルランドから帰国して、ゆっくりと丹念に、ジョーゼフ・キャンベル、ビル・モイヤーズ共著、飛田茂雄訳『神話の力』(早川書房、一九九二年)を読んでいたら、キャンベルの言葉として、「だいたい儀式というものは退屈なものです」というのがあって、はっとした。日本のいろいろな「修業」をした人は、経験をしていると思うが、退屈して疲れて、その極みに超越との接触が生じる。

ドルイドのような考えによる儀式には、おそらく「退屈」は入って来ないだろう。楽しかったり、感動したり、一体感が生じたり。しかし、へたをすると、そこに感じられる超越は日常レベルに近いものとなり、退屈の極みに超越に接する伝統的儀礼に対しては、そのレベルという点で一歩を譲るのではなかろうか。

かと言って、退屈そのものが重要と言っているのではない。ほとんど儀式に近いような退屈な会議に沢山出席したからと言って、それほど超越性が高まるものではないことを、経験している人は多いことだろう。

それでは、今後の儀式はどうなるのだろうか。あるいは、どうすべきであろうか。まず言えることは、現在において形骸化してしまっている儀式はできる限り廃止するのがよいだろうし、相当に自然消滅してゆくだろう。そのなかで、ドルイドが試みているような、儀式の創造ということが、意味をもってくるだろう。ただ、ここで注意すべきことは、それはへたをすると単なる遊びのレベルに落ちてしまう危険性をもつことであろう。ハットン教授は「相当なエネルギーが必要」と言ったが、創造に伴うエネルギーの消費を避けていたのでは、望ましい儀式を創出することはできないであろう。

次に、ドルイドの例を見てもわかるとおり、それは新しく自由な運動ではあるが、自分たちの古い根っことのつながりも大いに考慮されている。新しいだけでは駄目なのである。自分の持つ古い根っこを不問にして、儀式はつくれない。

おそらく、既成の「宗教」によるよりは、芸術を通じて超越を体験することの方が、今後はますます多くなるのではないかと思う。そんな点で、芸術家の役割は今後大きくなると思うが、その活動のなかに、ここに述べたような超越性と、儀式・仕事・遊の円環構造の問題がどこかでからんでくると思うので、そのような点を常に意識すべきであろう。

伝統的な儀式もそれが活性化される限り、まだまだ意義があるが、それを生かす「師」の存在がなくては何もならないことも、よく認識しておくべきである。残念ながら、そのような「師」はだんだんと減少しているように思われる。

初出一覧

序説　現代人と超越性　書き下ろし。

Ⅰ

ユング心理学と仏教　一九九五年一〇月、岩波書店刊。

Ⅱ

仏教の現代的意義　『梅原猛古稀記念論文集　人類の創造へ』一九九五年一一月、中央公論社刊。

開かれたアイデンティティ　『禅研究所紀要』二九号、二〇〇一年三月、愛知学院大学禅研究所。

科学と仏教　『科学と文化の対話』一九九九年六月、麗澤大学出版会刊。

日本人の宗教性とモノ　『日常性のなかの宗教』一九九九年一月、南窓社刊。

現代人と宗教　『アステイオン』五三号、二〇〇〇年五月、TBSブリタニカ。

日本の土を踏んだ神　『三田文学』、一九九八年冬季号、三田文学会。

悪の深層　『キリスト教文化研究所研究年報』二九号、一九九六年三月、宮城学院女子大学キリスト教文化研究所、ならびに『季刊　創造の世界』九八号、一九九六年五月、小学館。

解説『神話にみる女性のイニシエーション』　シルヴィア・B・ペレラ著／杉岡津岐子・小坂和子・谷口節子訳／山中康裕監修『神話にみる女性のイニシエーション』一九九八年一一月、創元社刊。

刊行に寄せて『聖娼』　N・クォールズ‐コルベット著／菅野信夫・高石恭子訳『聖娼』一九九八年一二月、日本評論社刊。

儀式と遊び　『図書』六三〇号、二〇〇一年一〇月、岩波書店。

■岩波オンデマンドブックス■

河合隼雄著作集 第II期 3
ユング心理学と超越性

2002年7月5日 第1刷発行
2015年12月10日 オンデマンド版発行

著 者 河《かわ》合《い》隼《はや》雄《お》

発行者 岡本 厚

発行所 株式会社 岩波書店
〒101-8002 東京都千代田区一ツ橋2-5-5
電話案内 03-5210-4000
http://www.iwanami.co.jp/

印刷／製本・法令印刷

© 河合嘉代子 2015
ISBN 978-4-00-730335-7 Printed in Japan